URKUNDE

Dieses Buch gehört: _____

Geburtstag: _____

Namenstag: _____

Taufe: am _____

in der Pfarrei _____

Erstkommunion: am _____

in der Pfarrei _____

Firmung: am _____

in der Pfarrei _____

Aufnahme in die Ministrantengruppe: am _____

in der Pfarrei _____

durch Herrn Pfarrer _____

Pfarrsiegel

_____
Unterschrift des Pfarrers

Anton Hellmann

Als Ministrant durchs Kirchenjahr

Herder

Freiburg · Basel · Wien

Gewidmet
meiner Schwester Hanna
und meinen Brüdern
Josef und Alois

Umschlagfoto: Raimund Schreiber, St. Peter (Schw.)

Alle Rechte vorbehalten – Printed in Germany
© Verlag Herder Freiburg im Breisgau 1984
Herstellung: Freiburger Graphische Betriebe 1984
ISBN 3-451-20273-5

Vorwort

Liebe Freunde im Ministrantendienst!
Liebe Leser!

Mit den Ministranten meiner Pfarrei arbeite ich seit langem zusammen. Wir haben schon manchen schönen Gottesdient miteinander gefeiert, aber auch gemeinsam nach Antworten auf Glaubensfragen gesucht.

In letzter Zeit beschäftigten uns besonders Fragen zum Kirchenjahr. Darum haben wir uns vorgenommen, alles, was dazugehört, ausführlich in der Gruppe zu besprechen. Und weil das so interessant wurde und auch mir dabei noch viele „Lichter" aufgingen, habe ich den Entschluß gefaßt, alles aufzuschreiben, was wir behandelt haben.

Das Buch, das Ihr in Händen habt, ist das Ergebnis. Ich hoffe, auch Euch gehen „Lichter" auf, und Euer Dienst macht Euch nach Lesen und Durchsprechen des Buches noch mehr Freude. Eines werdet Ihr ganz sicher merken: Das Kirchenjahr ist eine sehr spannende Sache. Kann auch etwas spannender sein als die ständige „Feier unserer Erlösung"? Jesus Christus wird Mensch – für uns; stirbt den grausamen Kreuzestod – für uns; besiegt durch seine Auferstehung den Tod – für uns; bereitet einen Platz beim Vater – für uns; sendet den Heiligen Geist – für uns.

Viel Freude beim Lesen! In der Gruppe und Ministrantenstunde könnt Ihr das Buch sicher auch gut gebrauchen. Und wenn es Euch gefällt, empfehlt es weiter. Vielleicht schreibt Ihr mir mal Eure Meinung. Die würde mich sehr interessieren, das könnt Ihr Euch sicher denken. Auf Seite 157 findet Ihr meine Anschrift.

Euer
Anton Hellmann

Inhaltsverzeichnis

Allgemeine Einführung in das Kirchenjahr

Der Weihnachtsfestkreis

Inhaltsverzeichnis

Die Allgemeine Kirchenjahreszeit

Der Osterfestkreis

Inhaltsverzeichnis

Inhaltsverzeichnis

Im Monatskalender sind jeweils die Heiligen genannt, die liturgisch gefeiert werden, also im Meßbuch stehen.

Das größte Ereignis der Menschheitsgeschichte für uns Christen ist Ostern – Tod und Auferstehung Jesu.

Das Kirchenjahr ist die Ausweitung von Ostern über einen Zeitraum von zwölf Monaten.

Das ganze Jahr über werden in einem Kreis von Festen Jesus und sein Wirken an den Menschen immer neu dargestellt. Dabei handelt es sich nicht nur um Rückerinnerung an damals, sondern in der Eucharistiefeier wird das jeweilige Festgeheimnis gegenwärtig gesetzt durch Jesus Christus.

In den Festen und Zeiten des Kirchenjahres feiern wir
- unsere Erlösung von der Sünde *durch* Christus,
- unsere Berufung zu einem neuen Leben *mit* Christus,
- unsere Hoffnung auf die einstige Vollendung *in* Christus.

Es genügt nicht, wenn wir im Religionsunterricht den Glauben nur verstandesmäßig erfassen. Das Erkannte muß auch im Gottesdienst nachvollzogen und gefeiert werden. Dann können die Feste des Kirchenjahres zur Kraftquelle für die Bewältigung unseres Lebens werden.

Man kann das Kirchenjahr vergleichen mit einem Dombau, an dem Jahrhunderte gebaut haben:
- Der Osterfestkreis ist das Hauptschiff,
- der Weihnachtsfestkreis ist das Atrium (Vorhalle),
- die Seitenschiffe sind die „Allgemeine Kirchenjahreszeit",
- das Ganze ist umgeben vom Kapellenkranz der Heiligenfeste, und
- der umgebende Domplatz ist ein Bild für das Brauchtum, das sich an das Kirchenjahr anlehnt.

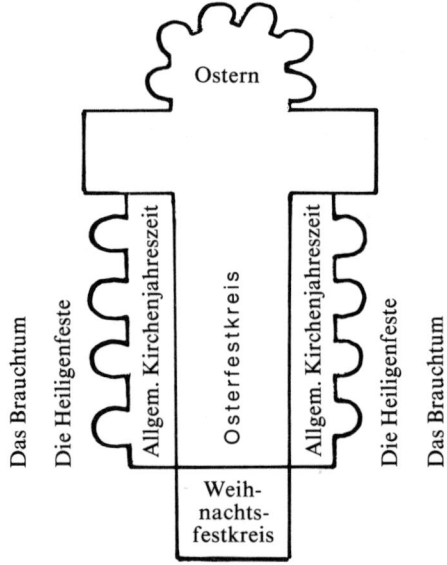

So wie die Menschen der früheren Jahrhunderte der jeweiligen Zeit entsprechend die Dome ausgestattet haben, so ist es auch mit dem Kirchenjahr. Es wird im Lauf der Zeiten mit neuen Festen bereichert. In der Baukunst paßt das Stilechte immer zueinander, auch wenn es verschiedenen Epochen entstammt. So wird auch im Kirchenjahr das Neue zum Alten passen, wenn es echt und gut und kein „Kitsch" ist, das heißt, wenn es aus einem tiefen Glauben erwachsen ist. Beispiele für neue Feste sind das Christkönigsfest und das Fest Josefs des Arbeiters.

Die Liturgie des Kirchenjahres ist umrahmt von christlichem Brauchtum, das im Volksglauben wurzelt. Das Brauchtum knüpft an
● an den Jahreslauf (Jahreszeiten),
● an den Lebenslauf (Geburt, Taufe, Verlobung, Hochzeit, Krankheit, Tod),
● an die Arbeit (Hirten, Bauern, Handwerker usw).

Vor allem aber ist das Brauchtum geprägt vom Kirchenjahr mit seinen Festen und Heiligentagen.
● In alten Urkunden nennt man oft als Datum das Heiligenfest, z. B. „An Michaeli 1483".
● Heiligenfeste sind bis heute Orientierungspunkte für den Bauern, z. B.:
Gartenbestellung vom Fest der heiligen Gertrud an.
An Martini werden die Rechnungen bezahlt.
Zu den Eisheiligen (im Monat Mai) kann es noch einmal zu einer Kältewelle kommen.
● Es gab im Laufe des Jahres viele kirchliche Feste,
an denen nicht gearbeitet wurde.

Christliches Brauchtum ist erwachsen aus mehreren Wurzeln:
● aus vorchristlicher Zeit (Verchristlichung heidnischer Bräuche),
● aus mittelalterlichen Schulfesten (z. B. Nikolaus v. Myra),
● aus kirchlichen Festen (z. B. Kirchweihe).

Wenn auch alte Bräuche verschwinden, weil Zeit und Menschen sich ändern, so entstehen doch immer wieder neue. Brauchtum wird es immer geben, denn Brauchtum ist Ausdruck des Innersten im Menschen: von Gemüt und Seele. Gerade Menschen unserer heutigen Zeit, beherrscht von Computertechnik und Streß, besinnen sich wieder auf Brauchtum und Fest.

Was ist ein Kirchenjahr?

Äußerer Aufbau

Wir kennen ein *Kalenderjahr,* auch bürgerliches Jahr genannt. Es beginnt mit dem Monat Januar und endet mit dem Monat Dezember.

Das Kalenderjahr

Jan.	Febr.	März	April	Mai	Juni	Juli	Aug.	Sept.	Okt.	Nov.	Dez.

Das Kirchenjahr

Dez.	Jan.	Febr.	März	April	Mai	Juni	Juli	Aug.	Sept.	Okt.	Nov.

Das Kirchenjahr beginnt bereits mit dem Monat Dezember oder bereits an den letzten Tagen des Novembers und endet mit dem Monat November. Wir können es auch „Liturgisches Jahr" nennen, weil es durch die Liturgie der kirchlichen Feiern besonders geprägt ist.

Bürgerliches Jahr und kirchliches Jahr waren früher im Bewußtsein der Menschen eine Einheit. Jedes Jahr war „anno domini" (Jahr des Herrn), wie wir es auf alten Inschriften finden. Bürgersein und Christsein gehörten zusammen (z. B. Kirmes = Kirchmeß = Kirchweihe). Erst in der Neuzeit entwickelte sich eine Zweigleisigkeit.

Das Kirchenjahr ist mit dem Kalenderjahr nicht deckungsgleich. Es weist eine Zeitverschiebung auf. Das hat seinen Grund darin, daß die Erlösungsgeschichte mit dem Warten auf den Messias beginnt, also mit dem Advent. Infolgedessen beginnt das Meßbuch mit den Texten des Ersten Adventssonntags, der ja bekanntlich in den Monat Dezember oder früher fällt. So beginnt das Kirchenjahr früher als das Kalenderjahr.

Weil die kirchlichen Feste jährlich wiederkehren, können wir ihren Ablauf auch in Kreisform darstellen. An der Nahtstelle des Kreises berühren sich Anfang und Ende des Kirchenjahres: der Erste Adventssonntag und der Christkönigssonntag. Wir sprechen dann vom „Jahreskreis!"

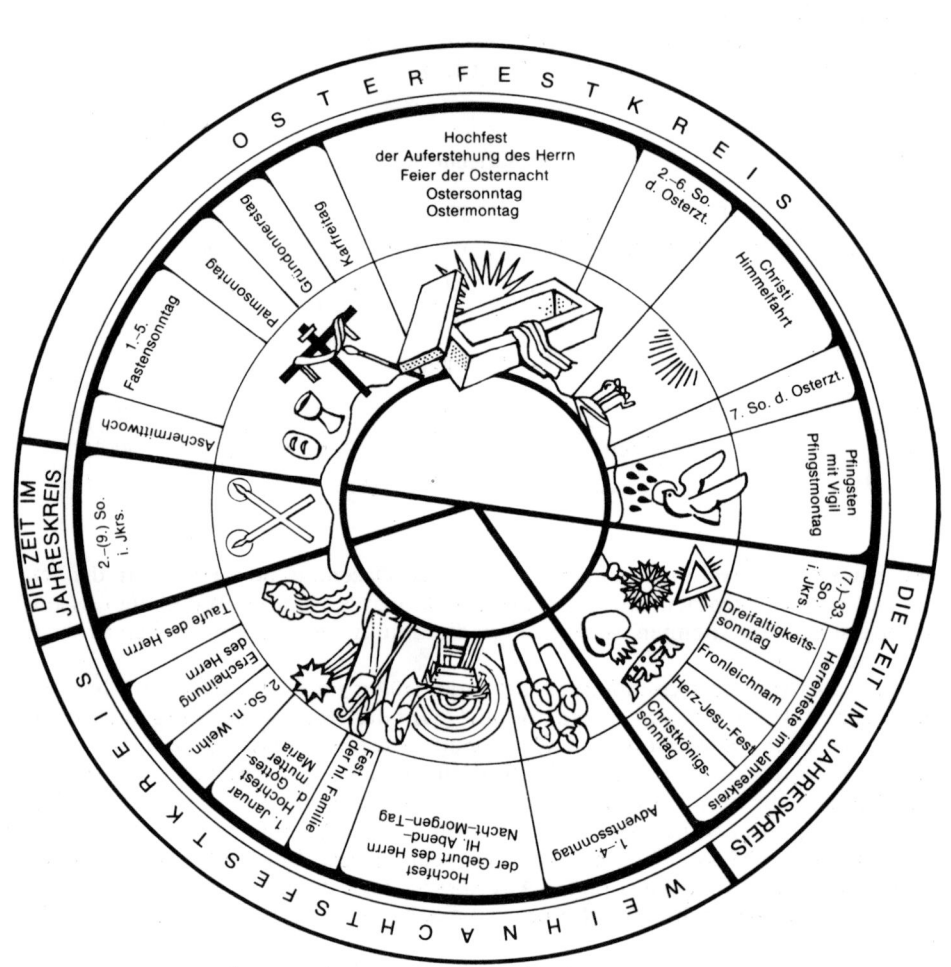

Vom Sinn des Kirchenjahres

Innerhalb des Kirchenjahres feiern wir Christen das, was Jesus Christus für uns getan hat, angefangen von der Geburt, über Tod und Auferstehung bis hin zur Geistsendung.

Wir feiern, wie der Geist Gottes im Leben der Kirche und der Heiligen wirkt.

Das Kirchenjahr ist ein *Spiegel* des Lebens Jesu und seines Heiligen Geistes. Deshalb fragen wir: *Was* tat Jesus?

Gottes Sohn Jesus Christus ist Mensch geworden.

Er ist für uns am Kreuz gestorben.

Er ist von den Toten auferstanden.

Er ist heimgekehrt zum Vater.
Er sendet uns den Heiligen Geist.
Er wird wiederkommen in Herrlichkeit.

Warum hat er das getan?

Um uns die Frohe Botschaft zu bringen.
Um uns Erlösung von aller Sünde zu schenken.
Um uns göttliches Leben zu vermitteln.
Um uns ewiges Leben zu sichern.

Das ist das größte und bedeutsamste Ereignis, das je auf dieser Welt geschah:

Gott hat den Menschen das Heil gebracht.

Wir sprechen deshalb vom Heilsereignis. Die *Mitte* dieses Heilsereignisses ist das Ostergeheimnis (Pascha-Mysterium).

Das Osterereignis meint den *Tod* und die *Auferstehung Jesu.*
Das Ostergeheimnis stellt den Höhepunkt des Kirchenjahres dar.
Das Osterfest (Pascha) hat seinen Ursprung in der alttestamentlichen Geschichte des Auszugs der Israeliten aus der ägyptischen Sklaverei. In dieser Geschichte ist davon die Rede, daß die Juden das Paschalamm aßen. Mit dem Blut des Lammes bestrichen sie die Türpfosten ihrer Häuser, damit der Todesengel an ihren Türen vorübergehe (Pascha = Vorübergang). Im Paschafest feierten und feiern die Juden rückschauend diese wunderbare Errettung.
Jesus Christus gibt dem alttestamentlichen Fest der Juden einen neuen Sinn: Er ist das Paschalamm, das am Kreuzesholz geschlachtet wurde. Er ist durch Leiden und Tod zur Auferstehung „hindurchgegangen". Wir haben Anteil am Ostergeheimnis erhalten durch die *Taufe.* Wir sind erlöst von Sünde und Tod. Wir haben Anteil am göttlichen Leben.

Wir sagen dazu Oster-*Geheimnis* (Pascha-Mysterium), weil wir nie erschöpfend verstehen, was Jesus für uns getan hat.
Das alttestamentliche Pascha in Ägypten ist Vorbild für das neutestamentliche Ostern; die Rettung aus der Sklaverei Ägyptens ist Vorbild für unsere Errettung aus der Sklaverei des Satans; das Paschalamm ist Vorbild für das Osterlamm, Christus, das geschlachtet wurde.
Wir feiern die großen Heilstaten Jesu im Kirchenjahr. Wir denken dankbar (denken und danken) an Jesu Heilswerk. Wir sind erlöste Menschen.

Der Osterfestkreis

Das Ostergeheimnis (Pascha-Mysterium) ist der Mittelpunkt des ganzen Kirchenjahres. In unserem Bewußtsein mag Weihnachten das größte Fest sein (nicht nur wegen der vielen Geschenke). Für die Kirche aber ist Ostern die Herzmitte des Kirchenjahres.

Wie hat sich nun das Kirchenjahr im Laufe von zweitausend Jahren entwickelt?

Erstes Jahrhundert

Die ersten christlichen Gemeinden kannten nur ein Fest: Ostern (Pascha). Sie feierten es immer wieder am ersten Tag der Woche, dem Auferstehungstag Christi, unserem Sonntag. An jedem Sonntag kamen die ersten Christen zusammen, um in der Eucharistie Ostern zu begehen. Dieser Brauch ist geblieben. Auch wir kommen zusammen, um an jedem Sonntag Tod und Auferstehung Christi zu feiern. Das kommt deutlich zum Ausdruck im Gebet nach dem Einsetzungsbericht in der Eucharistiefeier:

> „Deinen Tod, o Herr, verkünden wir,
> und deine Auferstehung preisen wir,
> bis du kommst in Herrlichkeit.“

Zweites Jahrhundert

Neben dem Brauch, an jedem Sonntag in der Eucharistie Ostern zu feiern, gibt es in diesem Jahrhundert erstmals – einmal im Jahr, und zwar am Sonntag nach dem Frühlingsvollmond – eine feierliche Begehung des Osterfestes (Jahres-Ostern).
Wie bei einem Fächer, der sich öffnet, wird das Ostergeheimnis aufgefächert in folgende Heilsereignisse:
Ostern – Christi Himmelfahrt – Pfingsten.
Dem Osterfest wird ein zweitägiges Trauerfasten vorgelagert.

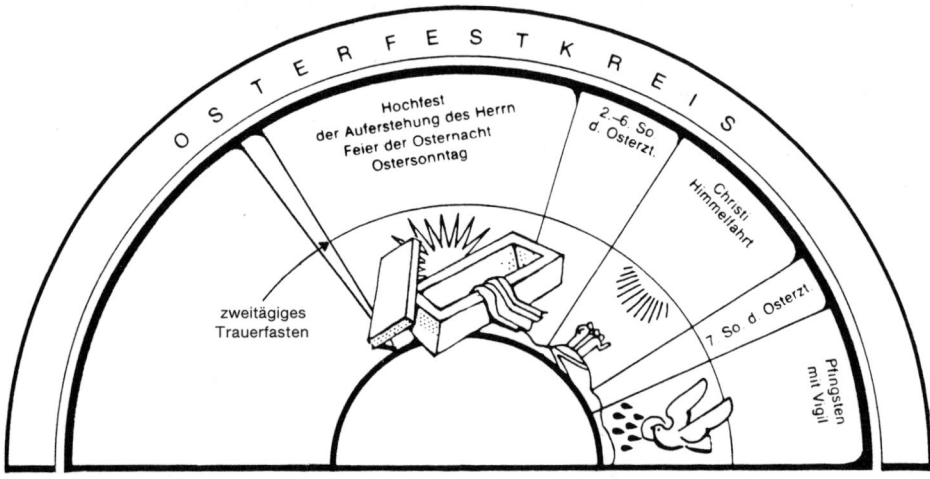

Die Entwicklung des Kirchenjahres

Drittes Jahrhundert
In diesem Jahrhundert wird dem Osterfest eine volle Fastenwoche vorgelagert.

Viertes Jahrhundert
Bis dahin feierte man am Ostertag Tod und Auferstehung des Herrn. Aufgrund des biblischen Berichts von der Leidensgeschichte Jesu verteilt man das Ereignis des Leidens auf drei Tage, das

Österliche Triduum: Gründonnerstag – Karfreitag – Karsamstag / Osternacht

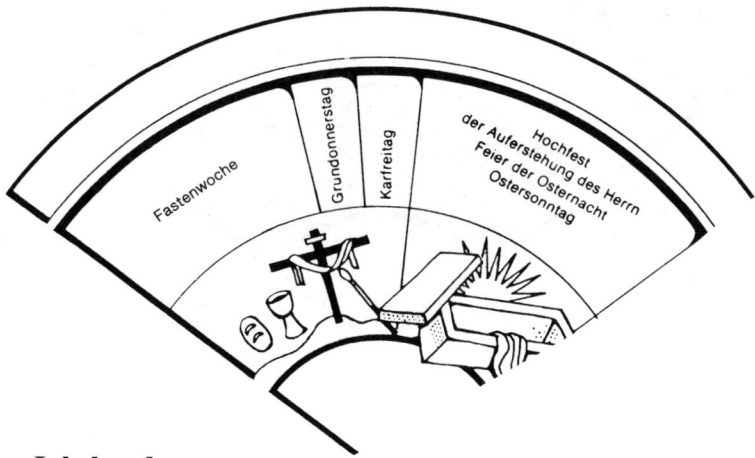

Fünftes Jahrhundert
Vom fünften Jahrhundert an geht dem Osterfest ein vierzigtägiges Fasten voran. Es beginnt mit dem Aschermittwoch. Die Osternacht war ein bevorzugter Tauftermin und die vierzigtägige Fastenzeit eine letzte Vorbereitungszeit für alle Taufbewerber.

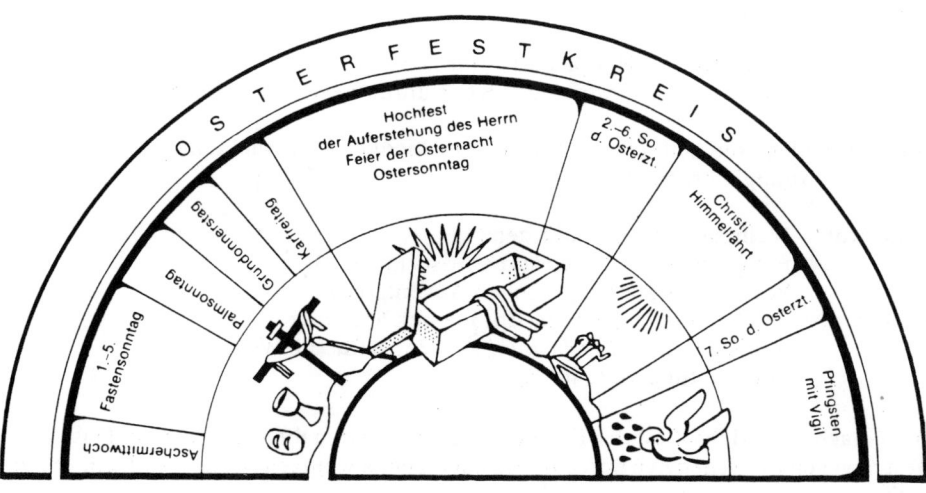

Der Weihnachtsfestkreis

Das bei uns so sehr beliebte Weihnachtsfest ist jünger als das Osterfest. Es ist entstanden im vierten Jahrhundert.

Interessant ist, daß das große römische Weltreich, das christlich geworden war, aus zwei Reichen bestand:

> West-Rom = Hauptstadt: Rom
> Ost-Rom = Hauptstadt: Konstantinopel (heute: Istanbul).

In den beiden Reichen gab es eine unterschiedliche Entwicklung des Festes der Menschwerdung Christi.

West-Rom: Weihnachten am 25. Dezember
Festgeheimnis: die *Geburt* Christi in Betlehem
Vorbereitungszeit: 4 Wochen Adventszeit.

Ost-Rom: Erscheinung des Herrn (Epiphanie), 6. Januar
Festgeheimnis: *Erscheinung* des Herrn für alle Welt
Vorbereitungszeit: 40 Tage.

Weihnachten und das Fest der Erscheinung des Herrn haben feste Daten. Das Osterfest dagegen ist, wegen der Berechnung nach dem jeweiligen Mondstand, ein bewegliches Fest.

Es wird zwischen dem 22. März und dem 25. April gefeiert.

Die Sonntage im Jahreskreis

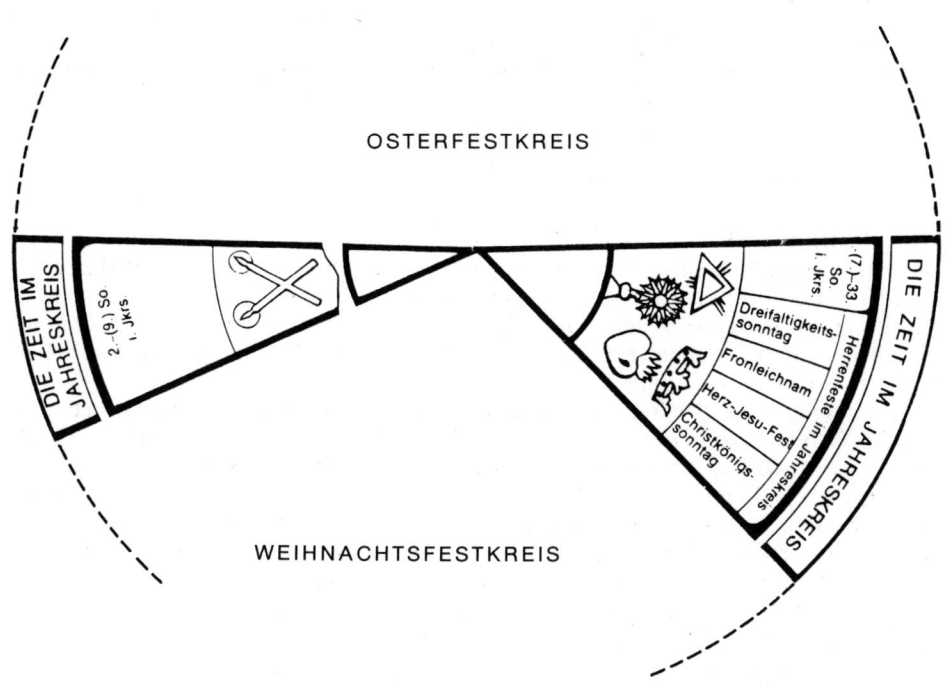

OSTERFESTKREIS

DIE ZEIT IM JAHRESKREIS

2.–(9.) So i. Jkrs

(7.)–33. So i. Jkrs

Herrenfeste im Jahreskreis

Dreifaltigkeitssonntag

Fronleichnam

Herz-Jesu-Fest

Christkönigssonntag

DIE ZEIT IM JAHRESKREIS

WEIHNACHTSFESTKREIS

Das Kirchenjahr kennt zwei große Festzeiten: *den Osterfestkreis, den Weihnachtsfestkreis.*
In der Zeit zwischen den beiden Festkreisen liegen die 33 bzw. 34 Sonntage und Wochen im Jahreskreis, zwischen dem Fest der Taufe Jesu und den Aschermittwoch und zwischen Pfingsten und dem Ersten Adventssonntag.

Was versteht man unter Herrenfesten?

Herrenfeste sind solche Feste, deren Anlaß ein Ereignis aus dem Leben Jesu ist. Die meisten dieser Feste liegen im Weihnachts- oder Osterfestkreis. Einige, z. B. das Fest der Darstellung des Herrn (2. Februar) oder das Fest der Verklärung des Herrn (6. August), liegen in der „Allgemeinen Kirchenjahreszeit".

Was sind Ideenfeste?

Ideenfeste dagegen gründen nicht im Lebensablauf Jesu, sondern entspringen der christlich-religiösen Idee einer bestimmten Zeit.
Um ein Beispiel zu nennen: das Fronleichnamsfest. Die Nonne Juliane von Lüttich hatte 1209 eine Offenbarung, in der ihr mitgeteilt wurde, unter den vielen Festen des Kirchenjahres fehle noch eines, nämlich das der Verehrung des Heiligen Brotes. Zunächst wurde dieses Fest in Lüttich selbst eingeführt, dann verbreitete es sich in der Umgebung, und zuletzt hat der damalige Papst, im Jahre 1264, dieses Fest für die ganze Kirche angeordnet. Ähnliches wäre vom Herz-Jesu-Fest zu sagen.

Die Ideen- und Heiligenfeste im Laufe des Kirchenjahres

im Dezember	1. Januar	im Juni	14. September	im November
Fest der Heiligen Familie	Fest der Namengebung Jesu	Dreifaltigkeitsfest Fronleichnamsfest Herz-Jesu-Fest	Fest Kreuzerhöhung	Fest des Königtums Christi

Die Heiligenfeste

Zur Zeit der ersten christlichen Gemeinden wurden nur die Apostel und Märtyrer, also die Blutzeugen für Christus, besonders verehrt und ihre Gräber aufgesucht. Später, als die Zeit der Christenverfolgung vorbei war, hat man auch Männer und Frauen, die ihren Glauben vorbildlich gelebt und standhaft verteidigt haben, als Heilige bezeichnet. Man nannte sie Bekenner.

Wenn man nicht die Möglichkeit hatte, das Grab zu verehren, bemühte man sich, Reliquien (Gebeine) zu bekommen, oder stellte ihre Bilder und Statuen auf.

Bis etwa zum 10. Jahrhundert hat das *Kirchenvolk* durch besondere Verehrung jemanden zum Heiligen *erklärt*. Später hat die Leitung der Kirche in Rom den Selig- und Heiligsprechungsprozeß eingeführt. Seitdem werden die Heiligen von der *Kirche* heiliggesprochen. Das bedeutet, daß diese Heiligen in öffentlichen Gottesdiensten verehrt werden, wie der jeweilige Kalender es angibt.

Die Heiligen sind unsere Vorbilder und zugleich Fürsprecher bei Gott.
Wir beten zu ihnen, wir verehren sie.
Aber wir beten sie nicht an, wie wir Gott anbeten.

Nach dem letzten Konzil (Zweites Vatikanisches Konzil) hat die Kirche einen neuen „Allgemeinen römischen Heiligenkalender" für die Liturgie aufgestellt, der Platz hat für Heilige, die in

einer Region   = nur in einem bestimmten Bereich, z. B. den deutschsprachigen Ländern (Regionalkalender)

einer Diözese = nur in einer bestimmten Diözese, z. B. Diözese Köln (Diözesankalender)

einem Orden   = nur in einem bestimmten Orden, z. B. Dominikaner, besonders verehrt werden.

Es gibt für die Meßfeiern an Heiligentagen eine Rangfolge:
H = Hochfeste, F = Feste, G = gebotene Gedenktage, g = nichtgebotene Gedenktage.

Die liturgische Farbe für Märtyrer ist Rot, für Bekenner Weiß.
Im Mittelalter hat man bei der bildlichen Darstellung eines Heiligen ihn mit besonderen Gegenständen (Attributen) abgebildet, z. B. Petrus mit den gekreuzten Schlüsseln. So konnte man den Heiligen an den Attributen erkennen.

Die Ideenfeste im Laufe des Kirchenjahres

Eine besondere Stellung unter allen Heiligen nimmt *Maria,* die Gottesmutter, die „Königin aller Heiligen", ein. Ihr sind elf Feste im Lauf des Kirchenjahres gewidmet.

In einer der Präfationen für Heilige heißt es:

> Die Schar der Heiligen verkündet deine Größe,
> denn in der Krönung ihrer Verdienste
> krönst du das Werk deiner Gnade.
> Du schenkst uns in ihrem Leben ein Vorbild,
> auf ihre Fürsprache
> gewährst du uns Hilfe
> und gibst uns in ihrer Gemeinschaft
> das verheißene Erbe.
> Ihr Zeugnis verleiht uns die Kraft,
> im Kampf gegen das Böse zu siegen
> und mit ihnen die Krone
> der Herrlichkeit zu empfangen.

Vigil – Quatember – Oktav

Die heutigen *Vigil*messen sind hervorgegangen aus den Nachtwachen, die die junge Kirche vor hohen Festen hielt. Die „Mutter aller Vigilien" ist die Osternacht. Folgende Feste haben Vigilien: Ostern, Pfingsten, Weihnachten, das Hochfest der Geburt Johannes' des Täufers, das Hochfest Peter und Paul und das Marienhochfest „Mariä Aufnahme in den Himmel".

Quatember, dieses Wort weist hin auf vier Wochen im Jahr, in denen am Mittwoch, Freitag und Samstag ein Fasten gehalten wurde und sich die Gemeinde zum Gottesdienst einfand. Diese vier Wochen fielen jeweils mit dem Jahreszeitenwechsel zusammen:
Frühjahr, Sommer, Herbst und Winter. Die neue Liturgie kennt nach wie vor diese Quatembertage. An diesen Tagen können Votivmessen, d.h. Messen in besonderen Anliegen, gefeiert werden.

Unter *Oktav,* was soviel heißt wie Zeitraum von acht Tagen (oder auch acht Wochen), verstehen wir die Zeit der Nachfeier eines Hochfestes oder die zeitliche Ausdehnung eines Hochfestes. So hat Ostern eine kleine (eine Woche) und eine große Oktav (50 Tage). Das Weihnachtsfest hat nur eine kleine Oktav von acht Tagen.

Schaubild Kirchenjahr (Zusammenfassung)

Schreiben wir die kirchlichen Sonn- und Festtage eines Kirchenjahres in einem Schaubild von links nach rechts fort, so entsteht folgende Kurve:

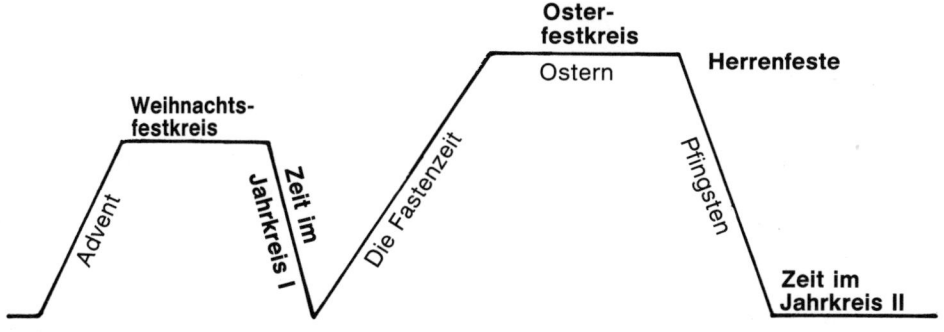

Überblick über die Sonn- und Festtage im Kirchenjahr 1984/85

Dezember	Januar	Februar
2. 12. 1. Adventssonntag	1. 1. Oktavtag v. Weihnachten Maria Gottesmutter	2. 2. Fest der Darstellung des Herrn (Mariä Lichtmeß)
8. 12. Hochfest der ohne Erbsünde empfangenen Jungfrau u. Gottesmutter Maria	6. 1. Erscheinung des Herrn (Epiphanie, Dreikönigsfest)	3. 2. 4. Sonntag im Jahreskreis
		10. 2. 5. Sonntag im Jahreskreis
9. 12. 2. Adventssonntag	13. 1. Sonntag nach Erscheinung des Herrn – Taufe Jesu (Weltgebetsoktav um die Wiedervereinigung im Glauben)	14. 2. Fest der Heiligen Cyrill und Methodius
16. 12. 3. Adventssonntag		17. 2. 6. Sonntag im Jahreskreis
23. 12. 4. Adventssonntag		20. 2. Aschermittwoch
25. 12. **Weihnachten**	20. 1. 2. Sonntag im Jahreskreis	22. 2. Fest Kathedra Petri
26. 12. Fest des Diakons Stephanus	25. 1. Fest der Bekehrung des Apostels Paulus	24. 2. 1. Fastensonntag
27. 12. Fest des Apostels u. Evangelisten Johannes	27. 1. 3. Sonntag im Jahreskreis	
28. 12. Fest der Unschuldigen Kinder		
30. 12. 1. Sonntag nach Weihnachten – Fest der Heiligen Familie		

Juni	Juli	August
2. 6. Dreifaltigkeitssonntag	2. 7. Fest Mariä Heimsuchung	4. 8. 18. Sonntag im Jahreskreis
6. 6. Hochfest des Leibes und Blutes Christi (Fronleichnam)	3. 7. Fest des Apostels Thomas	6. 8. Fest der Verklärung des Herrn
	7. 7. 14. Sonntag im Jahreskreis	
9. 6. 10. Sonntag im Jahreskreis	11. 7. Fest des hl. Benedikt von Nursia	10. 8. Fest des Diakons Laurentius
14. 6. Herz-Jesu-Fest		11. 8. 19. Sonntag im Jahreskreis
16. 6. 11. Sonntag im Jahreskreis	14. 7. 15. Sonntag im Jahreskreis	15. 8. Mariä Aufnahme in den Himmel (Hochfest)
23. 6. 12. Sonntag im Jahreskreis	21. 7. 16. Sonntag im Jahreskreis	
24. 6. Hochfest der Geburt Johannes' des Täufers	25. 7. Fest des Apostels Jakobus	18. 8. 20. Sonntag im Jahreskreis
	28. 7. 17. Sonntag im Jahreskreis	24. 8. Fest des Apostels Bartholomäus
29. 6. Hochfest Peter und Paul		25. 8. 21. Sonntag im Jahreskreis
30. 6. 13. Sonntag im Jahreskreis		

März		April		Mai	
3. 3.	2. Fastensonntag	4. 4.	Gründonnerstag		(Maiandachten)
10. 3.	3. Fastensonntag	5. 4.	Karfreitag	3. 5.	Fest der Apostel Philippus und Jakobus
17. 3.	4. Fastensonntag (Laetare)	6. 4.	Karsamstag		
19. 3.	Hochfest des hl. Josef	7. 4.	Hochfest der Auferstehung des Herrn – **Ostern**	5. 5.	5. Sonntag der Osterzeit
24. 3.	5. Fastensonntag			12. 5.	6. Sonntag der Osterzeit
25. 3.	Verkündigung des Herrn (Hochfest)	8. 4.	Ostermontag	16. 5.	Christi Himmelfahrt
		14. 4.	2. Sonntag der Osterzeit	19. 5.	7. Sonntag der Osterzeit
31. 3.	Palmsonntag	21. 4.	3. Sonntag der Osterzeit		(Pfingstnovene)
		25. 4.	Fest des Evangelisten Markus	26. 5.	Hochfest Pfingsten
				27. 5.	Pfingstmontag
		28. 4.	4. Sonntag der Osterzeit		

September		Oktober		November	
1. 9.	22. Sonntag im Jahreskreis		(Rosenkranzmonat)	1. 11.	Hochfest Allerheiligen
8. 9.	23. Sonntag im Jahreskreis	6. 10.	27. Sonntag im Jahreskreis (Erntedanksonntag)	2. 11.	Allerseelen
14. 9.	Fest Kreuzerhöhung			3. 11.	31. Sonntag im Jahreskreis
15. 9.	24. Sonntag im Jahreskreis	13. 10.	28. Sonntag im Jahreskreis	9. 11.	Fest des Jahrestages der Weihe der Lateranbasilika
21. 9.	Fest des Apostels und Evangelisten Matthäus	18. 10.	Fest des Evangelisten Lukas		
		20. 10.	29. Sonntag im Jahreskreis	10. 11.	32. Sonntag im Jahreskreis
22. 9.	25. Sonntag im Jahreskreis	27. 10.	30. Sonntag im Jahreskreis (Weltmissionssonntag)	17. 11.	33. Sonntag im Jahreskreis
29. 9.	26. Sonntag im Jahreskreis			24. 11.	Christkönigssonntag
29. 9.	Fest der hl. Erzengel Michael, Gabriel, Rafael	28. 10.	Fest der Apostel Simon und Judas	30. 11.	Fest des Apostels Andreas

Der Weihnachtsfestkreis

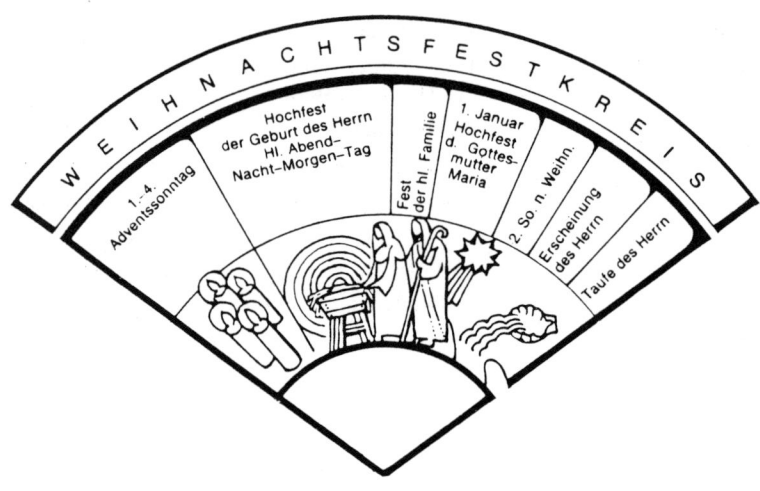

Der Weihnachtsfestkreis erstreckt sich über einen Zeitraum von sechs Wochen, und zwar von Ende November oder Anfang Dezember bis Mitte Januar. In diesen Festkreis fallen: die vierwöchige Adventszeit, als Vorbereitungszeit auf Weihnachten, das Marienhochfest „Ohne Erbsünde empfangene Jungfrau und Gottesmutter Maria" (8. Dezember), das Weihnachtsfest (25. Dezember), das Fest des Erzmärtyrers Stephanus (26. Dezember), das Fest des Apostels und Evangelisten Johannes (27. Dezember) und das Fest der Unschuldigen Kinder (28. Dezember).

Auf den ersten Sonntag nach Weihnachten fällt das Fest der Heiligen Familie. Im Januar feiern wir das Hochfest Maria Gottesmutter (1. Januar), gleichzeitig das Fest der Namengebung Jesu; Erscheinung des Herrn (6. Januar) und Taufe Jesu (Sonntag nach Erscheinung). Im Überblick über die Sonn- und Festtage im Kirchenjahr auf der Seite 22 f. kann man das genau verfolgen.

Gedanken zur Adventszeit

Mit dem Ersten Adventssonntag beginnt das Kirchenjahr. Advent heißt Ankunft, „Warten auf die Ankunft Christi". Erwartungen sind uns ja nicht fremd. Wir erwarten ständig etwas (z. B. gute Noten, Anerkennung, Geschenke, Gesundheit). Solche Wartezeiten sind voller Spannungen und Hoffnungen.
Nicht anders sollte es im Advent sein. Wir sollten freudig den Geburtstag unseres Herrn erwarten. Doch oft sind die Erwartungen zu einseitig. Hat uns der Geburtstag Jesu nicht mehr zu sagen als frohes Familienfest und großer Geschenkeaustausch?
Manche Menschen sagen heute: „Die Geburt Jesu liegt zweitausend Jahre zurück. Was geht uns da noch sein Geburtstag an?"
Andere meinen, eine Erinnerung an die Geburt Jesu sollte man sich schon erhalten. Ohne diese Erinnerung gäbe es keine Weihnachtsstimmung.
Wieder andere glauben richtig, der Sinn dieses Festes liegt darin, daß Christus in mir Gestalt annimmt. Doch der Nachdenkliche fragt weiter:

Der Weihnachtsfestkreis

Haben wir nicht noch einmal eine Ankunft Jesu zu erwarten?

Im Licht der vier Kerzen des Adventskranzes wollen wir darüber nachdenken.

Im ersten Buch der Bibel gibt es fünf Erzählungen, die besonders eindringlich berichten, daß es Schuld und Sünde in der Menschheit gibt. Die Menschen versagen und tun immer wieder Böses:

- Die Paradieserzählung spricht von Stolz und Auflehnung der Menschen gegen ihren Schöpfer-Gott.
- Die Kain-und-Abel-Erzählung beschreibt den Brudermord.
- Der Turmbau zu Babel schildert den Größenwahnsinn der Menschen.
- Die Geschichte von Sodom und Gomorra zeigt uns die Verkommenheit unter den Menschen.
- Die Sintfluterzählung weist darauf hin, wie nur wenige Menschen noch vor Gott gerecht leben.

Verständlich, daß die Menschen damals einen Retter aus ihrer Schuld suchten. Daß sie sich nach einem Er-löser sehnten. Daß sie nach einem Heiland ausschauten, der sie wieder heil machen würde.

Diese tiefe Sehnsucht können wir nachempfinden in den alten Adventsliedern:

„Aus hartem Weh die Menschheit klagt, sie war in großen Sorgen ..."

„Tauet, Himmel, den Gerechten, Wolken, regnet ihn herab ..."

„O komm, o komm, Emmanuel, mach frei dein armes Israel ..."

„O Heiland, reiß die Himmel auf, herab, herab vom Himmel lauf ..."

Abraham

Gottes Liebe sieht die Sehnsucht der Menschen nach Heil. Er beschließt die Rettung. Und so beruft er einen glaubensstarken Mann: Abraham. Er soll Stammvater eines großen Volkes werden. Durch dieses Volk wird die Rettung herbeigeführt. Gott verheißt dem Abraham Nachkommenschaft „soviel wie Sand am Meer und Sterne am Himmel".

Mose

Gott greift in die Geschichte Israels ein: Unter Mose schließt er mit Israel einen festen Bund: Gott wird für sein Volk dasein, und das Volk Israel wird keine fremden Götter verehren.

David

Das auserwählte Volk Israel wird aber ständig zum Abfall vom wahren Gott Jahwe versucht durch die umliegenden Völker. Diese Völker verehren Götzen wie Baal und Aschera. Da schickt Gott den Israeliten einen starken König: David. Er macht Jerusalem zum Mittelpunkt des Reiches und zum Ort, an dem der *wahre* Gott verehrt werden soll.

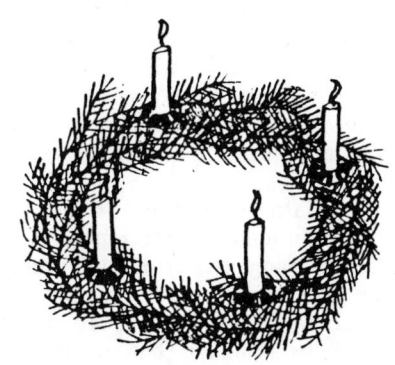

Die Propheten Amos, Hosea, Micha und Jesaja

Die Israeliten werden im Laufe der Jahrhunderte immer wieder wortbrüchig gegenüber dem wahren Gott. Sie verlassen sich nicht mehr auf Gott, sondern auf ihre eigene Kraft. Das Reich Davids und Salomos spaltet sich in ein Nordreich und ein Südreich. 721 v. Chr. erobern die Assyrer das Nordreich Israel und siedeln die Bewohner aus. Diese dürfen nie mehr in ihre Heimat zurück. Vorher hatte Gott ihnen große Propheten geschickt: *Amos, Hosea, Micha* und *Jesaja*. Aber man hat sie nicht ernst genommen.

Der Weihnachtsfestkreis

So ruft der Prophet Micha dem Volk zu:
„Aber du, Betlehem-Efrata, so klein unter
den Gauen Judas, aus dir soll mir einer hervorgehen, der über Israel herrschen soll"
(Micha 5,1).

Und Jesaja prophezeit:
„Das Volk, das im Dunkel lebt, sieht ein helles Licht; über denen, die im Land der Finsternis wohnen, strahlt ein Licht auf" (Jesaja
9,1).
„Denn uns ist ein Kind geboren, ein Sohn ist
uns geschenkt. Die Herrschaft liegt auf seiner
Schulter" (Jesaja 9,5).
„Auf, werde licht, denn es kommt dein Licht,
und die Herrlichkeit des Herrn geht leuchtend auf über dir. Denn siehe, Finsternis bedeckt die Erde und Dunkel die Völker, doch
über dir geht leuchtend der Herr auf, seine
Herrlichkeit erscheint über dir" (Jesaja
60,1–2).

So machten die Propheten dem Volk immer wieder Hoffnung auf einen großen Retter. Doch
auch die Juden des Südreiches vertrauten nur
noch der eigenen Waffenstärke und ihrer Bünd-
nispolitik mit Ägypten. Hundertfünfzig Jahre
später müssen auch sie in die babylonische Gefangenschaft. Jerusalem wird dem Erdboden
gleichgemacht, der Tempel vernichtet.
Ist nun alles zu Ende? Wird Gott das jüdische
Volk und damit die ganze Menschheit sich selbst
überlassen?
Doch Gott erbarmt sich seines Volkes. Die Per-
ser lassen die Juden des Südreiches aus der ba-
bylonischen Gefangenschaft heimkehren. Diese
bauen den Tempel in Jerusalem wieder auf. Gott
hat Israel den Treubruch vergeben. Doch ihre
politische Selbständigkeit haben sie verloren.
Besatzungsmächte im Lande lösen einander ab:
Ägypter, Syrer, zuletzt, z.Z. Jesu, die Römer.

Johannes der Täufer

Und wieder einmal schreit das Volk nach dem
Retter. Diesmal nach einem Retter vom harten
Joch der Römer. Da tritt der letzte Prophet des
Alten Bundes auf: Johannes der Täufer. Johan-
nes war eine beeindruckende Gestalt. Er lebte in
der Wüste Juda, einem idealen Ort, um über
Gott und die Menschen nachzudenken. Er er-
nährte sich von Heuschrecken und wildem Ho-
nig und trug ein rauhes Gewand. Er war ein
Heiliger, der lebte, was er verkündete.

Dieser Johannes rief seinen Zeitgenossen zu:
Kehrt um! Tut Buße! Besinnt euch!
Verliert euch nicht in irdische Geschäfte!
Übervorteilt den anderen nicht!
Tragt die Hügel eurer Schuld ab!
Bekehrt euch, und laßt euch taufen, denn der
Herr ist nahe!
Ich bin nicht wert, ihm die Sandalen zu öff-
nen!
Von diesen großen Propheten mit ihrer Frohbot-
schaft und ihren Bußrufen sprechen die Evange-
lien des Zweiten und Dritten Adventssonntags.

Maria

Am Vierten Adventssonntag wird uns die Gestalt der Gottesmutter Maria vor Augen geführt.
Wir alle kennen den „Engel des Herrn", den
„Angelus". Der „Engel des Herrn" ist ein ad-
ventliches Gebet. Das hindert uns nicht, ihn das
ganze Jahr über zu beten. Dreimal am Tag läuten die Kirchenglocken zum „Engel des Herrn",
und zwar morgens um 6 oder 7 Uhr, mittags um
12 Uhr und abends um 18 Uhr. Der „Engel des
Herrn" ist in seinem vollen Wortlaut im „Gotteslob" auf der Seite 21, Nr. 2,7 nachzulesen.

---

*V.: Der Engel des Herrn brachte Maria die
Botschaft.*
*A.: Und sie empfing vom Heiligen Geist. –
Stille –*
*Der Geist Gottes erwählt ein jüdisches Mäd-
chen,*
Mutter des Herrn zu werden.
*V.: Maria sprach: Siehe, ich bin die Magd
des Herrn.*
A.: Mir geschehe nach deinem Wort. – Stille –
Maria glaubt der Botschaft Gabriels.
Sie spricht ihr freies Ja zum Willen Gottes.
V.: Und das Wort ist Fleisch geworden.
A.: Und hat unter uns gewohnt. – Stille –

Der Weihnachtsfestkreis

Gott wurde Mensch (Fleisch). Er wurde einer von uns. Er wurde Kind, Jugendlicher und Erwachsener. Er wurde unser Bruder, in allem uns gleich, außer der Sünde. Er kam in die Welt, um die Sendung seines Vaters zu erfüllen: die Erlösung der Menschheit.

In den Advent fällt ein wichtiges Muttergottesfest. Am 8. Dezember feiern wir das „Hochfest der ohne Erbsünde empfangenen Jungfrau und Gottesmutter Maria". Im Volksmund „Mariä Empfängnis" genannt. Inhalt dieses Festes ist: Maria wurde schon im voraus erlöst. Sie wurde sowohl von der Erbschuld wie von jeder persönlichen Sünde in ihrem Leben bewahrt. Sie war dadurch würdig gemacht, Gottes Sohn zur Welt zu bringen.

In der letzten Woche vor Weihnachten sprechen die liturgischen Texte davon, wie die schwangere Maria ihrer Base (altes Wort für Kusine) Elisabet begegnet oder sich mit Josef auf den Weg macht nach Betlehem zur Volkszählung.

Auf dem Weihnachtsbild des Isenheimer Altars im Museum zu Colmar finden wir in dem Giebel des Krippenstalls ein Kreuz eingemalt. Warum? Es soll uns gezeigt werden: Dieses Kind in der Krippe wird einmal für uns am Kreuz sterben, danach von den Toten auferstehen, zum Vater heimkehren und einmal wiederkommen. Derselbe Christus, der damals als hilfloses Kind in der Krippe lag, wird wiederkommen in großer Macht und mit Herrlichkeit. Dann beginnt für uns das Leben in der Anschauung Gottes. In Gottes Nähe wird für immer Friede und Freude sein. Dort wird es kein Leid mehr geben und keine Tränen. Darauf wartet der glaubende Mensch.

Der Advent hat zwei Blickrichtungen

- einerseits zurück in die Vergangenheit:
  Wir erwarten den Geburtstag des Herrn = Weihnachten

- andererseits in die Zukunft:
  Wir erwarten seine Wiederkunft in Herrlichkeit am Weltende.

Das letztere ist das Thema des Ersten Adventssonntags und des letzten Sonntags im Kirchenjahr.

Notizen:

_____

_____

_____

_____

_____

_____

_____

Heilige im Monat Dezember

Tag	Name	Kurznamen	Bedeutung des Namens	
2.	Luzius		Der Leuchtende	† 5./6. Jh.
3.	Franz Xaver	Xaver	Der Freie	† 1552
4.	Barbara	Bärbel, Babette, Berti, Bertchen	Die Fremde	† 306
	Johannes von Damaskus	John, Jonny, Hans, Iwan	Gott ist gnädig	† vor 754
5.	Anno		Kleiner Adler	† 1075
6.	Nikolaus von Myra	Nik, Klaus, Niko, Klaas	Volkssieger	† 4. Jh.
7.	Ambrosius		Der Unsterbliche	† 397
8.	Hochfest der ohne Erbsünde empfangenen Jungfrau und Gottesmutter Maria			
11.	Damasus I.		Bezwinger	† 384
12.	Johanna Franziska von Chantal	Hanna, Ziska, Fanni, Fränzel	Die Gnädige	† 1641
13.	Odilia (Ottilie)		Hüterin der Heimat	† 730
	Luzia	Luzie	Die Leuchtende	† 304
14.	Johannes vom Kreuz	John, Jonny, Hans, Iwan	Gott ist gnädig	† 1591
23.	Johannes von Krakau	John, Jonny, Hans, Iwan	Gott ist gnädig	† 1473
25.	Hochfest der Geburt des Herrn – Weihnachten			
26.	Stephanus	Steffen, Etienne	Der Bekränzte	
27.	Johannes	John, Jonny, Hans, Iwan	Gott ist gnädig	
28.	Unschuldige Kinder			
29.	Thomas Becket	Tom	Zwilling	† 1170
31.	Silvester I.		Der Waldmann	† 335

Namenstage

1. Eligius, Natalie, Blanka, Edmund
2. Luzius, Bibiana
3. Franz Xaver, Emma, Gerlind
4. Barbara, Johannes v. Damaskus, Christian
5. Anno, Hartwich, Reginhard, Niels
6. Nikolaus, Dionysia
7. Ambrosius, Gerald
8. Elfriede, Edith, Sabina, Konstantin
9. Eucharius, Liborius
10. Petrus, Diethard, Angelina
11. Damasus I., Tassiolo III., Arthur
12. Johanna, Dietrich
13. Luzia, Odilia, Jost
14. Johannes, Franziska Schervier, Bertold
15. Christine, Wunibald
16. Adelheid, Sturmius, Ado, Tanko

28

Patron / Helfer bei / Anrufung		Fest-rang*	Liturg. Farbe
Bischof von Chur, Märtyrer	Stadtpatron von Chur	g	Rot
Jesuit, Glaubensbote in Asien	Seefahrer, Missionare, Pest	G	Weiß
Märtyrin in Nikomedien	Nothelfer, Bergleute, Artillerie, Gewitter, jäher Tod, Feuer	g	Rot
Priester, Kirchenlehrer	Theologe der Ostkirche	g	Weiß
Erzbischof von Köln		g	Weiß
Bischof in Kleinasien	Nothelfer, Länder, Städte, Kirchen u. a. Schüler, Apotheker, Brauer Bienenzüchter, Kerzenzieher	g	Weiß
Bischof von Mailand, Kirchenlehrer		G	Weiß
Fest seit 1476 in der Westkirche		H	Weiß
Papst, Kampf gegen Irrlehrer	Fieber	g	Weiß
Gründerin des Salesianerinnenordens	Entbindungen	g	Weiß
Äbtissin vom Kloster Odilienberg, Elsaß	Kopfkrankheiten	g	Weiß
Jungfrau und Märtyrin auf Sizilien	Notare, Augenkrankheiten	g	Rot
span. Ordenspriester, Mystiker, Kirchenlehrer		G	Weiß
Theologieprofessor, Priester		g	Weiß
seit 336 in Rom gefeiert		H	Weiß
Diakon, Erzmärtyrer in Jerusalem	Kutscher, Pferdeknechte, Zimmermänner	F	Rot
Apostel und Evangelist	Buchhändler, Buchdrucker, Glaser, Notare, Winzer	F	Weiß
schon 505 erwähnt	Chorknaben	F	Rot
Erzbischof von Canterbury, Märtyrer		g	Rot
Papst	Haustiere, gute Ernte	g	Weiß

* Festrang: H = Hochfest; F = Fest; G = Gebotener Gedenktag; g = Nichtgebotener Gedenktag

17. Lazarus, Jolanda
18. Philipp
19. Petrus v. Arolsen, Konrad
20. Hoger, Eido, Heinrich
21. Hagar, Richard
22. Jutta, Marian
23. Johannes, Dagobert, Viktoria, Gregor, Ivo
24. Adam, Eva, Hanno
25. Eugenia, Anastasia
26. Stephanus
27. Johannes, Fabiola, Esso
28. Hermann, Otto
29. Thomas Becket, David, Lothar, Reginbert
30. Felix I., Germar, Richard
31. Silvester, Kolumba, Melanie

Franz Xaver

erfolgreicher Jesuitenmissionar in Asien
(1506–1552)

Der junge baskische Ritter Francisco de Jassu aus Javier in Spanien verließ seine Heimat, nachdem das Schloß des Vaters im Krieg zerstört worden war, und ging nach Paris. Dort studierte er an der Universität Philosophie und erwarb mit neunzehn Jahren den Titel „Magister" (Lehrer).

In Paris hatte er zwei Freunde kennengelernt: Ignatius von Loyola, einen ehemaligen Hauptmann der spanischen Armee, und den Gelehrten Petrus Faber aus Savoyen. Ignatius von Loyola war als verwundeter Soldat im Lazarett auf die Heilige Schrift gestoßen, vertiefte sich in sie und erkannte bald: Mein Leben muß sich radikal auf Christus hin ausrichten.

Ignatius, der Älteste unter den dreien, konnte auch die beiden Freunde für eine echte Christusnachfolge gewinnen. Sie gelobten Armut, Ehelosigkeit und eine Wallfahrt ins Heilige Land. Die Pilgerfahrt mißlang. In Venedig erfuhren sie, die Muselmanen haben den Pilgerweg gesperrt.

Die Jesuiten

Sie gingen zum Papst, ließen sich von diesem Gelübde der Wallfahrt entbinden und wollten dafür eine andere Aufgabe übernehmen. Das war nun ihr neues Gelübde: bedingungslosen Gehorsam gegenüber dem Papst. Sie nannten sich nun soldatisch „Compania Jesu", später Gesellschaft Jesu (S.J.), Jesuiten.

Der Papst schickte einen von ihnen, Franz Xaver, als päpstlichen Gesandten nach Asien, damit auch dort das Christentum gepredigt und die Kirche aufgebaut würde. Xaver machte Station in Goa, dem portugiesischen Stützpunkt vor der indischen Küste. Er missionierte sehr erfolgreich. Manchmal waren es 10 000 Menschen, die sich nach einer Predigt taufen ließen. Er kam bis nach Ceylon, bis zu den Molukken und nach Japan.

Bei den selbstbewußten und intelligenten Japanern erlebte er eine Enttäuschung. In zwei Jahren waren nur 2000 Japaner Christen geworden. Franz Xaver erkannte: der Einfluß auf die Japaner führt über China. So wollte er 1552 in das „Reich der Mitte" (China) vorstoßen, das damals noch ein unerforschtes Land war.

Bei dem Versuch, mit einem Schmugglerboot von der Insel Sanzion nach China überzusetzen, überfiel ihn ein Fieber, das ihm den Tod brachte.

Franz Xaver wird dargestellt als predigender Jesuit mit dem Kreuz in der Hand. Er ist Patron aller Missionare und Seefahrer.

Stephanus

Diakon und Erzmärtyrer (Apg Kap. 6–7)

Stephanus war einer der sieben Diakone der Urgemeinde in Jerusalem. Er war aber kein Judenchrist, sondern außerhalb Palästinas in griechischsprechender Umgebung aufgewachsen.

Als Diakon sorgte er sich darum, daß gespendete Gaben gerecht an die Armen in der Gemeinde verteilt wurden. Darüber hinaus verkündete er die Frohbotschaft vom gekreuzigten und auferstandenen Herrn. Er war ein begabter und begnadeter Prediger. Die Heilige Schrift sagt von ihm: „Er war erfüllt vom Heiligen Geist."

Dieser Feuerkopf war den Christengegnern in Jerusalem ein Dorn im Auge. Er mußte beseitigt werden.

Als er bei einem Streitgespräch den nichtchristlichen Juden vorwarf, sie hätten Christus ermordet, trieben sie ihn zum Stadttor hinaus und steinigten ihn. Im Sterben sprach er noch die letzten verzeihenden Worte: „Herr, rechne ihnen diese Sünde nicht an!"

Weil er der erste Blutzeuge für Christus war, nennen wir ihn Erzmärtyrer, was soviel heißt wie erster Märtyrer. Stephanus wurde schon sehr früh als Heiliger verehrt. Im 6. Jahrhundert kamen seine Gebeine (Reliquien) von Jerusalem nach Rom. In der Kirche S. Lorenzo fuori le mura (vor den Mauern) sind sie beigesetzt.

In vielen christlichen Gegenden des deutschsprachigen Raumes ist der Stephansritt am 26. Dezember bekannt.

Auf Darstellungen des Stephanus trägt er in der einen Hand eine Siegespalme, in der anderen Hand einen Stein.

Thomas Becket
von Canterbury, Märtyrer, Erzbischof, Kanzler

Thomas Becket wurde 1118 in London geboren. Er stammte aus einer Bürgerfamilie, war sehr begabt und wurde Student der Rechtswissenschaft. Unter König Heinrich II. diente er sich vom Kassenverwalter Londons, Sekretär des Erzbischofs zum Kanzler des Reiches hoch.

Auch dieser König Heinrich II. maßte sich, wie seine Vorgänger, Macht und Rechte über die Kirche in England an. Er glaubte nun, wenn er seinen Kanzler Thomas Becket zum Erzbischof von Canterbury wählen ließe, hätte er in ihm ein gefügiges Werkzeug für seine Pläne.

Der König hatte sich getäuscht. Thomas Becket legte sein Amt als Kanzler nieder und verteidigte als Erzbischof hartnäckig die Rechte der Kirche. 1164 kam es zum offenen Konflikt. Der Erzbischof weigerte sich energisch, die Kirche von England unter die Vormacht des Staates zu stellen. Der König drohte ihm. Mit einem Kahn mußte er nachts nach Flandern fliehen. Dort lebte er als einfacher Mönch im Kloster Pontigny. Der König rächte sich an seinen Verwandten und Freunden.

Nach sechs Jahren Verbannung durfte er nach England zurückkehren. Doch der König hatte nur zum Schein nachgegeben. Am 29. Dezember 1170 wurde Thomas Becket während der Vesper von Rittern des Königs mit dem Schwert erschlagen. Bereits drei Jahre später ist der Erzbischof heiliggesprochen worden.

Er wird dargestellt mit einem Buch, der Siegespalme und einem Schwert, bzw. mit dem Modell einer Kirche.

Der hl. Nikolaus von Myra rettet vor der Hungersnot

Eine Hungersnot hatte die Städte Lykiens in Kleinasien erfaßt. Die Menschen klopften an die Türe ihres Bischofs Nikolaus und baten ihn: „Heiliger Mann, sieh unsere große Not! Gib du uns zu essen!" Aber auch der Bischof besaß kein Stück Brot mehr. „Habt Geduld", sagte er den Wartenden, „bald müssen die Getreideschiffe aus Ägypten einlaufen. Sie sind schon lange überfällig. Bittet Gott, daß er sie uns schickt." Dann ging er mit den Leuten ins Gotteshaus. Immer wieder flehte er: „Schone, Herr, schone dein Volk! Gib das notwendige Brot, das den Hunger stillt." Und alle beteten mit ihm: „Unser tägliches Brot gib uns heute."

Plötzlich entsteht eine Unruhe in der dichtgedrängten Menge. Dann hört man ein Gemurmel, das bis zum Bischof vordringt. Da ruft einer: „Die ägyptischen Schiffe sind in Sicht. Sie nähern sich dem Hafen." Es kommt noch einmal Leben in die müden Augen der Leute. Mit ihrem Bischof eilen sie zum Hafen Andriaki vor der Stadt Myra. Tatsächlich, die hellen Segel sind schon zu sehen. Die Schiffe kommen immer näher. In all der Freude bleibt der Bischof ernst. „Noch haben sie den Hafen nicht erreicht", sagt er und zeigt auf die peitschende See. Der Wind steht nicht gut. Vom Land aus sieht man, wie die Schiffer verzweifelt versuchen, Kurs auf den Hafen zu halten. Da wird der Wind noch stärker und tosender. Jetzt holen die Matrosen die Segel ein. Haushohe Brecher gehen über die tiefliegenden Schiffe hinweg. Es besteht Gefahr, daß die Schiffe mit ihrer wertvollen Fracht an den Riffen vor der Küste zerschellen.

Alle am Strand von Myra sehen dem verzweifelten Ringen der Schiffer zu. Noch wagt es keiner auszusprechen, was wohl doch nicht mehr zu verheimlichen ist, daß nämlich die Schiffe abgetrieben werden. Wirklich, jetzt wenden die Schiffe westwärts. Sie haben den aussichtslosen Kampf aufgegeben, den Hafen Andriaki vor der Stadt Myra anzulaufen. Einer gesteht es dem anderen resigniert: „Sie drehen ab! Sie verschwinden!" Wer weiß, in welchem Hafen sie jetzt ihre Fracht löschen werden?

Dann sind die Schiffe endgültig den Blicken entschwunden.

Einer nur verliert auch jetzt die Ruhe nicht: Bischof Nikolaus. Wieder kniet er nieder zum Gebet. Stunde um Stunde vergeht, aber der Bischof läßt nicht nach, und alle harren aus. Als dann aber doch der letzte Funke der Hoffnung erlischt, da erheben sich die ersten und gehen ungetröstet und düsteren Blicks in die Stadt zurück.

Da werden die Beter, die noch mit ihrem Bischof ausgehalten hatten, plötzlich hochgerissen. Einer hat gerufen: „Der Wind dreht sich! Er bläst jetzt von Westen her!" Wahrhaftig ja! Aber dann muß er doch die Schiffe, die schon verloren schienen, zurückbringen!

Noch ist die Hoffnung klein. Wie Adleraugen tasten die Blicke der vielen Leute den Horizont ab. Da sieht einer eine Mastspitze, ein zweiter sieht Segel. Das Unglaubliche wird Wahrheit: Die Schiffe kehren zurück. Sie kommen immer näher, und nun gelingt die Landung. Die Anker fallen. Die Schiffe liegen fest. Die Rettung ist da. Die Schiffe bringen das so kostbare Getreide, das Brot für viele Monate sichert.

Einer aber kniet immer noch im Sand des Strandes und dankt Gott auf den Knien mit erhobenen Händen: Bischof Nikolaus.

Die Verehrung des heiligen Nikolaus ist bereits seit dem 6. Jahrhundert in Myra und Konstantinopel nachweisbar. Nach der Legende befreite er drei zu Unrecht eingekerkerte Offiziere, ermöglichte durch heimliche Geldspenden drei armen Mädchen die Heirat, rettete Schiffer in Seenot. 1087 wurden seine Gebeine nach Bari/Italien überführt. Seine Verehrung verbreitete sich im ganzen Abendland. Nikolaus ist Patron zahlreicher Kirchen, Städte, Länder und Stände und ist beliebtester Nothelfer. Fest 6. Dezember.

Notizen:

Das Brauchtum im Advent

Die Adventskerze

Fest und aufrecht steht die Adventskerze auf ihrem Ständer. Es ist, als ob alles an ihr spricht: „Ich bin bereit!" Ich entzünde sie. Hell scheint sie auf. Sie verbreitet wohlige Wärme. In ihrer Nähe ist Helligkeit, die anders ist als das kalte Licht der Glühbirne. In ihre Flamme könnte ich stundenlang schauen. Ständig bewegt sie sich. Was geht in der Kerze vor sich? Sie verzehrt sich langsam, wird immer kleiner. Sie gibt sich hin, um für uns Wärme und Licht zu sein.

Die Kerze ist ein Symbol (Sinnbild), wenn sie in Stellvertretung für mich brennt. Wenn sie sichtbar ausdrückt, was ich in diesen Tagen denke: Herr, in dieser Kerze will ich vor dir stehen: für dich ausharren, fest, treu, glühend, lichtspendend, wärmend, hingebend.

Johannes der Täufer sagte von sich: „Der Herr muß wachsen, ich aber muß kleiner werden" (Joh 3,30).

Der Adventskranz

Der Adventskranz geht wahrscheinlich auf den Ringzauber in alter Zeit zurück, als heidnische Bräuche verchristlicht wurden (germanisch-christliches Brauchtum). Er soll Gutes bringen und Böses abwehren (Ehering, Brautkranz, Krone, Erntedankkranz, Maibaumkranz usw.). Der Adventskranz ist ein Kranz aus Tannengrün mit vier Kerzen und roten, violetten oder andersfarbigen Bändern. An jedem Adventssonntag wird eine weitere Kerze entzündet. Sinnbild für den kommenden Herrn.

Man kann die Farben des Adventskranzes so deuten: Das Grün des Kranzes = Hoffnung, das Rot der Flamme = Liebe, die violetten Schleifen = Buße und Umkehr.

Im Altarraum der Kirche legt der Sakristan den Adventskranz auf einen Ständer oder hängt ihn in Ketten von der Decke herab.

Adventsgesteck

Vielleicht besitzt der Sakristan auch eine große Baumwurzel, die er als Adventsgesteck anstelle eines Adventskranzes im Chorraum anbringt. Er hat in die Wurzel vier Stellflächen für die Adventskerzen eingeschnitzt. Nun ordnet er die vier Kerzen dekorativ auf die vier verschiedenen Stellhöhen an.

Adventsständer

Man kann auch einen vierarmigen Kerzenständer nehmen, ihn mit Tannengrün umwickeln wie beim Adventskranz und vier Adventskerzen aufstecken.

Adventssingen – Advents-Hausgottesdienste

Der Advent ist die Zeit, in der Hausmusik in Familie und Gruppe gepflegt wird. Es gibt soviel Literatur zu Advents- und Weihnachtsliedern wie zu keiner anderen Jahreszeit: für ein- und mehrstimmigen Gesang, für die verschiedenen Instrumente.

Vielleicht versucht man es einmal mit dem mehrstimmigen Gesang in der Ministranten- oder Jugendgruppe. Wenn die Gruppe dann in Altenheimen, Krankenhäusern, bei Adventsfeiern der pfarrlichen Vereine musiziert, bereitet sie anderen damit eine große Freude.

Daheim könnten Eltern und Kinder die Adventsstunde an den einzelnen Adventssonntagen in der Familie gemeinsam gestalten: Advents-kranzbasteln, Singen, Musizieren, Adventsge-schichten vorlesen oder in verteilten Rollen vortragen, Gebete sprechen, aus der Heiligen Schrift lesen oder ein Bischofswort zum Advent vortragen, Äpfel braten oder Plätzchen backen. Es gibt viele Möglichkeiten des Mitwirkens. Viele Diözesen und Pfarreien bieten Advents-stundenvorlagen an (oftmals als „Hausandach-ten" oder „Hausgebet" bezeichnet). So kann sich die Familie gemeinsam gut auf das Weih-nachtsfest vorbereiten.

Adventskalender

Vielleicht könntest du einen Adventskalen-der basteln? Wie macht man das? Plakatkar-ton besorgen – ein Haus aufmalen – Türchen einschneiden – auf die Türchen die Kalen-derdaten bis Weihnachten zeichnen – hinter den Türchen kleine Briefe mit Adventsvorsät-zen anbringen, z. B.: „Versuche, dich heute mit deinen Geschwistern zu vertragen." „Nimm dir vor, eine Woche lang zu den Mahlzeiten den Tisch zu decken." „Bemühe dich, das Abendgebet nicht zu vergessen." „Denke daran, du könntest alten, armen, kranken Mitmenschen aus der Nachbar-schaft mit Gefälligkeiten helfen." Man kann auch eine passende Stelle aus der Heiligen Schrift hineinschreiben.

Adventskalender, wie sie der Süßwarenhandel anbietet, helfen uns nicht bei der inneren Vorbe-reitung auf Weihnachten. Es gibt auch Wandka-lender mit vielen Anregungen und Erzählungen für die Adventszeit. Hingewiesen sei auf den Ad-ventskalender, den das Seelsorgeamt der Di-özese Essen jährlich neu herausbringt.

Roratemessen

Roratemessen sind (Votiv-)Messen an den Werktagen im Advent zu Ehren der Gottesmut-ter. Das Wort „Rorate" kommt vom ersten Wort des Eröffnungsverses dieser Messe: „Rorate, coeli …" = „Tauet, Himmel …" (Jes 45,8). Mancherorts ist die Roratemesse unter der Be-zeichnung Engelamt bekannt wegen des Evange-liums dieser Messe, das von der Verkündigung des Engels an Maria spricht. Diese Messen wer-den in der Kirche gern bei Kerzenlicht, ohne elektrische Beleuchtung, gefeiert. Es läßt uns das große Licht erahnen, das mit der Geburt Jesu in die Welt kam.

Frauentragen

Im süddeutschen Raum besteht für die Advents-zeit ein schöner, alter Brauch. In den Dörfern trägt man im Advent die Statue oder das Bildnis der Gottesmutter Maria von Haus zu Haus. Je-des Haus darf es einen Tag beherbergen. An die-sem Tag halten die Bewohner des ganzen Hauses Gebetsandachten vor dem Bildnis. Ein Brauch, den die Volksfrömmigkeit geschaffen hat und sehr dazu beitragen kann, über das Ge-heimnis der Menschwerdung Gottes durch Ma-ria nachzudenken, zu beten und zu singen.

Barbaratag – Barbarazweige

Die Legende von der heiligen Barbara erzählt, daß sie ein schönes Mädchen war, das der Vater behütete und beschützte wie einen Edelstein. Ei-nes Tages mußte er verreisen und schloß Bar-bara in einen Turm ein, um sie vor jeder Gefahr zu schützen. Als er von der Reise heimkehrte, entdeckte er an den Wänden des Turms das Zei-chen der Christen, das Kreuz. Barbara war also, trotz Turm, während der Abwesenheit des Va-ters Christin geworden. Die Liebe zu seinem Kind schlug beim Vater in Haß um. Er schleppte sie vor den Richter. Sie wurde furchtbar gefol-tert, verriet ihren Glauben aber nicht. Da zog der Vater selbst sein Schwert und tötete seine Toch-ter. Gott strafte ihn auf der Stelle mit einem Blitzschlag.
An diesem Tag, dem 4. Dezember, schneidet man Kirsch- oder Forsythienzweige ab, stellt sie in die warme Wohnung in eine Vase mit Wasser, das man täglich wechselt. Vielleicht hat man Glück, daß sie dann zu Weihnachten blühen.

Das Brauchtum im Advent

Weihnachtskarten und Weihnachtsbriefe

In den letzten Tagen vor Weihnachten schreibt man gern den Verwandten und Bekannten Weihnachtsgrüße. „Fröhliche Weihnachten wünscht …" ist aber zu wenig. Man sollte auch bei der Auswahl der Karten sorgfältig sein. Es gibt sehr viel Kitsch. Weihnachtskarten sollten nach Möglichkeit künstlerisch gestaltet sein. Mit ihnen gewinnen unsere Wünsche um viel Segen und Gnade zum Fest mehr Wärme und Gehalt.

J. B. Gurewitsch

Man kann auch Weihnachtskarten im Kartoffel- und Linoldruck selbst machen. Auch auf einer einfachen weißen Karte kann man die persönliche Note zum Ausdruck bringen, wenn man sie originell gestaltet. Manchmal genügt es schon, einen besinnlichen Spruch zu wählen und in Zierschrift auf die Karte zu schreiben, z. B.

Der Friede und die Freude der Weihnacht bleibe bei Ihnen als Segen im neuen Jahr.

oder: *Welt ging verloren, Christ ist geboren! Ich wünsche die Gnade und den Frieden der Heiligen Nacht.*

Nikolausfeier

Der Nikolausbrauch reicht zurück bis in das Mittelalter. Das Leben Jesu, das Leben der Heiligen wurde den Klosterschülern damals in Spielen nahegebracht (Krippenspiele, Mysterienspiele, Heiligenspiele usw.). Entweder stellte man ihnen das Erlösungswerk Jesu auf diese Weise lebendig vor Augen, oder die Heiligen wurden in diesen Spielen als die großen Vorbilder dargestellt, denen man nacheifern wollte. Gern ließ man auch den Gegenspieler des Heiligen, den Teufel oder Satan, in den verschiedensten Figuren im Spiel mit auftreten. So kommt es, daß auch Nikolaus heute noch vereinzelt mit dem von ihm gebändigten Teufel kommt. Dieser Teufel wurde mit der Zeit immer mehr zu einer komischen Figur, z. B. dem Hans Muff.

Das Nikolausfest hat mit dem 6. Dezember ein günstiges Datum. Der heilige Nikolaus kommt drei Wochen vor dem Geburtsfest des Herrn als Wegbereiter, der uns unbestechlich tadelt, mahnt und lobt. Wenn die Heiligen unsere Wegweiser sein sollen, müssen sie uns Gutes und Böses nennen.

Der heilige Nikolaus ist der Schutzpatron Rußlands

Die Einführung des Festes der Übertragung der Reliquien des heiligen Nikolaus von Myra nach Bari wurde von Papst Urban II. (1088–1099) angeordnet. Damals hatte das Rußland mit der Hauptstadt Kiew noch gute Beziehungen zum Westen und nach Rom. In Kiew wurde das Fest der Übertragung der Reliquien schon 1090 gefeiert. Bereits vorher genoß der heilige Nikolaus in Kiew große Verehrung.

Ein paar Tips: Die Nikolausfeier sollte immer eine frohe, aber auch eine würdige Feier sein, kein Klamauk. Der Nikolaus trägt ein Bischofsgewand, Stab und Mitra. Neben der Würde eines solchen Nikolaus, der sich nicht aus dem Konzept bringen läßt, zeichnen ihn Güte, Humor, Schlagfertigkeit und Konsequenz aus. Er kennt aber auch seine Grenzen. Niemand sollte befürchten müssen, daß er ernste Vergehen nennt, die keinen Dritten etwas angehen. Die Nikolausfeier ist eine Möglichkeit, bei der sich die Gemeinde für den guten Dienst der Ministranten in der Pfarrei mit einer Nikolaustüte erkenntlich zeigen kann.

Der Ministrantendienst im Advent

Ministranteninformationen

Die Adventszeit ist eine Bußzeit. Denken wir an die Mahnungen Johannes' des Täufers. Als äußeres Zeichen der Buße trägt der Priester in dieser Zeit liturgische Gewänder in *violetter Farbe*. Auch die Bänder des Adventskranzes im Kirchenraum sind violett.

Der dritte Sonntag im Advent macht eine Ausnahme. Der Bußgedanke tritt zurück vor dem Gedanken der Freude. An diesem Tag darf der Priester auch Paramente in der Farbe *Rosa* anlegen. Im Eingangslied dieses Tages (Gaudete) heißt es: „Freuet euch ... Noch einmal sage ich: Freuet euch ..." Die Farbe Rosa drückt unsere Vorfreude auf Weihnachten aus.

Ministranten tragen im Advent entweder violette oder rote Talare. Sind in der Gemeinde Mantelalben für Ministranten im Gebrauch, so legen die Ministranten darüber violette Zingula an.

In der Adventszeit entfällt das Gloria (Ehre sei Gott in der Höhe ...), weil es zum Charakter des Advents nicht paßt und damit wir es am Weihnachtsfest um so freudiger singen.

Manche Gemeinden kommen an den Abenden der vier Adventssonntage zu *Adventsandachten* zusammen. Meist sind es Wortgottesdienste, bei denen zum Schluß der sakramentale Segen erteilt werden kann (sakramentaler Segen siehe unter Maiandachten). Ministrantenkleidung wie oben.

An einem der Adventssonntage wird in vielen Pfarreien ein *Bußgottesdienst* angeboten. Der Bußgottesdienst ersetzt keine sakramentale Beichte. Doch können wir in ihm gemeinsam unser Gewissen erforschen und besonders gut unser Versagen erkennen. Im Bußgottesdienst treten wir *gemeinsam* als Sünder vor Gott. Er schließt mit dem allgemeinen Schuldbekenntnis und der Bitte um Vergebung. Violette oder schwarze Ministrantenkleidung.

Adventskranzsegnung

Am ersten Sonntag im Advent wird nach der Eröffnung der Meßfeier der Adventskranz gesegnet. Dazu wird Weihwasser benötigt (Aspergill und Weihwasserkessel). Es kann auch noch Weihrauch verwendet werden (Weihrauchfaß und Schiffchen). Priester und Ministranten treten zum Adventskranz. Zunächst spricht der Priester ein

Segensgebet über den Kranz:
Wir danken dir, Herr, unser Gott,
du schenkst uns auch in diesem Jahr
wieder die Freude des Advents.
Wir dürfen in Hoffnung und Zuversicht
deinen Sohn erwarten,
Christus, unseren Erlöser.
Segne + diesen Kranz (diese Kränze) und
laß uns in den kommenden Tagen in der
Gnade wachsen.
Darum bitten wir durch Christus, unseren
Herrn. Amen.

Segensgebet über die Kerzen:
Gott, du hast deinen Sohn als Licht in die
Welt gesandt.
Segne + diese Kerzen.
Sie mögen uns in den Tagen des Advents
an Jesus Christus erinnern,
der jeden Menschen erleuchten will.
Wie wir an jedem Sonntag ein neues Licht
an diesem Kranz entzünden,
so laß uns in der Liebe Christi wachsen.
Mache uns bereit für die Feier seiner Geburt
und laß uns einmal
seine Herrlichkeit voll Gnade und Wahrheit
schauen.
Darum bitten wir durch Christus, unseren
Herrn. Amen.

Der Priester besprengt den Adventskranz mit Weihwasser, danach inzensiert er mit Weihrauch.

Der Ministrantendienst im Advent

Adventsansingen

Es ist alter Brauch, daß Ministranten den Advent ansingen. Sehr passend dazu ist das Lied: „Wir sagen euch an den lieben Advent, sehet die ... Kerze brennt ..." (Gotteslob, Nr. 115), an jedem Adventssonntag die entsprechende Strophe. Ministranten in Meßdienerkleidung mit guten und kräftigen Stimmen übernehmen das Ansingen. Sie können auch in der anschließenden Messe ministrieren.

Adveniat

Zu Weihnachten findet in allen Gottesdiensten die große Spendenaktion „Adveniat" statt. Sie ist gedacht für dringende seelsorgliche Hilfen in Lateinamerika. Dazu müssen an den Sonntagen vorher die Spendentütchen an den Kirchtüren ausgeteilt werden. Das können die diensttuenden Ministranten nach jeder Messe übernehmen.

Adventsaktion Dritte Welt

Manche Ministrantengruppen starten im Advent eine Hilfsaktion für die Dritte Welt. Sie sammeln Gebrauchtwaren und Spielsachen, um sie in der Fußgängerzone der City zu verkaufen. Sie holen Gebrauchtkleidung oder Altpapier zusammen und verkaufen es. Sie sammeln Brillen, um sie zu Brillensammelstellen für Afrika zu schicken. Viele führen Basare durch mit selbstgebastelten Sachen und übernehmen den Verkauf von Apfelsinen oder Christbäumen an der Kirche. Die Erlöse aus den einzelnen Aktionen gehen in die Dritte Welt.

Frühschicht

In den vergangenen Jahren kam in der katholischen Jugend der Bundesrepublik der gute Brauch auf, an einem Werktag jeder Adventswoche, vor Beginn der Schulzeit oder der Arbeitszeit, eine Adventsmesse zu besuchen, die sogenannte Frühschicht. Näheres siehe unter Fastenzeit!

Notizen:

Johannes der Täufer

Sp = Sprecher, **A** = Alexander (Soldat), **Ho** = Hortus (Soldat), **E** = Elnathan = alter Jude, **1 R** = 1. Mitglied im Hohen Rat, **2 R** = 2. Mitglied im Hohen Rat, **3 R** = 3. Mitglied im Hohen Rat, **4 R** = 4. Mitglied im Hohen Rat, **J** = Johannes der Täufer, **1 L** = erster Levit, **2 L** = zweiter Levit, **Z** = Zöllner, **M** = Mann, **F** = Frau, **V** = Volk
Das Spiel kann in einer Adventsfeier oder im Wortgottesdienst der Messe aufgeführt werden.

Sp   Auch die Schriftgelehrten und Priester in Jerusalem hörten von Johannes, dem alles Volk zuströmte. Da rief der Hohepriester den Hohen Rat zusammen.

1 R   … wir sind zusammengekommen, um über die Vorgänge am Jordan zu beraten. Wir müssen uns überlegen, ob etwas unternommen werden soll gegen diesen Johannes, den sie alle für einen Propheten halten.

2 R   Ich bin der Meinung: es wird höchste Zeit, gegen ihn einzuschreiten.

3 R   Wozu? Der Mann ist ein Phantast! Laßt ihn doch reden!

2 R   Er ist alles andere als ein Narr. Er zieht die Leute in Scharen an.

3 R   Das ist nur zu verständlich, da er zu ihnen von Befreiung spricht.

2 R   Ich bleibe dabei: ein Mann, der wie er die Massen anzieht, bedeutet eine Gefahr für die bestehende Ordnung.

1 R   Bedenkt noch etwas anderes: es geht die Rede, er könne der Messias oder dessen Vorbote sein!

4 R   Der wiedergekommene Elija?

3 R   Geschwätz! Dumme Gerüchte!

2 R   Aber das Volk glaubt daran. Und darin liegt eine Gefahr!

4 R   Doch hüten wir uns vor einem leichtfertigen Urteil! Durch die Propheten ist unserem Volk der Messias verheißen worden. Er *wird* kommen. Eines Tages wird er unter uns sein. Wenn dieser Tag nun nahe wäre? Und der Prophet des Messias wäre bereits da?…

2 R   Der Prediger am Jordan ist ein Unruhestifter – kein Prophet.

1 R   Wer hier recht hat, das ist schwer zu sagen. Ist Johannes harmlos, so können wir ihn gewähren lassen. Ist er aber ein Aufwiegler, so ist es unsere Pflicht, unser Volk vor ihm zu schützen. Und deshalb schlage ich vor: Laßt uns einige Leviten an den Jordan schicken, die sein Treiben beobachten und ihm Fragen stellen. Je nachdem, was die uns dann berichten, werden wir entscheiden, wie wir uns verhalten wollen.

Ein adventliches Rollenspiel

Sp Da machten sich die Boten des Hohen Rates auf zum Jordan. Als sie an die Furt kamen, wo Johannes predigte, war dort ein großes Gedränge, denn viel Volk wollte Johannes sehen und hören.

E Laßt uns durch! Laßt uns durch! Meine Frau und ich, wir sind alt und …

M Was geht das uns an?

F Jeder will gern nahe bei Johannes sein.

Ho Platz da – zur Seite!

M Was wollen die römischen Soldaten hier?

F Spionieren – he? Römer haben hier nichts zu suchen.

A Das wollen wir doch mal sehen. Platz da!

M Still doch! – Seht, Johannes hebt die Hand!

Ho Der mit dem langen Gewand und dem Ledergürtel – das ist er.

M Still doch! –

A Nein, so sieht kein Volksverführer aus. Drum bin ich um so neugieriger, was er den Leuten zu sagen weiß. Komm, gehn wir näher heran.

J Ihr Schlangenbrut! Wer hat euch gelehrt, ihr würdet dem kommenden Zorngericht entgehen? Tut Buße! Kehrt um auf dem Weg der Sünde, und bringt Frucht, die der Umkehr entspricht! Denkt nur nicht bei euch: Wir haben ja Abraham zum Vater; denn ich sage euch: Gott kann dem Abraham aus diesen Steinen da Kinder erwecken.
Schon ist die Axt an die Wurzel des Baumes gelegt: Jeder Baum, der nicht gute Frucht bringt, wird umgehauen und ins Feuer geworfen!

F Johannes, was sollen wir tun?

J Wer zwei Röcke hat, gebe dem einen, der keinen hat. Und wer zu essen hat, der tue ebenso.

F Er meint den dicken Getreidehändler.

M Nein, *alle,* die auf Kosten des armen Volkes reich geworden sind. Mögen sie's nur alle hören!

A Du, Hortus – der Mehlsack zieht tatsächlich seinen feinen Rock aus.

Ho Neben ihm steht einer, der ihn gut gebrauchen könnte.

Z Johannes, was soll *ich* tun?

J Was bist du?

Z Ein Zöllner.

J Bist du der einzige hier? Ihr dort, seid nicht auch ihr Zöllner? Warum versteckt ihr euch? Ich sage euch: erhebt nicht mehr Zoll, als vorgeschrieben ist!

A Mir gefällt's, wie der Mann den Leuten ins Gewissen redet.

Ho Was er *uns* wohl raten wird? Johannes, was sollen wir Soldaten tun?

A Bist du verrückt? Was geht der *uns* an?

J Erpreßt niemanden, und betrügt nicht! Und seid mit eurem Sold zufrieden! Jeder fange mit der Umkehr bei sich selbst an! Wer dazu bereit ist, steige in den Jordan und lasse sich taufen. Ich bin gesandt, Gott ein bereites Volk zu schaffen.

1 L Hast du gehört? Das ist stark!

Ein adventliches Rollenspiel

2 L Der Hohe Rat tat gut daran, uns Leviten hierher zu schicken.

1 L Die Leute drängen sich ans Wasser! Er tauft sie! Wer gibt ihm Vollmacht dazu?

2 L Es ist *unsere* Aufgabe, das zu erfahren!

1 L Johannes, sag uns, *wer bist du?*

2 L Bist du ein Prophet?   **J** Nein!

1 L Bist du Elija?   **J** Ich bin es nicht.

2 L Bist du der Messias?   **J** Ich bin nicht der Christus.

1 L Wenn du nicht ein Prophet bist, nicht Elija, noch der Messias, warum taufst du?

2 L Antworte! Damit wir dem Hohen Rat berichten können, der uns hierhergesandt hat.

J Ich taufe mit Wasser zur Buße! Der aber *nach* mir kommt, ist stärker als ich. Ich bin nicht wert, ihm die Riemen seiner Sandalen zu lösen. Er wird euch mit heiligem Geist und Feuer taufen. Er hat die Wurfschaufel schon in seiner Hand und wird seine Tenne fegen und seinen Weizen in seine Scheune sammeln. Die Spreu aber wird er in unauslöschlichem Feuer verbrennen.

1 L Zurück nach Jerusalem, der Hohe Rat muß seine Rede sofort erfahren.

E Laßt uns ans Wasser. Laßt uns ans Wasser zu Johannes.

M Er soll uns taufen.

Z Auch ich bin bereit!

A Komm, Hortus: Wenn sich hier weiter nichts ereignet, kann Pilatus ganz beruhigt sein. Eine rein jüdische Angelegenheit – fromme Schwärmerei. Für Rom nicht von Interesse.

Ho Seltsam: Woher hat dieser einfache Mann die Macht des Wortes? Was treibt ihn dazu, die Menschen aufzurütteln?

A Die *Juden,* meinst du.

Ho Nein! – Mir ist, als gingen seine Worte alle an – auch uns. Wer weiß?

Sp So kündigte Johannes dem Volk das Heil an, und viele ließen sich taufen.

Wußtest du schon,

daß Adventisten Anhänger einer Sekte sind, die 1833 in Nordamerika gegründet wurde? Sie glauben an die baldige Wiederkunft Christi, vertreten die Erwachsenentaufe und feiern den jüdischen Sabbat. Es gibt ca. 2,7 Millionen Mitglieder dieser Sekte auf der ganzen Welt.

daß der Jordan, an dem Johannes der Täufer die Bußtaufe spendete, beim See Gennesaret 212 m und bei der Einmündung in das Tote Meer 392 m unter dem Wasserspiegel des Mittelmeeres liegt? Es ist der größte Grabenbruch der Welt.

daß Maria und Josef ca. 130 km laufen mußten, um von ihrem Wohnort Nazaret in Galiläa nach Betlehem zu kommen, dem Ort der Geburt Jesu?

daß die Propheten Amos um 760 v. Chr., Micha 735–700 v. Chr. und Jesaja 742–700 v. Chr. gelebt haben?

daß die Eltern Johannes' des Täufers Elisabet und Zacharias hießen?

daß der Gedenktag oder Festtag eines Heiligen immer sein Sterbetag ist bzw. sein Geburtstag für den Himmel? (Ausnahmen möglich!)

daß das Alte Testament aus 45 Büchern besteht und das Neue Testament aus 27 Büchern? Drehst du die Zahl 27 herum, erhältst du die Zahl 72. Das ist die Gesamtzahl der Bücher des Alten und des Neuen Testaments.

daß die Bibel in 514 afrikanische Sprachen, 446 asiatische Sprachen und 293 lateinamerikanische Sprachen übersetzt ist?

daß die Ministranten drei eigene Monatszeitschriften haben? Titel: „Leuchtfeuer – Ministrant" aus dem Tarcisius-Verlag, Köln, Postfach 290204, 5000 Köln 1, und „Rauchfaß" aus dem Kösel-Verlag, Flüggenstr. 2, 8000 München 19, und „Ministrantenpost" aus dem Patmos-Verlag, Düsseldorf.

daß der erste Satz aus dem „Gegrüßet seist du, Maria …" vom Engel Gabriel bei der Verkündigung an Maria gesprochen und der zweite Satz: „Du bist gebenedeit unter den Frauen …" von Marias Verwandter Elisabet gesagt wurde?

daß Parusie so viel heißt wie „Wiederkunft Christi"?

Quiz *?* fragen

1 Mit **welchem** Sonntag beginnt das Kirchenjahr?

2 **Worin** besteht der Sinn des Kirchenjahres?

3 **Wie viele** Festkreise kennt das Kirchenjahr?

4 **Was** feierten die Christen des ersten Jahrhunderts am ersten Tag der jüdischen Woche?

5 In **welchem** Jahrhundert entstand unser heutiges Osterfest?

6 **Was** versteht man unter „Österlichem Triduum"?

7 **Welche** Heiligen wurden eher verehrt, Märtyrer oder Bekenner?

8 **Wie viele** Marienfeste und Mariengedenktage kennt das Kirchenjahr?

9 **Wann** entstand unser Weihnachtsfest?

10 **Wie** nennen wir die Zeit zwischen der Taufe Jesu und dem Aschermittwoch, zwischen Pfingsten und dem Ersten Adventssonntag?

11 **Wie** heißt das Weihnachtsfest der Ostkirche?

12 **Welches** Marienfest fällt in die Adventszeit?

13 **Was** sind Roratemessen?

14 **An welchem** Sonntag ist die liturgische Farbe rosa?

15 **Wie** heißt dieser Sonntag in der Sprache der Liturgie?

16 **Welches** Gebet entfällt den ganzen Advent über in den Wortgottesdiensten der Messe?

17 **Nenne** einige Ideenfeste.

18 **Was** sind Reliquien?

19 **Wer** war der heilige Stephanus?

20 **In welchem** Erdteil hat der Jesuit Franz Xaver missioniert?

21 **In welcher** Stadt war Nikolaus Bischof?

22 **Was** verteidigte Thomas Becket gegenüber seinem englischen König?

Lösung: 1 Erster Adventssonntag; 2 In der kirchlich-liturgischen Feier des ganzen Heilsereignisses; 3 Zwei; 4 Ostern; 5 Zweites Jahrhundert; 6 Gründonnerstag, Karfreitag, Osternacht; 7 Märtyrer; 8 Elf; 9 Fünftes Jahrhundert; 10 Zeit im Jahreskreis; 11 Erscheinung des Herrn (Epiphanie); 12 Hochfest der ohne Erbsünde empfangenen Jungfrau und Gottesmutter Maria; 13 Messen im Advent zu Ehren der Gottesmutter, mit Kerzen; 14 Dritter Adventssonntag; 15 „Gaudete"; 16 Das Gloria; 17 Fronleichnam, Dreifaltigkeitsfest, Herz-Jesu-Fest usw.; 18 Gebeine von Heiligen; 19 Diakon und erster Märtyrer; 20 In Asien; 21 Myra; 22 Das Recht der Kirche, ihre Angelegenheiten selbst zu regeln.

Die Weihnachtszeit

Zur Geschichte des Weihnachtsfestes

Der Evangelist mit dem ältesten Evangelium (entstanden um 70 n. Chr.), Markus, berichtet uns noch nicht die Kindheitsgeschichte Jesu. Erst die Evangelisten Matthäus und Lukas (diese Evangelien entstanden zwischen 70 und 90 n. Chr.) berichten von Jesu Kindheit. Doch das Datum der Geburt wird auch in diesen Evangelien nicht erwähnt.

Wie kam die Kirche nun auf den 25. Dezember? Den Anstoß zu diesem Datum gab im Römischen Reich das heidnische Fest des unbesiegbaren Sonnengottes. Dieses Fest war 274 n. Chr. durch den römischen Kaiser Aurelian eingeführt worden. Er nahm für dieses Fest den Tag der Wintersonnenwende (25. Dezember).
Als das Römische Reich christlich geworden war, gaben die Christen dem Fest einen anderen, neuen Sinn. Sie legten auf diesen heidnischen Festtag den Tag der Geburt Christi. Denn für sie war Jesus die „Sonne der Gerechtigkeit" und „das Licht der Welt".

Tag der Schöpfung

Es gab noch einen zweiten Grund: Die Judenchristen feierten den „Tag der Schöpfung" am 25. März (heute: „Verkündigung des Herrn"), den Frühlingsbeginn, als den Tag der Empfängnis Mariens. Neun Monate trug Maria das Kind unter ihrem Herzen, bevor sie es zur Welt brachte. So ergab sich auch aus diesem Grund der 25. Dezember als der Geburtstag des Herrn.

Die Irrlehre des Arius

Und der dritte Grund: Anfang des 4. Jahrhunderts verbreitete der Priester *Arius* eine Irrlehre, die behauptete, Jesus sei nicht der Sohn Gottes. 325 n. Chr. verurteilte das Konzil von Nizäa Arius und erklärte, Maria ist die Mutter *Gottes*. Das Weihnachtsfest half nun, diese Konzilsentscheidung unter das christliche Volk zu bringen.

Die drei Messen

Papst Gregor der Große (590–604) gestattete später, daß zu Weihnachten jeder Priester drei Messen feiern darf:
- die Christmette – Thema: „Christus ist das Licht der Welt";
- das Hirtenamt in der Frühe – Thema: „Ankunft des Erlösers in Menschengestalt";
- die Messe am Tage – Thema: „Ankunft Jesu in unseren Herzen".

Die Möglichkeit für den Priester, am Weihnachtsfest drei Messen zu feiern, besteht auch heute noch. Doch feiern wir selbst an Weihnachten in der Liturgie letztlich das *ganze Heilsereignis*.

Die Krippe des Franziskus

Im Jahre 1223 brachte der heilige *Franziskus* dem gläubigen Volk das Weihnachtsgeschehen greifbar nahe, indem er in den Sabiner Bergen, in Greccio, die erste Weihnachtskrippe darstellte. Er rief Menschen in einem Stall zusammen und ließ sie das Weihnachtsgeschehen erleben. Solche Krippenspiele gibt es bis heute. Daneben entwickelte sich der Brauch, Krippenfiguren herzustellen und dabei Betlehem in die eigene Gegend zu übertragen. Vor allem die Franziskaner haben die *Krippe* in unsere Kirchen und Häuser gebracht.
Anders lief die Entwicklung in der *Ostkirche*, bei der ebenfalls im vierten Jahrhundert das „Hochfest der Erscheinung des Herrn" (Epiphanie) entstand. Sie feiert es seitdem am 6. Januar. (Im

Die Weihnachtszeit

Volksmund der Westkirche als „Fest der Heiligen Drei Könige" bekannt).

Wenn in der Westkirche am 25. Dezember das *Kind* in der Krippe im Vordergrund steht, das unser *Bruder* wurde, liegt in der Ostkirche am 6. Januar der Akzent auf dem Einbruch der *Majestät Gottes* in unsere Welt. Die beiden Kirchen übernahmen später voneinander ihre Feste.

Die liturgischen Feste im Weihnachtsfestkreis

Wie nach Ostern folgt auch nach Weihnachten eine ganze Reihe kirchlicher Feste.

Als nächstes Herrenfest begegnet uns im Weihnachtsfestkreis am 1. Januar das „Fest der Namengebung Jesu". In der Namen-Jesu-Litanei (Gotteslob, Nr. 765) wird uns der Name Jesus gedeutet. Paulus sagt: „Darum hat ihn Gott über alle erhöht und ihm den Namen verliehen, der größer ist als alle Namen, damit alle im Himmel, auf der Erde und unter der Erde ihre Knie beugen vor dem Namen Jesu" (Phil 2,9–10). (Leider geht der Festgedanke am ersten Tag des bürgerlichen Jahres = Neujahrstag leicht unter. Es ist nämlich üblich geworden, daß an diesem Tag die Pfarrer mit der Gemeinde einen Rückblick in das alte Jahr und eine Vorausschau auf das kommende Jahr vornehmen.)

Den Abschluß des Weihnachtsfestkreises bildet das „Fest der Taufe des Herrn" im Jordan am

Sonntag nach „Erscheinung des Herrn". Das Evangelium erzählt, wie Jesus sich von Johannes im Jordan taufen ließ. Dabei rief eine Stimme: „Das ist mein geliebter Sohn, an dem ich Gefallen gefunden habe" (Mt 3,17). Mit diesem Ereignis beginnt die vom Heiligen Geist gewirkte öffentliche Lehrtätigkeit Jesu. Sie erinnert uns an die Berufungsgeschichten der mit heiligem Geist gesalbten Propheten.

Das Ideenfest im Weihnachtsfestkreis

Als Ideenfest können wir das „Fest der Heiligen Familie" ansehen. Wir feiern es immer am Ersten Sonntag nach Weihnachten. Papst Leo XIII. (1878–1903) führte es ein. Er wollte damit alle christlichen Familien auf das Vorbild der Heiligen Familie in Nazaret hinweisen.

Die Heiligenfeste in der Weihnachtszeit

Unter den Heiligenfesten muß zuerst das „Hochfest der Gottesmutter Maria" hervorgehoben werden. Weil es auf den 1. Januar fällt, ist es ein Doppelfest (zusammen mit dem Fest des Namens Jesu). Das Hochfest will uns sagen: Jesus ist nicht nur als Mensch, sondern auch als Gottes Sohn aus Maria geboren.

Als weitere Feste fallen in die Woche nach Weihnachten:

- am 2. Weihnachtstag (26.12.) das Fest des ersten Blutzeugen für Christus, des „Erzmärtyrers und Diakons Stephanus" (siehe auch Seite 30 ff.);
- am 27.12. das „Fest des Apostels und Evangelisten Johannes".

Er war der Apostel, der als einziger unter dem Kreuz ausharrte und sich der Gottesmutter annahm. Ihn ehrt die Kirche, indem sie seinen Festtag kurz nach dem Eintritt Jesu in unsere Welt feiert. In der Schrift wird er „der Jünger, den Jesus liebhatte", genannt. Er war von Beruf Fischer und ein Bruder des Apostels Jakobus. Jesus nannte beide, wegen ihres heftigen

Die Weihnachtszeit

Temperaments, Donnersöhne. Johannes hinterließ uns das vierte Evangelium. Er starb als einziger Apostel eines natürlichen Todes, allerdings in der Verbannung auf der Insel Patmos; sein Symbol ist der Adler.

- Am 28. 12. das „Fest der Unschuldigen Kinder". Aufgrund der blinden Wut des Königs Herodes, der im Jesuskind einen kommenden Nebenbuhler befürchtete und deshalb dem „neugeborenen König der Juden" nachstellte, mußten alle neugeborenen Kinder bis zu zwei Jahren in Betlehem sterben. Er schickte Soldaten aus, die am Geburtsort Jesu ein Blutbad anrichteten. Durch die Warnung eines Engels mißlang der Plan, auf diese Weise den neugeborenen König zu töten. Jesus, Maria und Josef waren bereits auf der Flucht nach Ägypten. Kinder, nicht Erwachsene, waren die ersten, die für Jesus ihr junges Leben lassen mußten.

Gedanken zur Weihnachtszeit

Alle Welt feiert Weihnachten und nimmt Notiz von der Geburt des Kindes im Stall von Betlehem. Mit diesem Kind hat eine neue Zeitrechnung begonnen. Für uns Christen bricht damit die Heilszeit an.

Was geschieht? Gott steigt herab in die Niedrigkeit. Ein armes, schlichtes, jüdisches Mädchen hat Gott auserwählt, Mutter des Erlösers zu werden. Er hat sie vom ersten Augenblick ihres Daseins an vor aller Sünde bewahrt und besonders begnadet. In Glaube und Hingabe spricht sie ihr Ja zur Botschaft des Engels, Mutter des Erlösers zu werden.

An der Seite Mariens finden wir Josef, ihren Bräutigam. Was wird diesem Mann zugemutet? Auf die Schwangerschaft seiner Braut reagiert er nicht mit einer Anzeige wegen Ehebruchs. Er verzichtet auf die Steinigung, auf die Strafe, die nach dem Gesetz des Mose dafür verhängt wird. Er beschließt, Maria den Scheidebrief auszustellen, damit sie den heiraten kann, von dem ihr Kind ist. Als ihm im Traum gesagt wird, daß das Kind vom Heiligen Geist ist und der Messias seines Volkes sein wird, glaubt er und nimmt Maria zu sich. Josef ist ein Mann der Güte und des Glaubens.

Zur Armut dieses heiligen Paares paßt die Armseligkeit des Stalles von Betlehem. Hätte nicht Gottes Sohn, der in diese Welt kommt, einen besseren Empfang verdient, z. B. wie die Repräsentanten der damaligen Zeit, wie politische und religiöse Führer? Statt dessen kommen Hirten zur Krippe, Männer, die zwar arm und verachtet sind, aber sich bereit finden, der Botschaft der Engel zu folgen. Sie glauben, daß dieses schwache Kind der Sohn Gottes ist, und beten an. Selbst die angesehenen Weisen aus dem Morgenland beugen ihr Knie vor dem, „der in allem uns gleich geworden ist, außer der Sünde".

Jesus kam nicht in Macht und mit Herrlichkeit, sondern in Demut und Erniedrigung. Diese Grundeinstellung hat er sein Leben lang durchgehalten bis zum Tod am Kreuze.

Geburt ist immer ein frohes Ereignis und eine Hoffnung für Eltern und Geschwister. Ja, es gibt Kinder, über die freut sich die ganze Welt. Denken wir an große Heilige, die wir in den Monaten Dezember und Januar bewundern: Stephanus, Antonius, Agnes, Franz von Sales, Sebastian. Dieses Kind aber ist „Gott von Gott, Licht vom Lichte, wahrer Gott vom wahren Gott", wie wir im Glaubensbekenntnis beten.

Die Weihnachtszeit

Was bedeutet das für uns?

Gott wird Mensch, damit der Mensch Anteil an ihm hat. Gottes Menschwerdung ist der Anfang unserer Erlösung. Dieses Kind wird die Menschen von Schuld befreien, dem Tod entreißen und mit ewigem Leben beschenken. Es ist nicht nur für Israel gekommen, sondern ist für alle da. Es soll keinen verlorenen Menschen mehr geben. Jesaja nannte den Messias „Immanuel", d. h. „Gott ist mit uns". Gott will nicht nur einen neuen Bund mit den Menschen schließen, sondern er will im Herzen eines jeden wohnen und sein Herr sein.

Warum ist diese Botschaft auch heute, nach fast 2000 Jahren, immer noch aktuell?

Weil Gott diesen Weg unserer Erlösung aus Liebe gewählt hat. Ja, Gott liebt ohne Maß, so radikal, daß es uns die Sprache verschlagen würde, wenn uns die Botschaft des Evangeliums nicht so geläufig wäre.

Die Präfation von Weihnachten faßt das Festgeheimnis in knappe Worte:

In Wahrheit ist es würdig und recht,
dir, allmächtiger Vater,
zu danken und dein Erbarmen zu rühmen
durch unseren Herrn Jesus Christus.
Durch ihn schaffst du den Menschen neu
und schenkst ihm ewige Ehre.
Denn einen wunderbaren Tausch
hast du vollzogen:
dein göttliches Wort wurde ein sterblicher Mensch,
und wir sterbliche Menschen
empfangen in Christus
dein göttliches Leben.
Darum preisen dich ...

So ward der Herr Jesus geboren im Stall bei der kalten Nacht.
Die Armen, die haben gefroren, den Reichen war's warm gemacht.

Sein Vater ist Schreiner gewesen, die Mutter war eine Magd.
Sie haben kein Geld nicht besessen, sie haben sich wohl geplagt.

Kein Wirt hat ins Haus sie genommen; sie waren von Herzen froh,
daß sie noch in' Stall sind gekommen. Sie legten das Kind auf Stroh.

Die Engel, die haben gesungen, daß wohl ein Wunder geschehn.
Da kamen die Hirten gesprungen und haben es angesehn.

Die Hirten, die will es erbarmen, wie elend das Kind doch sei.
Es ist ein G'schicht für die Armen, kein Reicher war nicht dabei.

Ludwig Thoma, bayrischer Mundartdichter, † 1921

Wär' Christus tausendmal zu Betlehem geboren, doch nicht in dir,
du bleibst doch ewiglich verloren.

Angelus Silesius, dt. Dichter, † 1677

Der zur Weihnacht geboren wurde,
hat nicht auf Probe mit uns gelebt,
ist nicht auf Probe für uns gestorben,
hat uns nicht auf Probe geliebt.
Er ist das Ja und sagt das Ja,
ein ganz, unwiderrufliches göttliches Ja
zu uns, zur Menschheit, zur Welt.

Dieses Ja kann uns tragen,
kann uns herausreißen aus Vorläufigkeiten,
Unsicherheiten, Halbheiten, Vergeblichkeiten.
Es will uns begleiten und so befähigen,
selber Ja zu sein,
nicht auf Probe, nicht nur zur Hälfte,
nicht als „ja aber".
Mögen wir Sein Ja erfahren
in uns, über uns, um uns.
Und mögen andere es erfahren
durch uns.

Klaus Hemmerle

Es ist selbstverständlich, daß wir als Christen nur vom Kreuz und
von der Auferstehung Jesu her einen wirklichen Zugang zur
Tatsache und zum Sinn des Weihnachtsfestes finden können. Wir
feiern die Geburt dessen, den wir in seinem Tod und seiner Auferstehung
als unseren Erlöser und Herrn, als die unwiderrufliche Heilszusage Gottes
gefunden haben.

Karl Rahner

Heilige im Monat Januar

Tag	Name	Kurznamen	Bedeutung des Namens	
1.	**Maria, Gottesmutter**	Mia, Meike, Marion	Meerstern, die Herbe	
2.	**Basilius der Große und**		Der Königliche	† 379
	Gregor von Nazianz		Der Wachsame	† 390
6.	**Erscheinung des Herrn**			
7.	**Valentin von Barcelona**		Der Gesunde	† um 475
	Raimund von Penyafort		Ratschützer	† 1275
8.	**Severin**		Der Strenge	† 482
13.	**Hilarius von Poitiers**		Der Heitere	† 567
17.	**Antonius der Große**	Toni, Tünnes	Der Preiswürdige	† 356/7
20.	**Fabian**		Fabier von Geburt	† 250
	Sebastian		Der Erhabene	† 288
21.	**Meinrad**		Einsiedler	† 861
	Agnes	Ines	Lämmchen	† 304
22.	**Vinzenz von Saragossa**	Zenz	Der Siegende	† 304
23.	**Heinrich Seuse**	Heiner, Heini, Heinz	Heimherr	† 1366
24.	**Franz von Sales**	Frank	Der Freie	† 1622
25.	**Bekehrung des Apostels Paulus**			
26.	**Timotheus und**	Tim	Fürchte Gott	
	Titus		Der Feurige	
27.	**Angela Merici**	Angelika, Angelina	Die Engelgleiche	† 1540
28.	**Thomas von Aquin**	Tom	Zwilling	† 1274
31.	**Johannes Bosco**	Jon, Jens, Hans, Iwan, Nino	Gottesgeschenk	† 1888

Namenstage

1. Wilhelm
2. Basilius, Gregor, Adelhard, Dietmar
3. Genoveva, Odilo, Irmina
4. Angela, Maro, Roger
5. Emilie
6. Kaspar, Melchior, Balthasar, Pia, Wiltrud
7. Valentin, Raimund, Reinold, Sigrid
8. Severin, Erhard, Heinrich, Gudula
9. Julian, Eberhard, Alice
10. Gregor X., Paulus, Wilhelm
11. Paulin
12. Tatiana, Hilda
13. Hilarius, Gottfried, Jutta
14. Reiner, Berno
15. Maurus, Gabriel
16. Marzellus I., Tillo, Theobald

	Patron / Helfer bei / Anrufung	Fest-rang	Liturg. Farbe
Wir feiern heute die Gottesmutterschaft Mariens		H	Weiß
Bischof von Cäsarea in Kappadozien, Kirchenlehrer		G	Weiß
Bischof und Kirchenlehrer			
		H	Weiß
Bischof von Rätien	der Verlobten	g	Weiß
Gründer des Mercedarierordens	der Kirchenrechtler	g	Weiß
Mönch in Norikum	der Leinweber, Winzer	g	Weiß
Bischof und Kirchenlehrer	der behinderten Kinder	g	Weiß
Mönchsvater, Einsiedler	der Metzger	G	Weiß
Papst, Märtyrer	der Töpfer	g	Rot
Märtyrer	der Schützengilden, Pest	g	Rot
Mönch, Märtyrer		g	Rot
Jungfrau und Märtyrin	der Jungfrauen	g	Rot
Diakon und Märtyrer	der Dachdecker	g	Rot
Ordenspriester und Mystiker		g	Weiß
Bischof von Genf, Ordensgründer, Kirchenlehrer	der Schriftsteller	G	Weiß
		F	Weiß
Paulusschüler und Bischöfe von Ephesus und Kreta	Magenkrankheiten	G	Weiß
Gründerin der „Ursulinen"		g	Weiß
Dominikaner, Kirchenlehrer	der Universitäten und Studenten	G	Weiß
Gründer der Salesianer	der katholischen Verleger	G	Weiß

17. Antonius, Beatrix
18. Priska, Odilo, Regina
19. Marius, Ratmund, Heinrich
20. Fabian, Sebastian
21. Agnes, Meinrad, Patroklus
22. Vinzenz, Dietlind, Walter
23. Heinrich, Ildefons, Hartmut
24. Franz, Eberhard, Arno, Vera

25. Wolfram
26. Timotheus, Titus, Paula, Alberich
27. Angela, Julian
28. Thomas, Manfred
29. Valerius, Radogund, Gerhard
30. Adelgund, Martina, Serena, Diethild
31. Johannes, Eusebius, Marzella, Hemma

Antonius der Einsiedler
„Wüstenvater", Vater aller christlichen Mönche

Antonius, der spätere „Wüstenvater", wurde 251 in Koma in Mittelägypten geboren. Als Junge war er häufig Gast bei den christlichen Einsiedlern, die in der Nähe seines Heimatortes in Höhlen lebten. Sie waren der Christenverfolgung durch die Römer durch Flucht in die Wüste entgangen. Hier lernte Antonius den wahren christlichen Glauben kennen.

Als seine Eltern starben, verschenkte und verkaufte er seinen Besitz und ging als Einsiedler in die Wüste. Dort war er vielen Versuchungen ausgesetzt: der Schwermut, dem Hochmut, der Verzweiflung, der Mutlosigkeit, den unreinen Gedanken. Dämonen, satanische Geister plagten ihn. Aber er gab den Kampf nicht auf.

Eines Tages, nach einem schweren seelischen Ringen, fand er durch Gebet und Nachdenken die innere Ruhe wieder. Immer häufiger kamen nun andere Eremiten (Einsiedler) zu ihm, und er unterwies sie, in Gemeinschaft mit anderen zu leben. Das war der Anfang des klösterlichen Lebens.

Zweimal in seinem Leben verließ er die Wüste und predigte in Alexandrien (Nordafrika). Zunächst in der Zeit der Christenverfolgung und später gegen die Irrlehren des Arius. Zuletzt lebte er mit anderen Eremiten am Roten Meer. Er wurde 105 Jahre alt. Antonius ist der eigentliche Begründer des christlichen Mönchtums. Christen des Mittelalters verehrten ihn besonders. Auf vielen Bildern ist er dargestellt mit einem Schwein, als Zeichen der Versuchung (Swiene-Tünnes).

Seine Reliquien (Gebeine) ruhen in Arles (Frankreich).

Er ist der Patron gegen die Pest und andere ansteckende Krankheiten. Antonius ist auch der Patron der Haustiere und Patron der Metzger und Schweinehirten.

Die heilige Agnes

junge römische Märtyrin

Ihre Verehrung reicht bis ins vierte Jahrhundert zurück. In den Märtyrerlisten von 354 n. Chr. ist sie schon aufgeführt. Es war die Zeit der Christenverfolgung unter dem römischen Kaiser Diokletian.

Eine Legende weiß zu berichten, Agnes sei 13 Jahre alt und ein bildhübsches Mädchen gewesen, als sie für Christus starb.

Schon in diesem Alter verheirateten römische Eltern ihre Kinder. So sollte es auch bei Agnes geschehen. Es gab aber mehrere Verehrer. Sie mußte sich für einen entscheiden.

Dabei stellte sich heraus, daß sie Christin war und sich bereits in ihrem Innern für ein Leben mit Christus entschieden hatte und ein eheloses Leben führen wollte.

Die Liebe eines Verehrers schlug daraufhin in Haß um, und er zeigte sie an. Der Richter versuchte sie immer wieder zu überreden, ihrem Gott, Jesus Christus, abzuschwören und dem Kaiserbild Weihrauch zu opfern. So forderte es das Gesetz der Römer, den Kaiser wie einen Gott zu verehren. Agnes weigerte sich. Da riß man ihr die Kleider vom Leib und folterte sie. Und wieder weigerte sie sich zu opfern. Jetzt ließ man sie enthaupten. Ähnlich erging es damals vielen Christen, die treu zu ihrem Glauben standen.

Die Gebeine der heiligen Agnes ruhen in der Kirche S. Agnese, außerhalb Roms, an der Via Nomentana. Am Agnesfest werden in dieser Kirche zwei Lämmer feierlich gesegnet, deren weiße Wolle später für Schals verwendet wird, in die man kleine schwarze Kreuze einwebt. Man nennt sie Pallien. Der Papst trägt solch ein Pallium bei seinen Amtshandlungen. Er verleiht diese Auszeichnung auch an Erzbischöfe.

Die heilige Agnes wird dargestellt mit einem Lamm auf dem Arm; vielleicht, weil die Worte Agnus (Lamm) und Agnes ähnlich klingen.

Franz von Sales

Rechtsgelehrter, Erzbischof, Ordensgründer, Kirchenlehrer

Es waren bewegte Zeiten, in die Franz von Sales hineingeboren wurde, denn die neuen Lehren der Reformatoren Luther und Calvin fanden viele Anhänger. Man schrieb das Jahr 1567.

Im väterlichen Schloß bei Genf wurde er als junger Adeliger standesgemäß erzogen, besuchte später das Gymnasium der Dominikaner in Annecy und studierte dann weiter bei den Jesuiten in Paris. Er schloß seine Studien ab mit dem Doktorgrad der Rechtswissenschaft und der Theologie an der Universität in Padua in Italien. Der Vater hatte für ihn schon eine Anstellung beim obersten Gericht Savoyens erreicht.

Doch der Lebensweg des Franz von Sales sollte anders verlaufen. Franz erkannte, daß die Grenze zum calvinistischen Genf unmittelbar vor Savoyen verlief. Die Calvinisten wagten sich immer weiter vor und hatten Erfolg. An dieser Front waren jetzt die besten und intelligentesten Köpfe der katholischen Kirche gefragt. Zu ihnen gehörte auch Franz von Sales. Der belesene, vielseitige, entschlossene und tiefgläubige Mann sah hier sein künftiges Arbeitsfeld.

Er wurde zum Dompropst in Annecy gewählt und 1593 zum Priester geweiht. Entgegen den Plänen seines Vaters und ohne seinen Segen hat er vier Jahre in Chablais zugebracht, mitten im Gebiet der Calviner. Es war eine rauhe Berglandschaft südlich von Genf. Hier predigte er gegen die Irrlehren des Reformators, z. B. gegen die Vorherbestimmung, wonach alles im Leben der Menschen von vornherein von Gott festgelegt ist. Damit wurde aber die Wahlfreiheit des Menschen geleugnet.

Er zog von Kirche zu Kirche, durch tiefe Täler und über hohe Pässe, den Mordanschlägen der Calviner ständig ausgesetzt. Er übernachtete in leerstehenden Heuschobern und alten Backöfen und zum Schutz vor Wölfen sogar in den Kronen der Tannen. Doch alles war zunächst vergebens. Die Leute fürchteten den Terror der fanatischen Calvinisten, die ihnen, kehrten sie zur wahren Kirche katholischen Bekenntnisses zurück, ihr Haus über dem Kopf anzünden würden.

Erst nach vielen Jahren unermüdlicher Predigttätigkeit gelang der Durchbruch. Dem Geist Gottes, der aus diesem Manne sprach, konnten auf Dauer viele nicht widerstehen. Bald wurde er zum Erzbischof von Genf ernannt. Franz legte in seiner Diözese mit etwa 600 Pfarreien größten Wert auf einen regelmäßigen Glaubensunterricht. Denn er hatte in den vergangenen Jahren erlebt, wie die Unwissenheit in religiösen Fragen den Irrlehrern Tür und Tor öffnete.

Mit der später heiliggesprochenen Johanna Franziska von Chantal gründete er die Schwesterngemeinschaft „von der Heimsuchung Mariä" (Salesianerinnen). Auf einer Reise überraschte ihn 1622 in Lyon in Frankreich der Tod. Er schrieb in seinem Leben ca. 20 000 Briefe an verschiedene Personen. Franz von Sales war ein unermüdlicher Seelsorger. Er ist der Gründer des Salesianerordens und wurde 1877 zum Kirchenlehrer erhoben.

Franz ist der Patron der katholischen Presse.

Das Martyrium des heiligen Sebastian, Offizier der römischen Armee

Vor einem Gefängnis in Rom halten zwei Soldaten der kaiserlichen Armee in der Mittagshitze Wache. Da naht sich ihnen ein Offizier der Prätorianer, der kaiserlichen Leibgarde. Sie machen die vorgeschriebene Ehrenbezeigung. Der Offizier grüßt zurück und verschwindet durch die Gefängnistür.

Der Jüngere der beiden Soldaten fragt seinen Kameraden: „Wer war das?" Der andere antwortet: „Das war Oberst Sebastian." Sebastian wird vom Gefängniswärter in eine Zelle geführt, in der zwei Jugendliche angekettet sitzen. Vor ihnen kniet ihr alter Vater, der sie immer wieder anfleht: „Schwört doch diesem Christus ab, und ihr erhaltet sofort eure Freiheit zurück!" Doch er erreicht bei ihnen nichts. Die Besuchszeit für den Vater ist beendet; er muß gehen. Ein herzzerreißender Abschied. Der Gefängniswärter begleitet ihn hinaus.

Was aber will Sebastian bei den beiden Jugendlichen? Er kennt sie von den heimlichen Zusammenkünften der Christen, denn er ist ebenfalls Christ. Er macht nun den beiden Mut, den bevorstehenden Tod nicht zu fürchten, denn nicht dem Kaiser, sondern nur Gott allein gebühre göttliche Verehrung; und ihre Treue würde der Herr lohnen.

Ein Gefängniswärter muß an der Tür gehorcht haben, denn am anderen Tag wird Sebastian zum Kaiser gerufen. Im Palastgang flüstert ihm ein bekannter Christ aus der Leibwache zu: „Um Christi willen fliehen Sie, Oberst! Der Kaiser ist außer sich!" Doch Sebastian steht nach wenigen Minuten seinem Kaiser Auge in Auge gegenüber.

Der Kaiser ist ganz beherrscht und beginnt das Gespräch: „Sebastian, du warst mir der Liebste in der ganzen Armee. Vor allem habe ich dich immer wieder deiner Tapferkeit wegen ausgezeichnet. Warum muß ich dich nun auf der Seite meiner Feinde sehen? Schwöre doch diesem christlichen Irrglauben ab, und ich will das Geschehene vergessen." Der Oberst antwortet dem Kaiser: „Ich bin nicht dein Feind, denn die Christen ehren den Kaiser und hören auf ihn." – „Ja, dann gehorche, und schwöre deinem Gott ab!" befiehlt ihm der Kaiser.

Da muß Sebastian widersprechen: „Kaiser, du hast kein Recht, von mir einen Treubruch gegenüber meinem Gott zu verlangen." – „Ich habe kein Recht!?" schreit der Kaiser auf. „Das werde ich dir zeigen!"

Ein Zeichen des Kaisers, und der Hauptmann der afrikanischen Bogenschützen kommt und erhält Befehl, den Oberst Sebastian sofort in Ketten zu legen.

Die ganze Nacht hat der Oberst im Gefängnis gebetet, als am anderen Morgen Soldaten erscheinen und ihn zur Hinrichtungsstätte führen. Dort muß er seine Kleidung ablegen. Er wird an einen Pfahl gebunden. Jetzt spannen die afrikanischen Soldaten ihre Bogen und legen ihre Pfeile ein. Ein Befehl des Offiziers, und die Pfeile bohren sich überall in das Fleisch des Obersten Sebastian. „Jesus, du allein bist mein höchster Herr!", so bekennt er noch, bevor er bewußtlos wird. Man läßt von ihm ab und glaubt ihn tot.

Eine Christin, die alles mit angesehen hatte, beugt sich über Sebastian und bemerkt, daß das Herz noch schlägt. Sie läßt den verwundeten Sebastian in ihr Haus bringen, verbindet und pflegt ihn, und Sebastian gesundet langsam.

Kaum wieder auf den Beinen, verschafft sich Sebastian Zugang zum Kaiser. Der reißt die Augen auf, als er den Totgeglaubten sieht. „Ja, ich bin es!" sagt Oberst Sebastian ganz ruhig. „Ich bin vom Tode zurückgekehrt, um dich zu warnen, Kaiser. Laß ab von der ungerechten Christenverfolgung, sonst wird Gottes Strafe dich treffen."

Der Kaiser aber denkt nicht daran, seine bisherige Politik zu ändern. Wenige Augenblicke später wird Oberst Sebastian im Palasthof auf Befehl des Kaisers erschlagen.

Das Brauchtum in der Weihnachtszeit

Heiligabend in der Familie

Auch in unserer Zeit ist es in vielen Familien guter Brauch, vor der Bescherung eine kleine Krippenfeier zu halten. Diese Feier könnte wie folgt aussehen: Wir versammeln uns vor der Krippe und dem Christbaum. Nur die Kerzen am Adventskranz brennen.

Lied: Macht hoch die Tür (Gotteslob, Nr. 107)
Gebet: „Der Engel des Herrn brachte Maria die Botschaft ..." (Gotteslob, Nr. 2, 7)
Blockflötenspiel
Weihnachtsevangelium nach Lk 2, 1–14
In jenen Tagen erließ Kaiser Augustus den Befehl, alle Bewohner des Reiches in Steuerlisten einzutragen. Dies geschah zum erstenmal; damals war Quirinius Statthalter von Syrien. Da ging jeder in seine Stadt, um sich eintragen zu lassen. So zog auch Josef von der Stadt Nazaret in Galiläa hinauf nach Judäa in die Stadt Davids, die Betlehem heißt; denn er war aus dem Haus und Geschlecht Davids. Er wollte sich eintragen lassen mit Maria, seiner Verlobten, die ein Kind erwartete. Als sie dort waren, kam für Maria die Zeit ihrer Niederkunft, und sie gebar ihren Sohn, den Erstgeborenen. Sie wickelte ihn in Windeln und legte ihn in eine Krippe, weil in der Herberge kein Platz für sie war.
Lied: Zu Betlehem geboren (Gotteslob, Nr. 140)

In jener Gegend lagerten Hirten auf freiem Feld und hielten Nachtwache bei ihrer Herde. Da trat der Engel des Herrn zu ihnen, und der Glanz des Herrn umstrahlte sie. Sie fürchteten sich sehr, der Engel aber sagte zu ihnen: Fürchtet euch nicht, denn ich verkünde euch eine große Freude, die dem ganzen Volk zuteil werden soll: Heute ist euch in der Stadt Davids der Retter geboren; er ist der Messias, der Herr. Und das soll euch als Zeichen dienen: Ihr werdet ein Kind finden, das, in Windeln gewickelt, in einer Krippe liegt. Und plötzlich war bei dem Engel ein großes himmlisches Heer, das Gott lobte und sprach: Verherrlicht ist Gott in der Höhe und auf Erden ist Friede bei den Menschen seiner Gnade.
Lied: Es ist ein Ros' entsprungen (Gotteslob, Nr. 132)
Der Vater zündet jetzt alle Lichter des Weihnachtsbaumes an.
Lied: Stille Nacht, heilige Nacht (Gotteslob, Nr. 145)
In der Familie beschenkt man sich gegenseitig. Glückwünsche zum Fest werden ausgetauscht. Schön wäre es, wenn Vater oder Mutter mit der Familie über die Weihnachtsbotschaft sprechen würden. Eines der Kinder könnte ein Gedicht vortragen. Vater oder Mutter können ein Dankgebet für das abgelaufene Jahr sprechen und auch der Verstorbenen, besonders der Freunde und Verwandten, gedenken.

Die Weihnachtsgeschenke

Schenken ist ein Zeichen der Liebe. Wir wollen einander Freude bereiten, weil Gott uns durch den Erlöser beschenkt hat. Jedes Geschenk kann uns an diese schenkende Liebe Gottes erinnern. Darum wollen wir an Weihnachten über unseren Familien- und Verwandtenkreis hinaus auch an die Armen, Notleidenden und Unterdrückten denken.

- Geschenke sagen: Ich habe mich mit dir beschäftigt, ich habe beim Aussuchen nachgedacht und mir Mühe gegeben.
- Geschenke bedeuten dem Beschenkten, daß er angenommen und etwas wert ist.
- Geschenke verbinden Menschen miteinander.
- Geschenke an Weihnachten weisen darauf hin, daß der Vater im Himmel uns seinen Sohn geschenkt hat.
- Schenken macht nicht arm – schenken macht reich!

„Es ist das Herz, das gibt.
Die Hände geben nur her."(Spruch aus Zaire)

Das Brauchtum in der Weihnachtszeit

Das Weihnachtsfestessen

Nach der Feier und dem Verteilen der Geschenke bleibt die Familie meistens noch beieinander zu einem Festessen. Der Tisch ist festlich geschmückt, Kerzen brennen, und frische Blumen zieren die Tafel. Hier zwei passende Gebete vor und nach dem Essen:

> Vor dem Essen:
> *Gott hat die Welt so geliebt, daß er seinen einzigen Sohn dahingab.*
> *Vater im Himmel, du hast deinen Sohn als Geschenk in die Welt gesandt.*
> *Du schenkst uns durch ihn deine Gnade und den Frieden.*
> *Du gibst uns Speise und festliche Gemeinschaft.*
> *Sei du in unserer Mitte und segne dieses Mahl. Amen.*
>
> Nach dem Essen:
> *Aus seiner Fülle haben wir alle empfangen.*
> *Freude hast du uns geschenkt,*
> *den Leib gesättigt, das Herz erhoben.*
> *Wir danken dir, o Herr.*
> *Laß uns deine Liebe weitertragen und jene nicht vergessen,*
> *die deiner und unserer Hilfe bedürfen. Amen.*

Die Weihnachtskrippe

Die Franziskaner haben die Krippen in unsere Familien und Kirchen gebracht. Später wurden diese Krippendarstellungen noch gefördert durch *Krippenspiele,* die uns die Geburt Christi sinnfällig nahebringen wollen. Besonders schöne Krippen entstanden im 18. Jahrhundert in Österreich (Tirol), Bayern und Italien. Man kann heute gediegene Krippen kaufen; doch für uns haben die Krippen besonderen Wert, die man im Familienkreis selbst bastelt. Ob die Fi-

guren aus Papier, Holz, Ton, Wachs oder aus einem anderen Material sind, ist dabei zweitrangig. Wichtig ist die Freude beim Werken der „eigenen" Krippe. Nicht der Tannenbaum allein soll im Blickfang des Wohnzimmers stehen, sondern auch die Krippe.

Man könnte in der Weihnachtszeit einmal einen Ausflug in die Kirchen der Nachbarschaft machen und sich dort die Krippen ansehen oder im Sommer einen Ausflug zur KRIPPANA bei Höfen, in der Nähe von Monschau/Nordeifel, wo man Hunderte von schönen Krippen aus ganz Europa sehen kann. Krippenausstellungen gibt es auch in München und in Telgte bei Münster.

So wie der Sakristan an der Kirchenkrippe in der Advents- und Weihnachtszeit die verschiedenen Krippenszenen stellt, kann man es auch mit der Krippe in der Familie machen: Verkündigung des Engels an Maria – Begegnung Marias mit Elisabet – Herbergssuche – Geburt in der Krippe – Drei Könige an der Krippe – Flucht nach Ägypten.

Der Weihnachtsbaum (Christbaum)

Der Weihnachtsbaum gehört zum bekanntesten volkstümlichen Brauchtum Nordeuropas. Er ist uns in Straßburg erstmalig für das Jahr 1539 bezeugt. Zunächst war er ein aufgestellter, geschmückter Baum ohne Kerzen. Anfangs dienten auch die Stechpalme (Schweiz), die Eibe oder der Buchsbaum (Südwestdeutschland) als Weihnachtsbaum. Heute nimmt man eine Fichte oder Edeltanne. Erst seit dem achtzehnten Jahrhundert steckt man ihr Lichter auf. Man kann sie zusätzlich schmücken mit Strohsternen, bunten Kugeln, Obst und Nüssen usw. Große Freude macht es, beim Aufstellen des Baumes daheim oder in der Kirche zu helfen.

Das Brauchtum in der Weihnachtszeit

Krippenspiele

In manchen Pfarreien bitten Ministrantengruppen in den Weihnachtsferien die Eltern zu einer Weihnachtsfeier ins Pfarrzentrum. Es ist eine Feier mit Lichtern, Liedern und Gedichten, Süßigkeiten, mit Krippen- und Weihnachtsspielen. Die Krippenspiele haben Tradition. Doch sie müssen vorher gut eingeübt sein. Etwas schauspielerisches Talent wird ebenfalls verlangt. Einfacher sind Rollenspiele. Die Vorleser sitzen an einem Quertisch. Vor ihnen steht ein Kärtchen mit der gut lesbaren Aufschrift, wen der Vorlesende jeweils darstellt. Beim Rollenspiel braucht man keine Texte auswendig lernen. Aber man muß sich bemühen, sie gut zu sprechen.

Kindersegnung zu Weihnachten

Bei der Taufe haben der Priester, die Eltern und Paten ein Kreuz auf die Stirn des Täuflings gemacht und ihn so gesegnet. Die Eltern haben es später immer wieder getan: beim Zubettgehen, vor dem Schulweg und vor wichtigen Anlässen. Am „Fest der Unschuldigen Kinder" von Betlehem kommen in der Woche nach Weihnachten viele Mütter mit ihren Kindern und Kleinkindern zur Kirche, und der Priester legt den Kindern die Hände auf. Er betet über sie und segnet sie mit dem Kreuzzeichen. Anschließend machen alle noch der Krippe einen Besuch.

Segnung und Austeilung des Johannisweins

Es handelt sich hier um einen jahrhundertealten Brauch, den die Kirche des Mittelalters schon kannte und der sich bis heute erhalten konnte. Er hat seinen Ursprung wohl in dem „Minnetrinken" der Germanen, die zu Ehren der Götter

einen Trunk zu sich nahmen. Er sollte vor Verzweiflung schützen oder wurde als Abschieds- oder Versöhnungstrunk gereicht. Es gibt eine Johanneslegende, die besagt, daß der heilige Apostel Johannes vergiftet werden sollte. Als er den Becher zum Trinken ansetzte, stieg eine Natter aus dem Wein hervor und warnte ihn. Deshalb gibt es so viele Johannesabbildungen, die ihn mit dem Becher in der Hand darstellen.

Jahresschlußgottesdienst und Neujahrsbräuche

Am Silvesterabend hält die Gemeinde in der Kirche einen Jahresschlußgottesdienst als Dank für Gottes Hilfe im alten Jahr. Der Pfarrer gibt dabei eine Rückschau auf das verflossene Jahr und steckt der Gemeinde Ziele für das neue Jahr.

Um Mitternacht läuten die Glocken, heulen die Sirenen und wird geböllert. Nach altem Brauch sollen Knaller und Feuerwerk die bösen Geister bannen. In der Familie sitzt man gemütlich beisammen, ißt und trinkt gemeinsam, bespricht noch einmal das alte Jahr und erwartet die Jahreswende. Um Mitternacht wünscht man sich gegenseitig Glück und Gesundheit zum neuen Jahr. Mancherorts ist es unter Christen üblich, das Lied „Großer Gott, wir loben dich" zu singen.

Weihnachtssingen

Zu keiner Zeit des Jahres wird so gern und so oft gesungen wie in der Weihnachtszeit. So besteht in manchen Gemeinden der Brauch, in einer kirchenmusikalischen Feierstunde an einem Sonntag der Weihnachtszeit ein Weihnachtssingen zu veranstalten. Alle Chöre der Gemeinde (Kinder-, Jugend- und Kirchenchor) – verstärkt durch Bläser und Instrumentalkreise – singen noch einmal ein- und mehrstimmig die schönen Weihnachtslieder. Oder sie tragen in instrumentalen Darbietungen alte Weihnachtsweisen vor. Auch die Sternsinger können in ihrer Königskleidung auftreten und ihre Lieder singen.

Der Ministrantendienst in der Weihnachtszeit

Der Dienst in der Christmette und am Weihnachtstag

Priester und Ministranten ziehen in folgender Ordnung zur Festmesse in die Kirche ein: Ministranten für Weihrauch und Schiffchen – Vortragekreuz – Leuchter – Altardienst (gleichzeitig Aspergill und Weihwasserkessel) – Flambeauträger – Priester. Alle nehmen die für sie vorgesehenen Plätze ein. In der Festmesse kann viermal Weihrauch verwendet werden. 1. Sofort nach dem Einzug, um den Altar und das Altarkreuz zu beräuchern; 2. zur Verlesung des Evangeliums am Ambo; 3. bei der Gabenbereitung, dort werden inzensiert: Gaben, Altar, Kreuz, Priester, Volk; 4. bei der Erhebung der heiligen Gestalten zur Wandlung.

Zu 1. Ministranten mit Weihrauchfaß und Schiffchen stehen seitlich hinter dem Altar. Der Priester legt dort Weihrauch ein, umschreitet und inzensiert den Altar und beräuchert das Altarkreuz. Danach gibt er das Faß zurück, und die Ministranten bringen es in die Sakristei oder hängen es an einem Ständer im Altarraum auf.

Zu 2. Beim Zwischengesang vor dem Evangelium legt der Priester am Priestersitz Weihrauch ein. Die Leuchterträger treten in der Zeit rechts und links hinter den Altar. Hinter diese stellen sich, nach dem Einlegen des Weihrauchs, die Ministranten mit Faß und Schiffchen. Der Priester oder Diakon schreitet durch das Spalier zum Altar, auf dem das Evangelienbuch liegt und zieht mit den vier Ministranten in Prozession zum Ambo. Dort Inzens des Evangelienbuches. Nach der Verlesung des Evangeliums Faß in die Sakristei bringen oder auf einen Ständer im Altarraum hängen.

Zu 3. Zur Gabenbereitung stellen sich die Ministranten mit Faß und Schiffchen seitlich hinter dem Altar auf. Der Priester legt dort Weihrauch ein und inzensiert die Gaben, den Altar und das Kreuz. Der Ministrant mit dem Faß inzensiert anschließend den Priester. Dann treten die Ministranten mit Weihrauchfaß und Schiffchen vor das Volk (oberste Stufe) und inzensieren die Gläubigen in dem Mittelblock, im linken und im rechten Seitenblock. Weihrauch bleibt im Altarraum.

Zu 4. Vor der Präfation legen die Ministranten selbst Weihrauch nach. Zum Sanctus auf die oberste Stufe vor dem Altar niederknien und während der Erhebung die Gestalten jeweils inzensieren. Zum Vaterunser Weihrauch in die Sakristei zurückbringen.

Der Dienst der Flambeauträger

Flambeauträger können zum Evangelium und zum Hochgebet mit ihren Flambeaus von der Sakristei aus einziehen oder aber nur zum Hochgebet.

Beim Credo der Weihnachtsmessen knien Priester, Ministranten, Volk an folgender Steller nieder: „… hat Fleisch angenommen durch den Heiligen Geist von der Jungfrau Maria und ist Mensch geworden" („Et incarnatus est de Spritu Sancto ex Maria Virgine, et homo factus est").

Die Krippensegnung

Nach dem Evangelium der Christmette wird die Krippensegnung vorgenommen. In Prozession ziehen Priester und Ministranten zur Krippe. Prozessionsordnung wie oben! Dort angekommen, spricht der Priester das Segensgebet. Danach besprengt er die Krippe mit Weihwasser und inzensiert mit Weihrauch. In Prozessionsordnung geht es zum Altarraum zurück und die Meßfeier nimmt ihren weiteren Verlauf.

Die Sternsingeraktion

Das Dreikönigssingen gehört zum alten Brauchtum der Christen unserer Heimat. Wie kam es dazu? Im 3. Jahrhundert legte man die Anzahl der Magier auf drei fest (entsprechend der drei Gaben: Gold, Weihrauch, Myrrhe). Im 6. Jahrhundert sind sie die Vertreter verschiedener Völker; danach werden sie Könige genannt. Im 9. Jahrhundert nennt man sie Kaspar, Melchior, Balthasar. Im 15. Jahrhundert kommt das Dreikönigssingen besonders in den Alpenländern, Holland und Flandern auf, im Kölner Raum und in Westfalen.

An der Sternsingeraktion des Bundes der Deutschen Katholischen Jugend beteiligen sich überall auch die Ministrantengruppen. Was will diese Aktion?

Eine Weihnachtsgeschichte

• Der Gemeinde soll verkündet werden, Gottes Menschwerdung ist der Grund unserer Freude, die wir weitergeben wollen. Alle sollen lernen, über ihren „eigenen Kirchturm" hinauszusehen und sich von der Not anderer Menschen anrühren lassen.

Das Dreikönigssingen dient der Pflege jahrhundertealten Brauchtums.

Und so sieht das praktisch aus:

Jungen und Mädchen tragen dazu Königskronen, legen Königsgewänder an, führen einen erleuchteten Stern mit sich, ziehen von Familie zu Familie, singen ihre Dreikönigslieder, sprechen Segenswünsche und nehmen Spendengeld an, deren Ertrag für arme Kinder in der Dritten Welt bestimmt ist.

Schon im Dezember werden die Lieder und Texte eingeübt, die Gewänder, Sterne und Sammeldosen überprüft. Am Tag selbst beginnt die Aktion mit einer Aussendungsfeier in der Kirche. In ihr werden Sterne, Kreide und Weihrauch gesegnet. Sie schließt mit dem Segensgebet:

> *Darum bitten wir den,*
> *den wir den Vater aller Menschen nennen,*
> *den allmächtigen Gott:*
> *Segne + unsere Sternsinger, ihre Sterne,*
> *ihre Kreide,*
> *ihren Weihrauch, ihr ganzes Bemühen für*
> *die Menschen der Welt.*
> *Öffne ihnen und uns die Augen, daß wir alle*
> *deine Liebe entdecken,*
> *daß wir alle deine Gegenwart mitten unter*
> *den Menschen verstehen.*
> *So mache uns diese Sternsingeraktion vertraut mit deinem Namen und deinem Segen.*
> *Es segne euch der allmächtige Gott,*
> *der Vater und der Sohn und der Heilige*
> *Geist.*

Die Sternsinger schreiben an die Haustüren C + M + B dazu die jeweilige Jahreszahl. Im Volksmund wird zumeist gesagt, die Buchstaben stünden für Caspar, Melchior, Balthasar. In Wirklichkeit bedeuten sie „Christus, mansionem, benedicat" (Christus segne dieses Haus).

Aber der Stall war leer

Eine Legende aus dem alten Rußland erzählt vom Mütterchen Babuschka, das sich in einer kalten Winternacht gerade anschickt, ins warme Bett zu schlüpfen, als es heftig an die Tür klopft. Sie hört nicht drauf, und das Klopfen wird lauter. Schließlich öffnet sie einen Spaltbreit die Tür. Draußen stehen Hirten mit roten Nasen und Schnee im Haar. Ihre Bärte sind vereist. Aufgeregt erzählen sie Mütterchen von einem königlichen Kind, das nicht weit entfernt in ebendieser Nacht geboren wurde.

„Komm schnell, Babuschka", sagt der ältere, „komm schnell, du kannst mit Kindern umgehen." Babuschka schüttelt den Kopf. Zu warm ist das Bett, und zu kalt pfeift der Wind durch den Türspalt. „Morgen", sagt das Mütterchen. „Wartet bis morgen."

Die Hirten lassen es dabei bewenden und ziehen ab. Kurz darauf klopfen sie wieder an die Tür. Um einen Korb betteln sie, um etwas Fleisch oder Brot. Sie wollen es selbst zum Kind bringen. „Morgen", sagt Babuschka. Am nächsten Tag hält sie tatsächlich ihr Wort. Sie packt einen Beutel mit Nahrung und Geschenken: einen weichen Schal für die Frau, einen silbernen Löffel, für den Jungen Spielzeug und Schachfiguren aus Elfenbein. Aber als sie ankommt, ist der Stall leer. Der Stall ist leer.

Rollenspiel

Die Geburt Jesu in Betlehem

E = Erzähler, **M** = Maria, **J** = Josef, **Hv** = Herbergsvater, **1. H** = 1. Hirte, **2. H** = 2. Hirte, **3. H** = 3. Hirte

M   Ist das schon Betlehem?

J   Ja, das ist Betlehem!

M   Da bin ich froh! Die Reise war doch beschwerlich. Ich spüre, die Stunde der Geburt ist nahe.

J   Gleich werden wir in der Herberge sein, Maria.

Hv   He, ihr zwei, wollt ihr auch noch in meiner Herberge unterkommen?

J   Ja, wir kommen auch zur Volkszählung. Wir haben eine mühsame Reise hinter uns. Wir sind von Nazaret in Galiläa.

Hv   Aber ich kann niemand mehr aufnehmen. Schaut euch um, in den Zimmern liegt schon alles dicht gedrängt. Und im Hof könnte ich nicht einmal einen Esel mehr unterbringen.

J   Ihr dürft uns nicht abweisen. Seht doch meine Frau – ihre Stunde ist nahe.

Hv   Was, eine Geburt? Das hier ist kein Platz für eine Frau, die ihr Kind erwartet.

J   Aber Mutter und Kind brauchen doch ein festes Obdach.

Hv   Ich hab's! Ihr seid doch an Jerusalem vorbeigekommen?

J   Ja!

Hv   Geht den Weg einen Kilometer zurück. Linkerhand ist eine Höhle, ihr könnt sie nicht verfehlen. Die Hirten treiben bei Unwetter ihre Tiere hinein. Ist wohl nicht der rechte Ort für eine Geburt, aber besser als hier im Gewimmel zwischen Mensch und Vieh. Hier, nehmt die Lampe mit. Gott segne euch in eurer schweren Stunde, Frau!

E   Und Maria gebar ihren erstgeborenen Sohn, wickelte ihn in Windeln und legte ihn in eine Krippe.
Lied: Zu Betlehem geboren ist uns ein Kindelein (Gotteslob, Nr. 140)

E   Es waren aber Hirten in derselben Gegend auf dem Felde, die hielten Nachtwache bei ihren Herden.

1. H   Warum seid ihr so schweigsam heute nacht? Alter, erzähl doch mal eine deiner vielen Geschichten!

Rollenspiel

2. H Laß ihn in Ruhe, Junge! Zähl lieber die Sterne, und denk nach!

1. H Nachdenken? Über was? – Daß ich es so weit gebracht habe, anderer Leute Vieh zu hüten, und dafür wenig Geld und viel Verachtung einstecke? Ich hasse sie alle, denen es besser geht, die sich feine Kleider leisten können.

3. H Tu ihnen nicht unrecht, Junge!

1. H Geh doch mal hinein nach Jerusalem! Wenn du dort einem dieser Pharisäer begegnest, sieht er verächtlich an dir vorbei.

2. H Recht hast du, Junge. In den Augen dieser Herren sind wir Hirten unrein, Sünder.

3. H Aber lange bevor es nur einen einzigen Pharisäer gab, gab es Hirten. Und Gott sieht unseren Stand nicht für gering an. Hat er nicht in den Tagen unserer Väter einen von uns Hirten – hier aus Betlehem – gerufen und zum König seines Volkes gemacht? – David!

2. H Ja, das ist wahr.

3. H Und es wird eines Tages ein anderer König aus der Stadt Davids hervorgehen. Ein Wort – beim Propheten Micha steht es – verheißt: Du Betlehem, klein unter den Städten Judas, aus dir soll der kommen, der Israel regieren wird.

1. H Ein billiger Trost, Herr über Israel sind die Römer.

3. H Wer weiß, wie lange noch?

2. H Wenn ich das nur glauben könnte. Immer wieder würde ich mir sagen: Nur Geduld, der Tag der Rettung kommt!

3. H So stolz die Römer sich auch aufführen, der Messias wird kommen und ihr Joch zerbrechen.

1. H Bist du so sicher, Alter?

3. H Durch seine Propheten hat Gott zu seinem Volk gesprochen, also sind ihre Worte wahr und werden sich erfüllen.

2. H Seltsam, was ist das plötzlich für ein Licht?

1. H Alter – ich fürchte mich!

3. H Das Volk, das im Finstern wandelt, sieht ein großes Licht ...
(festliche Musik zur Untermalung!)

E Und siehe, die Herrlichkeit des Herrn umleuchtete die Hirten, und ein Engel trat zu ihnen und sprach: „Fürchtet euch nicht. Denn seht, ich verkünde euch eine große Freude, die allem Volk zuteil wird. Euch ist heute ein Retter geboren, der Messias, in der Stadt Davids. Und dies soll euch zum Zeichen sein: ihr werdet ein Kind finden, das in Windeln gewickelt ist und in einer Krippe liegt. – Und alsbald war bei dem Engel eine große himmlische Heerschar, die lobte Gott und sprach: Ehre sei Gott in der Höhe und Heil auf Erden den Menschen seines Wohlgefallens. Und die Hirten gingen eilends hin und fanden Maria und Josef und das Kind, das in der Krippe lag. Und als sie es gesehen hatten, erzählten sie, was ihnen über dieses Kind gesagt worden war. Maria aber behielt all diese Worte und erwog sie in ihrem Herzen.“

Eine Weihnachtsgeschichte

Mißbrauchte Weihnacht

Weihnachten war es; und alle Welt feierte Weihnachten. Da ging Christus, der Herr, unerkannt durch die Straßen einer Großstadt. Er begegnete auf dem Markt einem Polizisten und hielt ihn an. „Was ist Weihnachten eigentlich für ein Fest?" fragte er ihn. „Was bedeutet es?" Der Polizeibeamte besah sich den Mann: „Woher sind Sie?" – „Ich bin aus Betlehem." – „Wie sagten Sie?" – „Aus Betlehem." – „Den Ort kenne ich nicht! Jedenfalls scheint man dort arg rückständig zu sein." – „Weihnachten, das ist doch das Fest der Kinder!" – „Und die vorübergehenden Erwachsenen, die Pakete tragen?" – „Alles Kinder, große und kleine; um Weihnachten ist man immer das Kind von irgend jemandem!"

„Woher stammt denn dieses Fest?" – „Oh, da fragen Sie mich aber zuviel; vielleicht wenden Sie sich mal an einen Passanten!"

Weihnachten! Aus allen Schaufenstern springt einem dieses Wort entgegen. Was steckt wohl dahinter? Durch eine große Tür trat Christus, der Herr, in ein vornehmes Kaffeehaus, das eine „Weihnachtsfeier" ankündigte. Herren im Abendanzug, junge, elegant gekleidete Damen traten ein. Im Saal überall kleine schneeweiß gedeckte Tische, von rosa Kerzen erleuchtet. In silbernen Eimern standen eisgekühlte Champagnerflaschen mit goldenen Kapseln.

Eine Frau wendet sich um, und als sie Christus, den sie für einen Bettler hält, erblickt, macht sie entrüstet dem Kellner ein Zeichen: „Was, solche Leute lassen Sie uns hier herein!?" Der Kellner stürzt sich dem Gast entgegen. „Was haben Sie hier zu suchen?" Christus sieht ihn ruhig an: „Was ich hier suche? Wüßtest du, um was ich bitte?" – „Nur auf der Straße bettelt man!" entgegnet der Kellner. Und schon drängt er ihn hinaus.

Der unerkannte Christus ließ sich von der Menge tragen, die sich wie ein Strom zwischen Geschäften und Häusern dahinwälzte. Spielsachen, Pelze, Schmuck, Feinkost, einige Weihnachtsmänner!! – *nirgends eine Krippe!* Ein Paar geht an ihm vorüber. Es schienen ehrliche, gute Bürger zu sein. Christus, der Herr, folgt ihnen in ihr Haus. Die Gäste kamen, alle waren fröhlich. Man setzte sich zu Tisch, aß und trank. „Denkt euch", sagte einer, „ich habe mir eine Christmette angesehen." – „Oh", riefen belustigt die anderen, „was weiter?" – „Es wiegt kein Symphoniekonzert auf, aber es war immerhin interessant." – An keiner Wand der Wohnung hing ein Kreuz, nirgends stand eine Krippe. Nicht lange ertrug Christus ihre törichte Unterhaltung. Er wanderte weiter.

Bald stand er vor dem Eingang einer großen Schule. Auf einer Ankündigungstafel an der Türe las er: Weihnachtsfeier für die Kinder des 3. Bezirks. Er trat ein. Hunderte von Schülern waren versammelt. Spielsachen, Bonbons und Bücher wurden an sie verteilt. Gewinne wurden mit viel Lärm verlost. Aber auch hier gab es *keine Krippe.* Und niemand erwähnte das Christkind. Christus, der Herr, ging mit dem Gefühl ungeheurer Einsamkeit im Herzen fort. Er war der *Fremde.*

Das war also die Wirklichkeit: Zweitausend Jahre nach Betlehem kam Christus „zu den Seinen, und die Seinen nahmen ihn nicht auf", wie der Apostel Johannes sagt. Heute aber kam noch ein anderes dazu: Die Seinen mißbrauchten ihn! Sie nahmen wohl das Weihnachtsbrauchtum, aber die geheiligte Wurzel des Festes traten sie mit Füßen. Wohl behielten sie die Festfreude bei, aber selbst der Name des Urhebers dieser Freude ist vergessen!

Eine Weihnachtsgeschichte

Müde kam Christus in einen der erbärmlichen Vororte dieser Stadt. Ein hellbeleuchtetes Haus zog seine Aufmerksamkeit auf sich. Er näherte sich und erblickte durch die Scheiben sein Bild an der Wand. Weiter in der Ecke stand *eine hell erleuchtete Krippe.*
Ein junger Mann kam gerade aus der Türe. „Man friert schnell bei dieser eisigen Kälte", rief er ihm zu. „Ja, mir ist sehr kalt", entgegnete Christus.
„Dann kommen Sie doch herein. Wir haben ein gutes Feuer." – Männer und Frauen umstanden in der Nähe des Ofens einen Mann, der ihnen von dem Unendlichen sprach, der sich unter dem Bilde des Kindes in der Krippe verbirgt. Vom Sohne Gottes, der vor zweitausend Jahren in die Geschichte der Menschen einbrach, um uns Verlorenen das Heil zu bringen.
Christus, der Herr, sah langsam einen nach dem anderen an, bis sein Blick auf dem jungen Pfarrer haften blieb: „Sind Sie allein, mein Freund?" fragte Christus. „Ja, wir sind nur noch wenige!" kam die Antwort.
Da machte Christus, der Herr, eine Bewegung, welche die ganze Stadt zu umfassen schien, deren Oberflächlichkeit und materialistische Einstellung er gesehen hatte, und mit unvergeßlicher Stimme sagte er:

„Mich erbarmt dieses Volkes!"

P. Pierre Le Eremite

Wußtest du schon,

daß der Eingang zur Geburtskirche in Betlehem so niedrig ist, daß man sich bücken muß, um hineinzukommen? Die niedere Tür sollte Moslems hindern, zu Pferde in die Kirche zu sprengen und die Beter zu erschlagen.

daß in dieser Geburtskirche im Fußboden ein silberner Stern eingelassen ist mit der Umschrift: „Hic de Virgine Maria Jesus Christus natus est", d. h. „hier wurde aus Maria der Jungfrau Jesus Christus geboren."

daß die Vierzehn Nothelfer die von den Christen besonders in Not und Gefahr angerufen wurden sind: Ägidius, Akazius, Barbara, Blasius, Christophorus, Cyriakus, Dionysius, Erasmus, Eustachius, Georg, Katharina, Margareta, Pantaleon, Vitus.

daß das Symbol für den Evangelisten Markus der Löwenkopf, für Matthäus der Engel mit Flügeln, für Lukas der Stierkopf und für Johannes der Adler ist?

daß die Hauptbriefe des Apostels Paulus der Römerbrief, der 1. und 2. Korintherbrief und der Galaterbrief sind; der 1. und 2. Timotheusbrief und der Titusbrief Pastoralbriefe genannt werden; der älteste Paulusbrief der 1. Thessalonicherbrief ist; der Epheser-, Philipper-, Kolosserbrief und der Brief an Philemon Gefangenschaftsbriefe heißen, und der Hebräerbrief nicht von Paulus stammt?

daß die Kirchenbaukunst folgende Kirchenbaustile kennt: Basilikenstil (5.–9. Jh.), Romanik (10.–12. Jh.), Gotik (13.–15. Jh.), Renaissance (16. Jh.), Barock (17. Jh.) Rokoko (18. Jh.) und Klassizismus (18. Jh.), Neo-Romanik und Neo-Gotik (19. Jh.), Zentralkirchenbau vorherrschend im 20. Jh.?

daß auf der Welt rund 1,5 Milliarden Menschen = 33% der Weltbevölkerung Christen sind? Dem Islam gehören 725 Millionen = 16,5% der Weltbevölkerung an, Hindus zählen 583 Millionen, Buddhisten 274 Millionen und Juden 17 Millionen.

daß zwischen 1970 und 1980 die Weltbevölkerung um 20% zunahm. In Amerika um 28%, in Afrika um 47%, in Asien um 26%. Die Gesamtzahl der Katholiken stieg um 19%.

daß in 45 von 170 Staaten der Welt zur Zeit Krieg ist?

Rückfragequiz: Weihnachtsfestkreis

Quiz ? fragen

1 **Wann** beginnt der Weihnachtsfestkreis, und wann endet er?

2 In **welchem** Jahrhundert wurde das Weihnachtsfest eingeführt?

3 **Welches** ehemalige römisch-heidnische Fest wurde vom christlichen Weihnachtsfest abgelöst?

4 **Welche** Herrenfeste und welches Ideenfest fallen in die Weihnachtszeit?

5 **Welche** wichtigen Heiligenfeste feiern wir in der Woche nach Weihnachten?

6 Hat Weihnachten eine Festoktav?

7 **Wie** heißt der Spruch von Angelus Silesius, der uns betroffen macht?

8 **Warum** nennt man Antonius den Vater der Mönche?

9 **Was** sind Pallien?

10 Gegen **welche** calvinistische Irrlehre hat Franz von Sales gekämpft?

11 **Warum** wurde der Offizier Sebastian zum Märtyrer?

12 **Warum** beschenken wir uns zu Weihnachten gegenseitig?

13 **Wer** baute die erste Weihnachtskrippe?

14 Aus **welcher** Stadt kam die erste Nachricht über einen Weihnachtsbaum?

15 **Was** versteht man unter einem Rollenspiel?

16 In der Messe kann bis zu viermal Weihrauch verwendet werden, **wann** ist das?

17 Seit **welchem** Jahrhundert kennt man das Dreikönigssingen?

18 **Wofür** ist das jährliche Sammelergebnis der Sternsinger bestimmt?

19 **Welche** Krippenszenen kann der Sakristan an der Krippe der Kirche stellen?

20 An **welcher** Stelle im Credo der Weihnachtsmessen knien alle nieder?

Lösung: 1 Erster Adventssonntag bis Taufe Jesu; **2** 4. Jahrhundert; **3** Fest des unbesiegbaren Sonnengottes; **4** Weihnachten, Namengebung Jesu, Taufe Jesu; **5** Hochfest der Gottesmutter, Stephanus, Johannes Ev., Fest der Unschuldigen Kinder; **6** Ja; **7** Und wäre Christus tausendmal zu Bethlehem geboren, doch nicht in dir, du wärest ewiglich verloren; **8** Er sammelte die Einsiedler und unterwies sie im Glauben; **9** Schals aus Wolle von Schafen an St. Agnes; **10** Vorherbestimmung; **11** Standhaftigkeit im Glauben; **12** Weil Christus uns zuerst beschenkt hat; **13** Franziskus; **14** Straßburg; **15** In verteilten Rollen sprechen; **16** Zum Eingang, Evangelium, Gabenbereitung, Wandlung; **17** 15. Jahrhundert; **18** Kinder in der Dritten Welt; **19** Verkündigung, Begegnung mit Elisabeth, Herbergssuche, Geburt, Dreikönige, Flucht; **20** hat Fleisch angenommen durch den Heiligen Geist von der Jungfrau Maria und ist Mensch geworden.

Die Allgemeine Kirchenjahreszeit

Die Zeit im Jahreskreis, 1. Teil
(Januar – Februar)

In der Zeit zwischen dem „Fest der Taufe Jesu", Mitte Januar (Ende des Weihnachtsfestkreises), und dem Aschermittwoch (erster Tag der Österlichen Bußzeit) liegen die ersten Wochen und Sonntage der Zeit im Jahreskreis (Allgemeine Kirchenjahreszeit). Es können bis zu neun Wochen sein, was vom Osterdatum abhängt (siehe Seite 18).

Weltgebetsoktav

In die Zeit vom 18.–25. Januar fällt die „Weltgebetswoche für die Wiedervereinigung im Glauben". In seinen Abschiedsreden betet Jesus zum Vater: „Alle sollen eins sein: Wie du, Vater, in mir bist und ich in dir bin" (Joh 17,21). Die Einsicht und der Wille, wieder eins zu werden, sind in unserer Zeit sehr stark. Diese Einheit läßt sich aber von uns nicht herbeireden oder herbeizwingen. Sie muß von Gott erbeten werden. Darum finden, besonders in dieser Woche, ökumenische Gebetsgottesdienste statt. Das Anliegen lautet: Gott möge die Gnade der Wiedervereinigung schenken.

Wenn die Christen der verschiedenen Bekenntnisse sich durch das Gebet bemühen, zueinanderzufinden, ist es vergleichsweise wie mit den Speichen eines Rades. So wie die Speichen in der Mitte zusammenkommen, so sollen sich die verschiedenen Konfessionen in der Mitte treffen, die Christus darstellt.

Bekehrung des Apostels Paulus

Am 25. Januar feiern wir das „Fest der Bekehrung des Apostels Paulus". Bei der biblischen Erzählung über die Steinigung des Diakons Stephanus stoßen wir erstmalig auf einen Mann mit dem Namen Saulus. Er ist ein fanatischer Pharisäer und hat sich den Hohenpriestern zur Verfügung gestellt, Christen aufzuspüren und den Behörden zu übergeben. Als er nach Damaskus unterwegs ist, um in dieser Stadt Christen zu ver-

haften, geschieht, was in der Apostelgeschichte beschrieben ist:

„Als ich nun unterwegs war und mich Damaskus näherte, da geschah es, daß mich um die Mittagszeit plötzlich vom Himmel her ein helles Licht umstrahlte. Ich stürzte zu Boden und hörte eine Stimme zu mir sagen: Saul, Saul, warum verfolgst du mich? Ich antwortete: Wer bist du, Herr? Er sagte zu mir: Ich bin Jesus, der Nazoräer, den du verfolgst ...

Ich sagte: Herr, was soll ich tun? Der Herr sprach: Steh auf, und geh nach Damaskus, dort wird dir alles gesagt werden, was du nach Gottes Willen tun sollst. Da ich aber vom Glanz jenes Lichtes geblendet war, so daß ich nicht mehr sehen konnte, wurde ich von meinen Begleitern an der Hand geführt und gelangte so nach Damaskus.

Ein gewisser Hananias, ein frommer und gesetzestreuer Mann, der bei allen Juden dort in gutem Ruf stand, kam zu mir, trat vor mich und sagte: Bruder Saul, du sollst wieder sehen! Und im gleichen Augenblick konnte ich ihn sehen. Er sagte: Der Gott unserer Väter hat dich dazu erwählt, seinen Willen zu erkennen, den Gerechten zu sehen und die Stimme seines Mundes zu hören; denn du sollst vor allen Menschen sein Zeuge werden für das, was du gesehen und gehört hast. Was zögerst du noch? Steh auf, laß dich taufen und deine Sünden abwaschen, und rufe seinen Namen an!" (Apg 22, 6–16).

„Einige Tage blieb er bei den Jüngern in Damaskus; und sogleich verkündete er Jesus in den Synagogen und sagte: Er ist der Sohn Gottes. Alle, die es hörten, gerieten in Aufregung und sagten: Ist das nicht der Mann, der in Jerusalem alle vernichten wollte, die diesen Namen anrufen? Und ist nicht auch hierher gekommen, um sie zu fesseln und vor die Hohenpriester zu führen? Saulus aber trat um so kraftvoller auf und brachte die Juden in Damaskus in Verwirrung, weil er ihnen bewies, daß Jesus der Messias ist" (Apg 9, 19b–22).

Die Allgemeine Kirchenjahreszeit

Darstellung des Herrn

Am 2. Februar feiern wir das „Fest der Darstellung des Herrn" (im Volksmund „Mariä Lichtmeß"). Dieses Fest ist in erster Linie ein Herrenfest. Den Inhalt erschließt uns Lukas in seinem Evangelium (2,22–39). Von diesem Inhalt her gehört es wohl noch zur Weihnachtszeit, liegt aber nach der neuen Liturgieregelung außerhalb dieser Zeit.

Nach dem Gesetz des Mose mußte eine Mutter vierzig Tage nach der Geburt eines Jungen sich im Tempel kultisch reinigen lassen und den erstgeborenen Knaben Gott als Eigentum übergeben. Dieser Vorschrift kamen Josef und Maria nach. Die Ostkirche sagt zu diesem Ereignis „Fest der Begegnung", d.h., der Messias kommt in seinen Tempel und begegnet in den Personen Simeon und Hanna Vertretern des Alten Bundes. Deshalb die Weissagung des Simeon:

„Nun läßt du, Herr, deinen Knecht in Frieden scheiden,

denn meine Augen haben das Heil gesehen,

das du vor allen Völkern bereitet hast,

ein Licht, das die Heiden erleuchtet,

und Herrlichkeit für dein Volk Israel."

„Ein Licht zur Erleuchtung der Heiden", das war vielleicht der Grund, aus diesem Fest im 5. Jahrhundert ein Lichtfest mit Lichterprozessionen zu machen. Der Brauch, an diesem Tag Kerzen zu segnen, entstand erst Ende des 9. Jahrhunderts.

Dunkelheit und Licht sind die Sinnbilder für die Mächte des Lebens. Die Finsternis = Symbol des Dämonischen; das Licht = Sinnbild des Ewigen, Überirdischen. Immer wieder im Kirchenjahr – auch im Brauchtum – begegnet uns diese Lichtsprache (Adventskerzen, Christbaumkerzen, Stern der Sternsinger, Lichtmeßkerzen, Osterkerze, Tauf-, Kommunion-, Braut-, Sterbekerze, Opferkerzen, Ewiges Licht, Martinslaternen usw.). (Über Lichterprozession und Kerzenweihe siehe Seite 71).

Am Tag nach dem Fest der Darstellung des Herrn, am 3. Februar, feiert die Kirche den Gedenktag des heiligen Blasius, Bischofs von Sebaste in Armenien, Märtyrer um 316 n. Chr.

An diesem Tag erteilt der Priester oder Diakon den Blasiussegen (siehe auch Seite 71).

Heilige im Monat Februar

Tag	Name	Kurznamen	Bedeutung des Namens	
2.	**Darstellung des Herrn** (Mariä Lichtmeß)			
3.	**Ansgar**	Oskar	Götterspeer	† 865
	Blasius	Blaise	Der Königliche	† um 316
4.	**Rabanus Maurus**		Afrikanischer Rabe	† 865
5.	**Agatha**	Agathe	Die Angenehme	† um 250
6.	**Paul Miki und Gefährten**		Der Kleine	† 1597
8.	**Hieronymus Ämiliani**		Der Heiliggenannte	† 1537
10.	**Scholastika**		Die Lernende	† um 547
11.	**Gedenktag Unserer Lieben Frau in Lourdes**			
14.	**Cyrill und**		Der Herrliche	† 869
	Methodius		Der Planende	† 885
17.	**Gründer des Servitenordens**			
21.	**Petrus Damiani**	Pit, Pierre, Peter	Fels	† 1072
22.	**Kathedra Petri**			
23.	**Polykarp**		Der Fruchtreiche	† 155
24.	**Matthias**	Mattes, Matz	Geschenk Gottes	
25.	**Walburga**	Walli	Gewaltige Schirmerin	† 779

Namenstage

1. Brigitte, Severus, Sigibert III.
2. Dietrich Markward, Bodo
3. Blasius, Ansgar, Imad
4. Rabanus Maurus, Veronika, Gilbert, Christian
5. Agatha, Adelheid
6. Dorothea, Paul (Miki), Reinhild, Hildegunde
7. Richard
8. Hieronymus
9. Apollonia, Lambert, Julian
10. Scholastika, Bruno
11. Dietbert, Anselm
12. Antonius, Gregor II., Benedikt
13. Adolf, Irmhild, Gisela, Jordan
14. Cyrill, Methodius, Valentin
15. Siegfried, Drutmar
16. Juliana, Philippa

	Patron / Helfer bei / Anrufung	Fest-rang	Liturg. Farbe
		F	Weiß
Bischof von Hamburg und Bremen, Glaubensbote in Skandinavien		g	Weiß
Bischof von Sebaste in Armenien, Märtyrer	Ärzte, Bäcker, Vieh	g	Rot
Erzbischof von Mainz, Lehrer Germaniens		g	Weiß
Jungfrau, Märtyrin in Catania/Sizilien	Feuergefahr	G	Rot
Märtyrer in Nagasaki, japan. Jesuitenmissionar		G	Rot
Gründer des Klerikerordens der Somasker		g	Weiß
Jungfrau, Schwester des hl. Benedikt	Zum Schutz vor Blitzschlag	G	Weiß
Lourdes ist ein Marienwallfahrtsort in Frankreich		g	Weiß
Mönch aus Saloniki, Glaubensbote bei den Slawen	Zum Schutz vor Gewitter	F	Weiß
Erzbischof, Glaubensbote bei den Slawen	Zum Schutz vor Gewitter		
7 Eremiten vereinigten sich im 13. Jh. zu einem Orden: Predigt, Kunst, Soziales		g	Weiß
Kardinalbischof von Ostia/Italien	Zum Schutz vor Kopfschmerzen	g	Weiß
Kathedra Petri		F	Weiß
Bischof von Smyrna, Märtyrer	Zum Schutz vor Ohrenleiden	G	Rot
Apostel, Märtyrer, Gebeine in Trier	des Trierer Landes	F	Rot
Äbtissin des Klosters Heidenheim	Gegen Husten und Hundebiß	g	Weiß

17. Benignus, Evermod
18. Simon, Konstantia, Angelikus
19. Irmgard, Hadwig
20. Eleutherius, Falko, Amata
21. Petrus, Gunthild
22. Isabella, Margareta
23. Polykarp, Romana, Otto
24. Matthias, Irmengard
25. Walburga, Adeltrud
26. Dionysius, Mechthild
27. Markward
28. Romanus, Silvana, Sirin
29. Oswald

Heilige im Monat Februar

Blasius
Bischof von Sebaste in Armenien, Märtyrer

In einer Fluchthöhle des zerklüfteten Ak-Dagh-Gebirges spürte man Bischof Blasius von Sebaste auf und schleppte ihn vor den römischen Statthalter Agricolaus nach Sebaste. Als er beim ersten Verhör sich weigerte, den Götzen zu opfern, ließ Agricolaus ihn geißeln und ins Gefängnis werfen. Trotzdem freute Blasius sich, denn er war wieder in seiner Bischofsstadt und konnte den vielen Christen, die wie er eingekerkert waren, beistehen.

Seit der Bischof zurückgekehrt war, geschahen manche Wunder der Tapferkeit. Ein paar Frauen, die man aufgefordert hatte, den Götzen zu opfern, warfen deren Bilder in die Fluten des nahen Flusses. Sie riefen: „Seht doch, was das für Götzen sind, die sich von schwachen Frauen in den Fluß stürzen lassen!" Dafür erlitten sie auf der Stelle eine grauenvolle Hinrichtung.

Eine andere Legende berichtet uns: Eines Tages stürzt der Gefängniswärter in die Gefängniszelle des Bischofs. Er hat einen Jungen auf dem Arm. Sein Gesicht ist schwarzblau wie das eines Erstickenden. „Rette mein Kind, Blasius, er stirbt!" ruft der Vater. Blasius, der ehemals als Arzt in Sebaste gewirkt hatte, greift geschickt mit der Hand tief in den Hals des Kindes und zieht eine Fischgräte heraus. „Siehst du, durch solch eine kleine Gräte kann Gott unserem Leben ein Ende machen", sagte er dem Jungen. „Vergiß es nie! Wir stehen in seiner Hand!" Einen Tag später wird der Bischof hingerichtet (316 n. Chr.). Das Andenken an den heiligen Märtyrer lebt bis heute fort im Blasiussegen, den der Priester am 3. Februar oder am Sonntag danach den Gläubigen einzeln spendet. Zwischen zwei brennende Kerzen legt er die Segenshand und betet:

> „Durch die Fürbitte des heiligen Bischofs und Märtyrers Blasius
> befreie dich Gott von jedem Halsleiden
> und jedem anderen Leiden.
> Im Namen des Vaters und des Sohnes +
> und des Heiligen Geistes. Amen."

Gedenktag Unserer Lieben Frau in Lourdes

Vom 11. Februar bis 16. Juli 1858 erschien die Gottesmutter dem Mädchen Bernadette Soubirous achtzehnmal in der Grotte von Massabielle in Lourdes.

Wer war Bernadette? Sie wohnte mit ihren verarmten Eltern im ehemaligen Stadtgefängnis von Lourdes, wo nur wenig Sonnenschein hineinkam.

An einem kalten Februartag des Jahres 1858 sieht Bernadette plötzlich in der Grotte des Felsens von Massabielle über einem Wildrosenstrauch eine überirdisch schöne, junge Frau. In den nächsten vierzehn Tagen sieht sie fast täglich dieselbe Frau, die mit ihr redet.

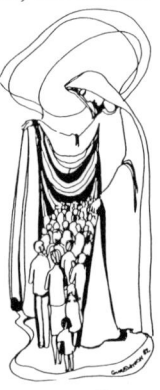

Am 25. März 1858 tut die Frau ihren Namen kund: „Ich bin die Unbefleckte Empfängnis." Kirchliche und weltliche Behörden reagieren zunächst äußerst zurückhaltend. Bernadette muß unzählige Fragen der bischöflichen Untersuchungskommission über sich ergehen lassen. Erst nach vier Jahren erklärt diese Kommission: „Wir glauben, daß die Unbefleckte Gottesmutter Maria tatsächlich dem Mädchen Bernadette Soubirous erschienen ist. Diese Erscheinung trägt alle Zeichen der Wahrheit, und die Gläubigen sind berechtigt, sicher daran zu glauben."

Am 16. 4. 1879 starb Bernadette. Sie ist beigesetzt in der Klosterkapelle von Nevers. 1909 (nach 30 Jahren) öffnete man den Sarg. Der Leichnam war nicht verwest. Papst Pius X. hat 1907 den „Gedenktag Unserer Lieben Frau in Lourdes" eingeführt, und Papst Pius XI. hat Bernadette 1933 heiliggesprochen.

Millionen Christen aus aller Welt pilgern jährlich nach Lourdes. Und bis heute geschehen dort wunderbare Heilungen, die von Ärzten nicht erklärt werden können.

Heilige im Monat Februar

Matthias
Apostel und Märtyrer

Es war in der Zeit nach dem Weggang Jesu zum Vater, als Petrus den Kreis der Brüder zusammenrief. Es waren wohl an die 120 Brüder anwesend. Da redete er zu ihnen:

„Brüder! Es mußte sich das Schriftwort erfüllen, das der Heilige Geist durch den Mund Davids im voraus über Judas gesprochen hat. Judas wurde zum Anführer derer, die Jesus gefangennahmen. Er wurde zu uns gezählt und hatte Anteil am gleichen Dienst. Mit dem Lohn für seine Untat (Verrat Jesu) kaufte er sich ein Grundstück. Dann aber stürzte er vornüber zu Boden, sein Leib barst auseinander, und alle Eingeweide fielen heraus. Das wurde allen Einwohnern von Jerusalem bekannt; deshalb nannten sie jenes Grundstück in ihrer Sprache Hakeldamach, das heißt Blutacker. Denn es steht im Buch der Psalmen: Sein Gehöft soll veröden, niemand soll darin wohnen! und: Sein Amt soll ein anderer erhalten!

Einer von den Männern, die die ganze Zeit mit uns zusammen waren, als Jesus, der Herr, bei uns ein und aus ging, angefangen von der Taufe durch Johannes bis zu dem Tag, an dem er von uns ging und (in den Himmel) aufgenommen wurde, – einer von diesen muß nun zusammen mit uns Zeuge seiner Auferstehung sein. Und sie stellten zwei Männer auf: Josef, genannt Barsabbas, mit dem Beinamen Justus (der Gerechte), und Matthias.

Dann beteten sie: Herr, du kennst die Herzen aller; zeige, wen von diesen beiden du erwählt hast, diesen Dienst und dieses Apostelamt zu übernehmen. Denn Judas hat es verlassen und ist an den Ort gegangen, der ihm bestimmt war. Dann gaben sie ihnen Lose; das Los fiel auf Matthias, und er wurde den elf Aposteln zugerechnet" (Apg 1, 16–26).

Die Überlieferung sagt, daß ihn sein Weg als Apostel bis nach Äthiopien führte. Nach vielen Jahren rastloser Missionsarbeit erlitt er das Martyrium der Steinigung. Dem Sterbenden versetzte das Henkersbeil den Todesstreich.

Steine und Beil wurden die Märtyrerzeichen des zwölften Apostels. Seine Gebeine ließ die Kaiserinmutter Helena nach Trier an der Mosel bringen. Er ist der einzige Apostel, dessen Gebeine in deutscher Erde ruhen.

Vom Seiltänzer zum Jugendseelsorger – Johannes Bosco

Meine Damen und Herren, liebe Kinder, das waren die ersten Attraktionen der heutigen Vorstellung, weitere werden folgen!" so rief der sportliche und wendige Junge mit dem Namen Giovanni Bosco an einem Sonntagnachmittag, nachdem er der Dorfbevölkerung seine verschiedenen Kunststückchen vorgeführt hatte. So geschehen auf dem Dorfplatz in Becchi in Oberitalien. „Ich unterbreche jetzt und bitte um ihre Bezahlung!" Man griff zur Geldbörse. Doch Giovanni winkte ab. „Laßt euer Geld stecken. Wir beten jetzt gemeinsam ein Gesätz vom Rosenkranz. Das ist die Bezahlung!" Er betete vor, und alle antworteten.

Dann ging die Vorstellung weiter: Er bog Hufeisen mit den bloßen Händen, sprang auf ein galoppierendes Pferd, zauberte mit Eiern, Kugeln und Hühnern, schlug einen Salto mortale, konnte Feuerschlucken und Seiltanzen. Er musizierte auf verschiedenen Instrumenten. Es war eine Lust, ihm zuzusehen. Mit seinen vielen Tricks schlug er die Zuschauer in Bann.

Zehn Jahre später – nach einem Schulabschluß „mit Auszeichnung" – war aus diesem Gaukler, Seiltänzer und Zauberkünstler ein Priester geworden: Don Giovanni Bosco. Als Kaplan in Turin kümmerte er sich schon bald um die Jugendlichen aus den Elendsvierteln, die verwahrlost sich in Banden zusammenrotteten und ihren Lebensunterhalt zusammenstahlen. Sie wurden von der Gesellschaft abgelehnt und waren der Kirche lästig.

Don Bosco mietete einen alten Schuppen als Treffpunkt. Er unterhielt sie mit Zauberkunststückchen und Tricks, die er noch von früher kannte. Er schrieb Theaterszenen für seine Jungen, richtete einen Werkunterricht ein und gab Glaubensstunden. So versuchte Don Bosco ihnen ein Heim zu geben. Ständig mußte er für sie Brot und Verpflegung beschaffen. Dabei litt er unter chronischem Geldmangel. Anfangs waren es bis zu 80, nach einigen Jahren waren es bereits 400 Jungen. Stolz nannte er den Schuppen, den er angemietet hatte, „Oratorium".

Da wurde Don Bosco plötzlich krank: Lungenentzündung. Einige Tage ging es auf Leben und Tod. Er überstand die Krankheit und ging für einige Wochen zur Mutter nach Becchi, um sich zu erholen. Am Abend vor seiner Rückfahrt nach Turin kamen Mutter und Sohn in ein wichtiges Gespräch. Giovanni klagte, daß er keine Hilfe in Turin habe. „Aber wer geht denn auch schon in solch ein Elend", sprach er vor sich hin. Da schaute die Mutter ihren Sohn an: „Wenn du meinst, daß ich dir noch helfen könnte?" Giovanni war überglücklich. Die Mutter zog nun zu ihm nach Turin. Jetzt faßte er wieder Mut.

Die neuen Wege, die Don Bosco in der Arbeit mit Schwererziehbaren ging, waren so ungewohnt und neuartig, daß ihm der Staat zunächst mißtraute und den „Bandenführer" überwachen ließ. Don Bosco verzichtete bei seiner Erziehungsmethode vollständig auf Ohrfeige, Rohrstock u. ä. Das war für die damalige Zeit ungewöhnlich. Er setzte immer wieder Vertrauen in seine Jungen.

Einmal kam in sein „Oratorium" ein Junge, von dem die Kameraden sagten, der sei nicht mehr zu ändern. Er würde immer und überall stehlen. Don Bosco ließ ihn aus seinem Geldschrank, in dem Bargeld offen lag, eine Akte holen, im festen Vertrauen darauf, daß er das Geld nicht anrühren würde. So geschah es auch. Der Junge hatte vorher nie erfahren, daß jemand ihm vertraute. Er war einfach als „Dieb" abgestempelt.

Die Arbeitsweise Don Boscos sei nicht normal, meinten die priesterlichen Mitbrüder und wollten ihn in eine Irrenanstalt bringen lassen. Als die Kutsche mit zwei Priestern vor seiner Wohnung vorfuhr, um ihn zu holen, weigerte er sich nicht, sondern sagte höflich beim Einsteigen zu seinen Mitbrüdern: „Bitte, nach Ihnen!" Als die beiden in der Kutsche saßen, schlug er den Schlag zu und befahl dem Kutscher: „Schnell, fahren Sie die beiden Mitbrüder unverzüglich in die Irrenanstalt." Das zeugte von seinem unverwüstlichen Humor. Sein Wahlspruch hieß: „Fröhlich sein, Gutes tun, und die Spatzen pfeifen lassen."

Nicht alle waren also Don Bosco wohlgesinnt. Oft lauerte man ihm auf, bewarf ihn mit Steinen oder wollte handgreiflich werden. Da gesellte sich eines Tages ein streunender Wolfshund zu ihm, der ihn ab jetzt mit seinen scharfen Zähnen bewachte.

1846 war seine Schar Jugendlicher auf 800 angewachsen. Schritt für Schritt baute er sein neues Jugendwerk aus. Er gab diesem Werk eine feste Form. Am 14. 5. 1862 gründete er die „Gesellschaft vom heiligen Franz von Sales" (Salesianer), die 1874 von Papst Pius IX. bestätigt wurde.

Als er am 31. Januar 1888 starb, bestanden insgesamt 200 Häuser der Genossenschaft der Salesianer, in denen über zweihunderttausend arme Jugendliche eine Lebensschule erfuhren.

Das Brauchtum in der Allgemeinen Kirchenjahreszeit, 1. Teil

über den zu Segnenden. Vom heiligen Blasius werden viele Legenden erzählt. Eine berichtet, daß er einer armen Witwe einmal ihr Schwein dem Rachen eines reißenden Wolfes entriß. Deshalb sieht man ihn auch dargestellt mit einem Schweinskopf unter dem Arm.

Die Lichtmeßkerzen

Am Lichtmeßtag (Fest der Darstellung des Herrn), am 2. Februar, dem 40. Tag nach Weihnachten, werden Altarkerzen für die Kirche und die Kerzen für daheim geweiht. Die Hauskerzen finden ihren Platz vor dem Kreuz, am Marienbild oder an Heiligendarstellungen. Man kann sie anzünden bei der täglichen Schriftlesung, bei den Tagzeitengebeten, bei Gefahr, bei Gewitter und Unwetter, bei der Krankenkommunion und in der Sterbestunde.

Kerzenweihe und Lichterprozession

Die Kerzenweihe und die Möglichkeiten einer Lichterprozession wurden bereits in ihrer religiösen Bedeutung und in ihrer Symbolik beschrieben: „Licht zur Erleuchtung der Heiden". Vielleicht empfindet man darüber hinaus auch noch – wenn man in Prozession an diesem meist kalten, trüben Februartag durch den tiefen Schnee zieht –, daß das Kerzenlicht uns tröstet. Es will uns sagen, daß der Winter „bald über den Berg ist" und das Licht des Frühlings die Dunkelheit des Winters bald schon besiegt haben wird.

Brotsegen am Agathatag

Im Vaterunser beten wir „Unser tägliches Brot gib uns heute". Das Brot ist nicht nur Nahrungsmittel, sondern auch ein Sinnbild für alles, was wir täglich zum Leben brauchen. Die Segnung des Brotes ist Lobpreis und Dank, Anerkennung des Schöpfers, der uns immer neu beschenkt. Die Segnung ist aber auch Bitte: Gib uns in Zukunft das, was wir brauchen. Und nicht zuletzt ist sie Mahnung, immer brüderlich zu teilen. Die Brotsegnung erfolgt in vielen Gegenden am Festtag der heiligen Agatha, am 5. Februar (Agathabrot).

Der Valentinsbrauch

Der 14. Februar ist Valentinstag. Das Symbol dieses Tages ist das rote Herz. Darum ist er zum „Festtag der Verliebten" gemacht worden. Am Valentinstag werden Blumen verschenkt, und Verliebte, Verlobte, Verheiratete warten gegenseitig mit kleinen Aufmerksamkeiten auf. Es ist der Tag im Jahr, zu dem angeblich die liebevollsten Briefe geschrieben werden.

Der Blasiussegen

Wie berichtet, hat der heilige Bischof Blasius einem halskranken Kind im Gefängnis geholfen und es gerettet. So erinnert der Blasiussegen an die Fürbitte der Heiligen, die unsere Fürsprecher auch für die leibliche Gesundheit sind. Der Priester nimmt zwei Kerzen in die linke Hand und hält sie in der Form eines Andreaskreuzes

Das Brauchtum in der Allgemeinen Kirchenjahreszeit, 1. Teil

Karneval und Fasching

Im Rheinland spricht man von Karneval, in Süddeutschland und in Österreich nennt man die närrische Zeit Fasching. Das Wort Fastnacht kann von fasen (närrisch sein) kommen (Fasenacht!), es kann aber auch gemeint sein der „Vorabend vor der Fastenzeit".

Das Wort Karneval taucht erst später auf; es wird vielleicht vom Lateinischen carne vale = „Fleisch, lebe wohl" oder von „carrus navalis = Narrenschiff" kommen. Der Ursprung dieser närrischen Feste liegt sicher in alten Frühlingsbräuchen. In Köln spricht man schon 1234 vom närrischen Treiben. Umzüge sind in Münster und in Westfalen aus dem Jahre 1609 bekannt. Es ist das Fest, an dem man mit viel Humor sich selbst und andere „auf den Arm nimmt". Dabei verkleidet man sich gern oder vermummt sich. Diese Tage sind von unbeschwerter Fröhlichkeit, angefüllt mit Musik und Tanz, mit viel Lärm (Klappern, Ratschen, Kuhglocken usw.). Es wird noch einmal gut gegessen und viel getrunken, denn bald beginnt die Fastenzeit. Den Sonntag vor Aschermittwoch nannte man die Herrenfastnacht und den Rosenmontag die Bauernfastnacht.

Die jährlichen Karnevalstage werden eingeleitet mit der Weiberfastnacht. An diesem Tag müssen z. B. alle Jungmänner und Männer um ihre Krawatten bangen, die von den närrischen Weibern rücksichtslos abgeschnitten werden. Aus dem unmittelbaren Miterleben, mindestens vom Fernsehen her, kennen wir die großen Karnevalsumzüge. Am Aschermittwoch sind die „drei tollen Tage" beendet. Die Ausgelassenheit ist vorbei, die Fröhlichkeit soll bleiben.

INFORMATION

Narren waren oft kluge Leute

Der Februar ist vor allem die Zeit der Narren: Was sind Narren? Es sind Spaßmacher, komische Gestalten, witzige Figuren. Wenn wir von deutschen Narren sprechen, denken wir an Till Eulenspiegel, an Hanswurst oder an die Schildbürger. Doch es gab auch noch andere berühmte Narren.

Bis in das 18. Jahrhundert hinein hielt sich jeder größere Fürst einen Hofnarren. Hofnarren belebten vor allem die Unterhaltungen an den festlichen Tafeln auf den Schlössern und Burgen.

Es gab drei Arten von Narren: die englischen Hofnarren waren oft verkrüppelte Zwerge, die aber meist in ihrem verkrüppelten Körper einen sehr scharfen Verstand hatten. Sie sagten ihrem Herrn und Gebieter unter der Maske (durch die Blume) des Narren die ungeschminkte Wahrheit. So konnten sie sehr oft ausgleichend wirken und sogar manchmal eine nicht zu unterschätzende politische Rolle spielen. Eine Strafe für ihren Freimut erhielten sie kaum, denn sie genossen die berühmte „Narrenfreiheit".

Die französischen Narren waren Vaganten, das bedeutet Liedersänger. Sie unterhielten die Hofgesellschaft durch freche Lieder und spötteln-den Gesang. Viele übten Kritik an den herrschenden (vor allem sozialen) Verhältnissen, wenn auch in gemilderter, eleganter und witziger Form.

Die Hofnarren aus Italien nannte man die Harlekine. Sie überraschten durch Gelenkigkeit, waren Seiltänzer und Feuerschlucker, Luftspringer und Akrobaten. Absolute Körperbeherrschung war ihre starke Seite.

Auch im Theater des 17. Jahrhunderts gab es diese lustigen Personen: den Hanswurst, den Pickelhäring, den Pierrot oder den Arlechino. Heute finden wir sie wieder als Pantomimen oder Zirkusclowns.

Die Trachten der Narren waren: Narrenkappe, Narrenzepter, übergroßer Halskragen und Schellen an der Kleidung. Man nannte die Narren auch die „lustigen Räte". Im Mittelalter gab es Kindernarrenfeste an den Klosterschulen, in denen man kirchliche Zeremonien parodierte und einen Kinderbischof und einen Kinderpapst wählte. Trotz kirchlicher Verbote finden wir diesen Brauch noch bis in das 16. Jahrhundert hinein.

Fest der Darstellung des Herrn

Die Kirche kennt zwei Möglichkeiten, das Fest der Darstellung des Herrn (2. Februar) liturgisch zu gestalten:

- Gemeinde, Priester und Ministranten versammeln sich an einem Ort (Pfarrheim, Kindergarten, Schule o.ä.) außerhalb der Kirche. Dort begrüßt der Priester die Gemeinde. Er segnet die Kerzen und besprengt sie mit Weihwasser.

> Segensgebet:
> *Gott, du Quell und Ursprung allen Lichts,*
> *du hast am heutigen Tag dem greisen Simeon Christus geoffenbart*
> *als das Licht zur Erleuchtung der Heiden.*
> *Segne + die Kerzen, die wir in unseren Händen tragen*
> *und zu deinem Lob entzünden.*
> *Führe uns auf dem Weg des Glaubens und der Liebe zu jenem Licht,*
> *das nie erlöschen wird.*
> *Darum bitten wir durch Christus, unseren Herrn. Amen.*

Vom Versammlungsort ziehen alle in Prozessionsordnung mit brennenden Kerzen zur Kirche; dabei wird der Lobgesang des Simeon oder ein passendes Lied gesungen.
Eine zweite Möglichkeit ist vorgesehen:

- Die Gemeinde versammelt sich in der Kirche. Die Gläubigen haben Kerzen in den Händen. Zu Beginn der Feier bringen ihnen Ministranten das Licht, das sie von den brennenden Altarkerzen nehmen. Danach segnet der Priester die Lichter und besprengt sie mit Weihwasser. Anschließend Umzug mit brennenden Kerzen durch die Kirche. Gesang wie oben.

Nach dem Umzug beginnt die Meßfeier sofort mit dem Tagesgebet. Kyrie und Gloria entfallen. Die liturgische Farbe des Tages ist Weiß. Wenn der Priester bei der Prozession oder dem Umzug einen Chormantel trägt, kann er ihn vor dem Tagesgebet ablegen und das Meßgewand anlegen. Ein Ministrant nimmt den Chormantel an, ein anderer reicht ihm das Meßgewand, falls das nicht vom Sakristan übernommen wird.
Die Ordnung bei der Prozession oder dem Umzug: (Falls Weihrauch verwendet wird:

- zwei Ministranten mit Weihrauchfaß und Schiffchen)
- ein Ministrant mit dem Vortragekreuz
- daneben zwei Leuchterträger
- die Flambeauträger
- dahinter zwei Altardiener mit Aspergill und Weihwasserkessel
- (der Diakon) – der Priester.

Der *Blasiussegen* (vgl. S. 68) wird nach der Messe erteilt. Der Priester legt das Meßgewand ab. Ein Ministrant reicht ihm eine bereitgelegte rote Stola, der andere entzündet die beiden Blasiuskerzen an den Altarkerzen und reicht die brennenden Kerzen dem Priester.

Notizen:

Wußtest du schon,

daß es 182 Männerorden in der katholischen Kirche gibt? Die 17 größten Gemeinschaften sind: a) Jesuiten ca. 27 000 Mitglieder, b) Franziskaner ca. 21 000, c) Salesianer ca. 17 000, d) Kapuziner ca. 12 000, e) Brüder der christlichen Schule ca. 10 000, f) Benediktiner ca. 9500, g) Dominikaner ca. 7100, h) Maristenschulbrüder ca. 7000, i) Redemptoristen ca. 6500, j) Oblaten von der makellosen Jungfrau Maria ca. 6000, k) Steyler Missionare ca. 5300, l) Minoriten ca. 4000, m) Lazaristen ca. 4000, n) Trappisten ca. 3600, o) Augustiner ca. 3400, p) Unbeschuhte Karmeliten ca. 3300, q) Passionisten ca. 3000 Mitglieder.

daß der große „Namenstagskalender der katholischen Kirche" (Martyrologium) ca. 3500 Namen enthält?

daß die Psalmen der Kirche, die wir heute beten oder singen, z. T. etwa 3000 Jahre alt sind?

daß zum kirchlichen Stundengebet gehören: die Lesehore (in Klöstern mit Chorgebet: die Matutin = zur nächtlichen Stunde), die Laudes = kirchliches Morgengebet, die Terz (9.00 Uhr), die Sext (12.00 Uhr), die Non (15.00 Uhr) (= die drei kleinen Horen), die Vesper = das Abendlob der Kirche, die Komplet = das kirchliche Nachtgebet.

daß die fünf Gebote der Kirche lauten:
1. Feiere den Sonntag als „Tag des Herrn".
2. Nimm an Sonn- und Feiertagen regelmäßig an der Eucharistiefeier teil.
3. Bring am Freitag ein Opfer.
4. Empfange regelmäßig, wenigstens aber in der österlichen Zeit, die Sakramente der Buße und des Altares.
5. Hilf der Kirche und deiner Gemeinde.

daß es folgende Apostelattribute (Apostelmerkmale) gibt?
Andreas (Andreaskreuz, Kreuzstab), Bartholomäus (Messer, abgezogene Haut), Jakobus der Ältere (Keule, Pilgertracht mit Muschel), Jakobus der Jüngere (Schwert, Walkerstange oder Fahne), Johannes (bartlos, Kelch mit Schlange), Judas Thaddäus (Kreuz, Keule, Buch), Matthäus (Schwert, Beutel, Beil), Petrus (Schlüssel, Kreuz), Philippus (Kreuzstab, Antoniuskreuz), Simon (Kreuz, Buch), Thomas (Lanze, Winkelmaß), Matthias (Beil, Stein).

Quiz *?* fragen

1. Teil „Zeit im Jahreskreis"

1 Zwischen **welchen** beiden Tagen liegt der 1. Teil der „Zeit im Jahreskreis" in den Monaten Januar – Februar?

2 **Wie** nennt man die Woche Ende Januar, in der wir verstärkt um die Einheit im Glauben beten?

3 **Welches** Fest feiern wir am 25. Januar?

4 **Was** feiern wir am „Fest der Darstellung des Herrn"?

5 **Wie** heißen die beiden alttestamentlichen Gestalten, die bei der Darstellung Jesu im Tempel prophezeiten?

6 Von **welcher** Stadt und in welchem Land war der heilige Blasius Bischof?

7 **Was** soll der Blasiussegen bewirken?

8 In **welchem** Jahr erschien die Gottesmutter einem armen Mädchen in Lourdes?

9 **Wie** hieß dieses Mädchen?

10 In **welchem** Land liegt der Marienwallfahrtsort Lourdes?

11 **Welcher** Apostel ist als einziger auf deutschem Boden beigesetzt? **Wo?**

12 **Wodurch** zeichnete sich Don Bosco schon in seiner Jugendzeit besonders aus?

13 **Was** wird in manchen Gegenden Deutschlands am Agathatag geweiht?

14 **Was** ist das Symbol des Valentinstags, des Festtags der Verliebten?

15 **Wo** feiert man Karneval und wo Fasching?

16 **Vor was** müssen sich alle Männer am Donnerstag vor dem Aschermittwoch hüten?

17 **Was** versteht man unter Narrenfreiheit?

Lösung: 1 Taufe des Herrn und Aschermittwoch; **2** Weltgebetswoche für die Wiedervereinigung im Glauben; **3** Fest der Bekehrung des Apostels Paulus; **4** Die Darbringung des Herrn im Tempel von Jerusalem 40 Tage nach seiner Geburt; **5** Simeon und Hanna; **6** Sebaste in Armenien; **7** Schutz vor Halsleiden; **8** 1858; **9** Bernadette Soubirous; **10** Frankreich; **11** Matthias in Trier; **12** Akrobatik, Zauberkunststücke, Bezahlung der Vorstellung durch Gebet; **13** Brot; **14** Das Herz; **15** Karneval am Rhein – Fasching oder Fastnacht in Süddeutschland; **16** Vor den Weibern (Möhnen), die den Männern die Krawatten abschneiden; **17** Hofnarren waren die einzigen, die früher hochgestellten Personen offen ihre Meinung sagen durften.

Der Osterfestkreis

Die Fastenzeit oder Österliche Bußzeit

Die Fastenzeit oder Österliche Bußzeit ist die 40tägige Vorbereitungszeit auf Ostern, das höchste Fest der Christenheit und den Höhepunkt des ganzen Kirchenjahres. Sie beginnt mit dem Aschermittwoch und endet vor dem österlichen Triduum (Gründonnerstag, Karfreitag, Osternacht). Aschermittwoch ist immer der Mittwoch vor dem Ersten Fastensonntag.

Warum 40 Tage? Die Zahl 40 kommt in der Bibel häufig vor: Jesus fastete 40 Tage lang in der Wüste; 40 Jahre zog Mose mit den Israeliten durch die Wüste; und weitere biblische Ereignisse mit der Zahl 40 ließen sich nennen. In der frühen Kirche waren diese Wochen vor Ostern eine intensive Vorbereitungszeit für alle Taufbewerber, die in der Osternacht getauft wurden. Gleichzeitig war es die Bußzeit für die Sünder, deren Schuld öffentlich bekannt war. Der Ursprung des Fastens ist schon im Judentum zu suchen. Schon bald wurde die Fastenzeit die wichtigste Bußzeit für alle Christen im ganzen Kirchenjahr.

Den Sinn der Fastenzeit erschließt uns die erste Fastenpräfation, in der es heißt:
„Du mahnst uns in dieser Zeit der Buße
zum Gebet und zu Werken der Liebe,
du rufst uns zur Feier der Geheimnisse,
die in uns die Gnade der Kindschaft erneuern.
So führst du uns mit geläutertem Herzen zur österlichen Freude ..."

Der Aschermittwoch

Am Aschermittwoch, dem ersten Tag der Fastenzeit, wird in allen Kirchen das Aschenkreuz ausgeteilt. Das Aschenkreuz ist ein Sinnbild der Vergänglichkeit, der Trauer, der Umkehr und Buße. Schon im Alten Bund bestand der jüdische Brauch, sich beim Fasten Asche aufs Haupt

zu streuen. Entsprechend dem Bußgedanken lautet das Gebet bei der Austeilung:
„Bedenke, Mensch, daß du Staub bist und wieder zum Staub zurückkehren wirst"
oder: „Bekehret euch und glaubt an das Evangelium!"
Das Evangelium dieses Tages (Bergpredigt) warnt uns, die Bußwerke, die wir verrichten, wie die Pharisäer zur Schau zu stellen. Unsere Beweggründe müssen ehrlich und aufrichtig sein. Der Aschermittwoch ist Fast- und Abstinenztag.

Die Fastensonntage

Am 1. Fastensonntag sprechen die Evangelien (in allen drei Lesejahren die gleiche Begebenheit) davon, daß Jesus vom Teufel versucht wurde. Doch der Herr ist nicht schwach geworden. Auch wir wollen unseren Fastenvorsätzen treu sein.

Am 2. Fastensonntag erzählen die Evangelien in den verschiedenen Lesejahren von der Verklärung des Herrn. Die Erzählung ist ein Hinweis für uns: Wer Christus in Treue nachfolgt, erhält einmal den Lohn: die Verklärung bei Gott.

Ab 3. Fastensonntag sind die Evangelien der einzelnen Lesejahre verschieden:
Lesejahr A = Jesu Begegnung mit der samaritischen Frau am Jakobsbrunnen (Joh 4, 5–42);
Lesejahr B = Jesus vertreibt die Händler aus dem Tempel (Joh 2, 13–25);
Lesejahr C = Jesu Mahnung zur Umkehr (Gleichnis vom Feigenbaum) (Lk 13, 1–9).
Den 4. Fastensonntag nennen wir „Laetare" nach dem lateinischen Eröffnungsvers der Messe: „Laetare, Ierusalem, et conventum facite – Freue dich, Jerusalem ..."

Themen der Evangelien sind:

Lesejahr A = Jesus heilt einen Blindgeborenen (Joh 9, 1–41);

Lesejahr B = Jesu Gespräch mit Nikodemus (Joh 3, 14–21);

Lesejahr C = Das Gleichnis vom verlorenen Sohn (Lk 15, 1–3.11–32).

Am 5. Fastensonntag, dem ehemaligen Passionssonntag, kommen folgende Evangelien zur Verlesung:

Lesejahr A = Auferstehung des Lazarus (Joh 11, 1–45);

Lesejahr B = Jesus spricht vom Weizenkorn, das erst sterben muß, bevor es Frucht bringen kann (Joh 12, 20–33);

Lesejahr C = Jesus vergibt der Ehebrecherin (Joh 8, 1–11).

Der Palmsonntag

Mit dem „Palmsonntag vom Leiden Christi" beginnt die Karwoche (lat. kara = Trauer = Trauerwoche). Bei der Palmweihe (Palmzweige sind Zeichen des Sieges) kommt je nach Lesejahr eines der Evangelien zur Verlesung, die uns vom Einzug Jesu in Jerusalem berichten. In der Messe hören wir die Leidensgeschichte nach Matthäus, Markus oder Lukas.

In Jerusalem riefen die Volksmassen Jesus zu: „Hosanna dem Sohne Davids" und huldigten ihm wie einem König.

Am Karfreitag heißt es in der gleichen Stadt über Jesus: „Kreuzige ihn!" (Siehe auch Seite 84.)

Der Gründonnerstag

Der Gründonnerstag mit seiner Abendmahlsmesse am Abend gehört bereits zum österlichen Triduum (die heiligen drei Tage). In dieser Messe feiert die Gemeinde das Gedächtnis des Letzten Abendmahles Jesu und der Einsetzung der Eucharistie.

Jesus wußte, daß er durch seinen Tod aus dieser Welt wieder fortgehen würde. Doch er fand einen Weg, auf geheimnisvolle Weise durch alle Zeiten hindurch und über alle Räume hinweg bei denen zu bleiben, die an ihn glauben: die Eucharistie, die Feier des Opfermahles.

„Das ist mein Leib ... Das ist mein Blut ... Tut dies zu meinem Gedächtnis!"

Das sind seine Worte, die uns immer wieder seine Gegenwart verbürgen. Es ist die Anwesenheit des gekreuzigten und auferstandenen Herrn, der sich aus Liebe zu uns bis in die Speise des Brotes und Weines hinein demütigt, um bei uns zu sein als unsere Stärkung.

„Wer mein Fleisch ißt und mein Blut trinkt, der bleibt in mir und ich in ihm."

Das Evangelium der Abendmesse spricht auch von der Fußwaschung, die Jesus an seinen Jüngern vornahm. (Bei der Fußwaschung handelt es sich um den niedrigsten Dienst, den ein Jude sich vorstellen konnte.) Der Ritus der Fußwaschung in der Messe soll uns, die wir in der Nachfolge Jesu stehen wollen, sagen: Nur der Weg der dienenden Liebe führt zu ihm.

Wenn Christus in der Eucharistie unsere gemeinsame Speise ist, dann sind wir untereinander Brüder und Schwestern. So ist jedes Meßopfer ein Mahl der Einheit. Es gibt kein besseres Zeichen der Verbundenheit, als Mahl zu halten.

In der Bischofskirche werden am Morgen dieses Tages die heiligen Öle geweiht (Täuföl, Krankenöl, Chrisam). Die Ölweihe nimmt der Bischof selber vor. Von dort wird das heilige Öl am gleichen Tag in die Dekanate und Pfarreien gebracht.

Der Karfreitag

Der Karfreitag ist der Todestag Jesu. In der Leidensgeschichte nach Johannes, die im Karfreitagsgottesdienst vorgetragen wird, berichtet der Evangelist von den einzelnen Leidensstationen Jesu:

Verrat des Judas und die Gefangennahme im Ölgarten – Verhöre durch die jüdischen Behörden und den römischen Statthalter – die Flucht der Jünger – die massive Volksanklage – Geißelung und Dornenkrönung – ungerechtes Urteil des Pilatus – Kreuzweg durch die Straßen von Jerusalem bis zur Hinrichtungsstätte vor der Stadt – die Kreuzigung – den Tod Jesu – die Grablegung.

Menschen, Geschöpfe Gottes, schlagen Gottes Sohn ans Kreuz. Gott läßt es zu:

„Wie ein Lamm wird er zur Schlachtbank geführt und tut den Mund nicht auf vor seinen Henkern."

Der Herr, selber schuldlos, ist stellvertretend für unsere Sünden am Kreuz gestorben. Das brachte uns die Erlösung, die Vergebung unserer Schuld und die Überwindung von Sünde und Tod. Niemals wären die Menschen in der Lage gewesen, sich selbst von ihrer Schuld zu erlösen; genausowenig wie sie sich selbst an den Haaren aus dem Sumpf ziehen können. Das kann nur einer, der mehr war als nur ein Mensch: Gottes Sohn.

Durch den Kreuzestod hat er die Schuld ein für allemal von uns genommen. Die Früchte dieser Erlösungstat empfangen wir in der Taufe und im Bußsakrament. Darum knien wir bei der Kreuzverehrung am Karfreitag vor dem Herrn am Kreuz nieder und beten:

„Seht das Kreuz, an dem der Herr gehangen, das Heil der Welt. Kommt, lasset uns anbeten."

Nach dem Wortgottesdienst und der Kreuzverehrung folgt der Kommunionteil. Es handelt sich um den Teil der Messe, den wir aus jeder Messe, vom Vaterunser an, kennen. Wir empfangen im Karfreitagsgottesdienst die vorverwandelten Gaben aus der Gründonnerstagsmesse. Der Karfreitag ist Fast- und Abstinenztag.

Der Karsamstag

Der Karfreitag und der Karsamstag (Tage der Grabesruhe Jesu) sind die Trauertage der gesamten Christenheit. Die Kirche hat an diesen Tagen immer gefastet und das Leiden Jesu tief nachempfunden.

Der Kreuzweg

In fast allen katholischen Kirchen finden wir den „Kreuzweg des Herrn" mit seinen Darstellungen des Leidens Christi, genannt Stationen. Er wird vor allem in der Fastenzeit von den Gläubigen betrachtet. Die Gemeinden gehen ihn gemeinsam in den Kreuzwegandachten, die meist an den Freitagen der Fastenzeit gehalten werden. Gelegentlich werden in solchen Andachten auch Kreuzweg-Dias gezeigt, die zur Meditation anregen.

Im Kreuzweg stellt die Kirche uns vor Augen, was Jesus für unser Heil gelitten hat.

Die Katholische Jugend Deutschlands hält einmal in der Fastenzeit einen sogenannten Jugendkreuzweg. Er ist gedanklich und sprachlich auf die Jugendlichen abgestellt.

Die „Frühschicht" – die „Spätschicht"

Die sogenannte „Frühschicht" ist eine weitere religiöse Aktivität der Katholischen Jugend in der Fastenzeit (wie auch in der Adventszeit). Zur Frühschicht kommen Jugendliche zu einer Meßfeier vor Schul- oder Arbeitsbeginn an einem Werktag der Fastenwochen in einer Mittelpunktkirche zusammen. Danach gemeinsames Frühstück. Als „Spätschicht" bezeichnet man die Abendmessen der Jugend in der Advents- und Fastenzeit.

Misereorkollekte

Am 5. Fastensonntag (ehemaliger Passionssonntag) wird in allen katholischen Kirchen der Bundesrepublik die Misereorkollekte gehalten. Sie ist das Fastenopfer der deutschen Katholiken und dazu bestimmt, förderungswürdige Projekte in der Dritten Welt zu unterstützen. Auf diese Weise soll geholfen werden, Hunger, Unwissenheit und Krankheit zu überwinden.

Das „Hochfest der Verkündigung des Herrn"

Am 25. März feiert die Kirche das „Hochfest der Verkündigung des Herrn". Es sind auf den Tag genau neun Monate vor dem Geburtstag des Herrn am 25. Dezember. So lange, wie jede Frau schwanger geht, so auch Maria. Im Evangelium des Festes heißt es: „... Er wird groß sein und Sohn des Höchsten genannt werden. Gott, der Herr, wird ihm den Thron seines Vaters David geben ... und seine Herrschaft wird kein Ende haben."

So verkündete und prophezeite es der Erzengel Gabriel. „Mariä Verkündigung", wie es im Volksmund heißt, ist also in erster Linie ein Herrenfest, in zweiter Hinsicht ein Marienfest.

Das Fest des heiligen Josef

Über das Fest des heiligen Josef am 19. März siehe Seite 82.

Gebet

Ich möchte helfen, wo man mich braucht   – *aber erst später.*
Ich möchte mich ändern   – *aber nur halb.*
Ich möchte ja oder nein sagen   – *aber erst beim nächsten Mal.*
Ich möchte mich entscheiden   – *aber nicht gleich.*

Doch wer morgen erst „dienen" sagt   – *sagt heute noch „herrschen".*
Wer später erst den anderen sehen will   – *sieht bis dahin nur sich selbst.*
Wer irgendwann entscheiden will   – *gibt heute sich zufrieden.*

Aus: „Hol uns heraus, Herr!" von Friedrich Deitz, Gebete junger Leute.

Heilige im Monat März

Tag	Name	Kurznamen	Bedeutung des Namens	
4.	**Kasimir von Polen**		Der Friedliche	† 1484
6.	**Fridolin von Säckingen**		Geliebter	† 7. Jh.
7.	**Perpetua und Felizitas**		Beständige – Glückliche	† 202/203
8.	**Johannes von Gott**	Jonny, Hans, Jan, Jens, Iwan	Gottesgeschenk	† 1550
9.	**Bruno von Querfurt**		Der Glänzende	† 1009
	Franziska von Rom	Fränzis	Die Freie	† 1440
14.	**Mathilde**	Thilda, Tilly	Mächtige Kämpferin	† 968
15.	**Klemens Maria Hofbauer**		Der Milde	† 1820
17.	**Gertrud von Nivelles**	Trude, Gela	Die Speerkämpferin	† um 655
	Patrick	Pat	Alt-Adeliger	† 461
18.	**Cyrill von Jerusalem**		Kraft und Macht	† 386
19.	**Josef**	Sepp, Beppo, Peppo, Pepi, Jupp	Hinzufügung	
23.	**Turibio von Mongrovejo**		Turmwächter	† 1606
25.	**Verkündigung des Herrn**			
26.	**Liudger**	Ludger	Volksspeer	† 809

Namenstage

1. Albin, Roger
2. Karl, Agnes
3. Kunigunde, Friedrich
4. Walburga, Rupert, Kasimir
5. Dietmar, Oliva
6. Fridolin, Mechthild
7. Perpetua, Felizitas, Volker, Reinhard
8. Johannes, Eddo

9. Bruno, Franziska
10. Ämilian, Gustav
11. Rosina, Alram
12. Almud, Beatrix
13. Paulina, Leander, Judith
14. Mathilde, Einhard, Eva
15. Klemens, Zacharias, Luise
16. Gummar

	Patron / Helfer bei / Anrufung	Fest-rang	Liturg. Farbe*
Königssohn, Marienverehrer	von Polen und Litauen	g	Violett
Mönch und Glaubensbote bei den Alemannen	Viehpatron, gutes Wetter, Schneider	g	Violett
Märtyrinnen in Karthago	der Gebärenden	G	Violett
Gründer des Ordens der „Barmherzigen Brüder"	Krankenhäuser	g	Violett
Bischof von Magdeburg, Glaubensbote in Südrußland/Ungarn, Märtyrer		g	Violett
Witwe, Ordensgründerin	der Autofahrer	g	Violett
Gemahlin König Heinrichs I.	der Armen	g	Violett
Ordenspriester bei den Redemptoristen	von Wien	g	Violett
Äbtissin im Kloster Nivelles/Brabant	Armen, Gärtner, Feldfrüchte	g	Violett
Bischof, Glaubensbote in Irland	Bergleute, Friseure, Schmiede	g	Violett
Bischof und Kirchenlehrer		g	Violett
Bräutigam der Gottesmutter	der Kirche, Sterbenden, Zimmerleute, Österreichs	H	Weiß
Bischof von Lima in Peru		g	Violett
Der Engel brachte Maria die frohe Botschaft		H	Weiß
Missionar in Friesland, Bischof von Münster		g	Violett

* In der Fastenzeit ist die liturgische Farbe auch an gebotenen und nichtgebotenen Gedenktagen violett!

17. Gertrud, Patrick, Konrad
18. Cyrill, Eduard
19. Josef
20. Wolfram, Irmgard
21. Christian
22. Lea, Elmar
23. Turibio
24. Katharina
25. Annunziata, Jutta
26. Liudger
27. Haimo, Frowin
28. Guntram, Wilhelm
29. Helmut, Ludolf
30. Diemut, Dodo
31. Kornelia, Benjamin, Goswin

Liudger
Friesenmissionar und Bischof

In der Mitte des 8. Jahrhunderts regierte links des Rheins der christliche Kaiser Karl der Große. Rechts des Rheins in den Urwäldern Germaniens lebten die freien Sachsen und Friesen, die noch Heiden waren. Von England aus versuchten Mönche die Sachsen und Friesen zu bekehren. Sie hatten wenig Erfolg. In Utrecht in Holland hatten sie eine Missionsstation aufgebaut. Es gelang ihnen, die friesische Familie des Liudger zum Christentum zu bekehren.
Liudger, geb. 742, besuchte die Klosterschule in Utrecht, lebte kurze Zeit in England und lernte Bonifatius kennen. Liudger wurde 777 n. Chr. in Köln zum Priester geweiht. Dann ging er als erster einheimischer Missionar zu den Friesen in seine Heimat.
In der Zeit der Niederwerfung der Sachsen durch Kaiser Karl den Großen besucht Liudger Rom und das Benediktinerkloster Montecassino, das Stammkloster der Benediktiner. Als wieder Friede im Sachsenland eingekehrt war, übertrug Karl der Große ihm die Mission in diesem Raum. Kurz darauf wurde ihm der Bischofsstuhl in Trier angeboten. Liudger lehnte zugunsten der Missionsaufgabe ab. Mimigerneford, das spätere Münster in Westfalen, wurde sein Missionsstützpunkt. Dort baute er Dom und Domschule. Er wurde 804 n. Chr. erster Bischof von Münster. Ganz Westfalen verdankt ihm die Christianisierung. Er gründete Klöster in Helmstedt, Nottuln und Werden an der Ruhr und baute viele Kirchen. Bischof Liudger starb am 26. 3. 809 bei Billerbeck. Er wird dargestellt als Bischof mit einem Kirchenmodell und zwei Gänsen (unter Liudger verschwindet die Wildgänseplage im Münsterland). In der Abteikirche in Essen-Werden ruhen seine Gebeine.

Josef
Nähr- und Pflegevater Jesu, Bräutigam der Gottesmutter

Josef, der aus dem Haus und Geschlecht Davids, also aus einem Königshaus, stammte, lebte als Zimmermann in Nazaret. (Ein Zimmermann z. Z. Jesu baute nicht nur Dachstühle, sondern ganze Häuser, die Wände aus Stein, das Flachdach aus Baumstämmen mit gestampftem Lehm.) Er begab sich mit Maria zur Volkszählung nach Betlehem. Auf dem 130 km langen Fußweg über das Gebirge nach Betlehem stand Josef der schwangeren Maria treu zur Seite und sorgte für eine Herberge (Herbergssuche). Nach der Darstellung Jesu im Tempel floh er mit dem Jesuskind und dessen Mutter nach Ägypten, kehrte nach dem Tod des Herodes zurück und ließ sich wieder in Nazaret nieder.
Josef wird häufig dargestellt als Zimmermann mit einer Axt und einer Lilie und dem Jesuskind auf dem Arm oder sterbend in den Armen Jesu und Mariä.
Der heilige Josef ist der Patron der Kirche, der Sterbenden, Patron Österreichs. Er wird angerufen in Wohnungsnot.
Seit 1955 wird am 1. Mai das Fest des heiligen Josef als *Mann der Arbeit* gefeiert. Die Kirche feiert sein Namensfest am 19. März.

Patrick, Bischof und Glaubensbote in Irland

Man schrieb das Jahr 402 n. Chr. Patrick, Sohn eines Beamten und Diakons, ließ auf einem grünen Hügel in Südengland die Schafherde seiner Eltern grasen. Plötzlich entdeckte er Rauchschwaden am Himmel aus der Richtung, in der sein Elternhaus lag. So schnell er laufen konnte, rannte er dem Dorf Bonnavem Taberniae entgegen. Seine Vermutung bestätigte sich. Irische Seeräuber hatten das elterliche Gehöft angezündet. Seine Eltern hatte man erschlagen, und als er seine Schwestern retten wollte, wurde er von den Seeräubern überwältigt, auf ein Schiff gebracht und als Sklave nach Nordirland verkauft. Hier mußte er unter großen Entbehrungen Schafe hüten. Oft hat er in dieser harten Zeit zu Gott gebetet in der Weise, wie er es von seiner Mutter gelernt hatte.
Nach sechs Jahren nutzte er die Gelegenheit zu einer Flucht. Halbverhungert erreichte er die Ostküste und fand einen Schiffskapitän, der ihn mitnahm. Dafür mußte er auf dem Schiff eine Ladung Wolfshunde versorgen und diese Bestien füttern. Die Hunde waren für Italien bestimmt.
In einem Hafen in Frankreich wurden sie ausgeschifft. Jetzt begann ein langer Marsch mit den Hunden durch das vom Krieg stark zerstörte Land. Bald waren die letzten Lebensmittel aufgebraucht, und Mannschaft und Hunde hungerten. Jetzt bat man Patrick, den man oft wegen seines regelmäßigen Betens verspottet hatte, er möge seinen Gott um Hilfe anrufen. Kurz darauf konnten sie eine Herde Wildschweine erlegen. Doch die Hundeaufseher waren undankbar und spotteten weiter.
Nach zwei Monaten gelang es Patrick, im Schutz der Nacht zu fliehen und Aufnahme zu finden bei den Mönchen im französischen Kloster Levin. Dort blieb er vier Jahre, ohne selbst Mönch zu werden. Dann kehrte er zu seinen Verwandten in sein Heimatdorf in England zurück.
Patrick, der in diesen Jahren viel erlebt und reifer geworden war, hörte immer wieder eine innere Stimme sprechen: „Komm zu uns nach Irland, Patrick!" Fast zwanzig Jahre hat es aber noch gedauert, bis er die „grüne Insel" Irland betreten konnte. Diesmal nicht als Sklave, sondern als christlicher Missionar und Bischof.
Bischof Patrick hatte außergewöhnliche Missionserfolge. Er bekehrte das einfache Volk wie auch Stammeskönige und hochgestellte Persönlichkeiten, fand aber auch erbitterten Widerstand.
Mit 76 Jahren starb er. Patrick ist heute der Nationalheilige des irischen Volkes. Kaum ein Volk hat in all den Jahrhunderten solche Unterdrückung erlitten und mit solch einer Treue am christlichen Glauben festgehalten wie das Volk der Iren. Die Iren haben in Vergangenheit und Gegenwart einen großen Teil der Missionare in aller Welt gestellt.
Patrick wird dargestellt mit einem Kleeblatt, an dem er die Heilige Dreifaltigkeit erklärt haben soll, und mit einer Schlange, weil es seit Patrick keine Schlangen mehr auf der Insel gibt. Patrick ist Schutzherr der Bergleute und ist Viehpatron. Sein Fest feiert die Kirche am 17. März.

Das Brauchtum in der Fastenzeit

Palmzweige

Die am Palmsonntag gesegneten Palmzweige (Buchsbaum, Wacholder-, Haselnußzweige oder die Zweige der Stechpalme) nehmen die Gläubigen mit nach Hause und stecken sie hinter das Kreuz oder hinter den Weihwasserkessel. Sie befestigen sie an der Haustüre oder legen sie neben die Weihwasserschale ans Grab. Man nimmt sie bei der Krankenkommunion auch als Weihwasserwedel. Der Volksglaube schreibt den Palmzweigen Schutzwirkung zu. Im süddeutschen Raum finden wir besonders schön und reich verzierte Palmenstöcke.

Fasten- und Hungertücher

Sie verdeckten im Mittelalter während der Fastenzeit die bildreichen Hochaltäre. Auf den Hungertüchern waren Passionsszenen und Leidenswerkzeuge dargestellt. Das bischöfliche Hilfswerk „Misereor" hat diesen alten Brauch aufgegriffen und in den letzten Jahren mehrere Hungertücher herausgebracht, die in unseren Kirchen vor allem einen belehrenden Zweck haben.

Kreuzverhüllung

Zum 5. Fastensonntag wird in vielen Kirchen das Altarkreuz mit einem violetten Tuch verhüllt. Diese Kreuzverhüllung entstand, weil man Kreuze, die mit Gemmen, Edelsteinen oder mit dem sieghaften Christus geschmückt waren, in der Fastenzeit noch nicht zeigen wollte (Triumphkreuze). Die Tücher werden erst vor der Osternachtfeier entfernt.

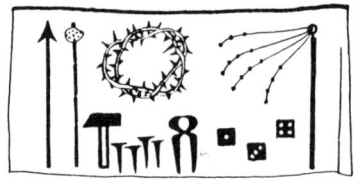

Leidenswerkzeuge

Auf Hungertüchern, Meßgewändern und Antependien wurden früher und vereinzelt auch heute noch die Leidenswerkzeuge aus der Passion des Herrn gezeigt. Es handelt sich dabei um Hahn, Geißelsäule, Geißel, Dornenkrone, Rock, Würfel, Kreuz, Leiter, Nägel, Hammer, Stange mit Schwamm und Lanze, INRI.

Ostervorbereitungen

In der letzten Woche vor Ostern beginnt man zu Hause mit den Ostervorbereitungen. *Ostereier* werden bemalt, ein- oder mehrfarbig, und mit christlichen Symbolen versehen (Osterkerze, Kreuz, Lamm, Halleluja usw.). Das Osterei ist ein Symbol für das Leben aus dem Tod. Das aus dem Ei schlüpfende Küken ist Sinnbild für Christus, der aus dem Grabe aufersteht (Auferstehungssymbol). Warum nun ausgerechnet der „Osterhase" zu Ostern die Eier bringt, wird wohl nie geklärt werden. Man kann auch in bemalte rohe Eier zwei kleine Löcher bohren und die Eier ausblasen. Dann befestigt man sie mit Bindfäden an einem *Osterstrauch* (Birke, japan. Kirsche usw.). Es läßt sich auch mit Holzstäbchen (Schaschlikstäbchen) ein *Ostermobile* bauen, an das man diese ausgeblasenen, geschmückten Eier hängt. Aus Kerzenresten kann man auch eine *Osterkerze* gießen und mit Ostersymbolen versehen.

Am Karsamstag wird der *Osterkorb* vorbereitet, in den Speisen gelegt werden, die man zum Fest segnen lassen will. Danach wird man sie verzehren oder verschenken. Die Mutter backt einen Osterkuchen oder ein *Osterlamm*. Nester werden gebaut, in die der „Osterhase" die Ostereier, die Ostersüßigkeiten und das Ostergebäck legt.

Ministrantendienst  in der Fastenzeit

Aschermittwoch

Die Segnung und Austeilung der Asche am Aschermittwoch erfolgt nach dem Evangelium und der Homilie. Die Asche wird gewonnen, indem der Sakristan die Palmzweige des vergangenen Jahres verbrennt. Zur Segnung sind Weihwasser und Aspergill erforderlich. Bei Kindergottesdiensten kann man vor der Segnung, für die Kinder sichtbar, noch einige Palmzweige des Vorjahres in einer Metallschale auf einem Ständer im Altarraum verbrennen. Die daraus anfallende Asche wird mit verwendet. Das Segensgebet über die Asche lautet:

> *Gott, du willst nicht den Tod des Sünders,*
> *du willst, daß er sich bekehrt und lebt.*
> *Erhöre gnädig unsere Bitten:*
> *Segne + diese Asche,*
> *mit der wir uns bezeichnen lassen,*
> *weil wir wissen, daß wir Staub sind*
> *und zum Staub zurückkehren.*
> *Hilf uns, die vierzig Tage der Buße*
> *in rechter Gesinnung zu begehen.*
> *Verzeih uns unsere Sünden,*
> *erneuere uns nach dem Bild deines Sohnes*
> *und schenke uns durch seine Auferstehung*
> *das unvergängliche Leben.*
> *Darum bitten wir durch ihn, Christus,*
> *unseren Herrn. Amen.*

Nach der Aschenkreuzausteilung Händewaschung (Wasserkanne, Wasserschale, Seife, Handtuch). Der Aschermittwoch ist Fast- und Abstinenztag. Die liturgische Farbe ist Violett.

Palmsonntag

Am Palmsonntag ziehen Priester und Ministranten zum Ort der Palmweihe. Dort gibt der Priester die Einführung in die Liturgie des Tages. Anschließend spricht er das Segensgebet über die Palmzweige und besprengt sie mit Weihwasser (evtl. Weihrauch).
Das Segensgebet lautet:

> *Allmächtiger, ewiger Gott,*
> *segne + diese grünen Zweige,*
> *die Zeichen des Lebens und des Sieges,*
> *mit denen wir Christus, unserem König,*
> *huldigen.*
> *Mit Lobgesängen begleiten wir ihn*
> *in seine heilige Stadt;*
> *gib, daß wir durch ihn*
> *zum himmlischen Jerusalem gelangen,*
> *der mit dir lebt und herrscht*
> *in alle Ewigkeit.*
> *Amen.*

Haben die Gläubigen die Zweige nicht schon von Anfang an in Händen, folgt jetzt die Austeilung. Dann kommt das Evangelium der Palmweihe zur Verlesung. Danach Palmprozession zur Kirche oder durch die Kirche.

Prozessionsordnung:

- 2 Ministranten mit Weihrauch und Schiffchen
- 1 Ministrant mit dem geschmückten Vortragekreuz
- daneben 2 Ministranten mit Leuchtern
- die Gläubigen mit Palmzweigen in den Händen
- die Ministrantengruppe mit Palmsträußen (an längeren Rundstäben befestigt, mit Schleifen versehen)
- 2 Ministranten mit Weihwasser und Aspergill
- der Priester.

Nach der Prozession verbleibt das besonders schön geschmückte Vortragekreuz im Altarraum. Die Leuchter werden an den für sie vorgesehenen Platz gestellt; Aspergill und Weihwasserkessel bringen die Ministranten in die Sakristei. Alle Ministranten mit Palmsträußen nehmen Aufstellung an den für sie vorgesehenen Plätzen. Als Abschluß der Prozession wird das Eröffnungsgebet der Messe gesprochen. Es folgt *kein Bußakt*. Der Priester inzensiert den Altar und das Altarkreuz (evtl. legt er jetzt den Chormantel ab und legt ein Meßgewand an). Zur Passion (Leidensgeschichte) keine Evangelienleuchter und kein Weihrauch. Die liturgische Farbe ist Rot.

Gründonnerstag

Am Gründonnerstag (grün = greinen = weinen) ist in jeder Pfarrkirche nur eine Meßfeier am Abend möglich. Sind mehrere Priester in der Gemeinde, feiern sie in Konzelebration die

Ministrantendienst in der Fastenzeit

Abendmahlsmesse. Beim Gottesdienst ziehen Priester und Ministranten in folgender Ordnung zum Altar:

- 2 Ministranten mit Weihrauch und Schiffchen
- 1 Ministrant mit dem Vortragekreuz
- 2 Ministranten mit Leuchtern
- 2 Ministranten für den Altardienst (Kredenz)
- Ministrantengruppe, die während des Hochgebets und evtl. zum Evangelium mit Flambeaus im Chorraum steht
- Priester.

Die liturgische Farbe ist Weiß.

Einzug und Eröffnung wie bei jeder Festmesse – zum Gloria Glockengeläute und Altarschellen (ab jetzt bis zum Gloria der Osternacht schweigen Glocken und Orgel) – anstelle der Schellen Klappern oder Ratschen – zum Evangelium Leuchter und Weihrauch.

Im Anschluß an die Homilie kann die Fußwaschung erfolgen. Dazu werden zwölf Männer aus der Gemeinde ausgewählt. Der Priester legt das Meßgewand ab und bindet sich eine Schürze um. Dazu kann man ein Schultertuch verwenden. Nach der Fußwaschung Händewaschung des Priesters. Jetzt legt er das Meßgewand wieder an.

Am Ende der Messe, nach dem Schlußgebet, Übertragung des Allerheiligten an einen Ort der Anbetung. Zunächst Inzens des Allerheiligsten vor dem Zelebrationsaltar – Anlegen des Schultervelums, das während der Prozession zum Seitenaltar benutzt wird.

Prozessionsordnung:

- 1 Ministrant mit dem Vortragekreuz
- 2 Ministranten mit Leuchtern
- Ministrantengruppe mit Flambeaus
- 2 Ministranten mit Weihrauch und Schiffchen
- 2 Ministranten mit Klappern
- Priestergruppe mit dem Allerheiligsten.

Bei der Ankunft am Seitenaltar Inzens des Allerheiligsten; dann stille Anbetung. Die Entblößung des Altares kann durch den Sakristan erfolgen.

Karfreitag

Am Karfreitag nachmittags um 15.00 Uhr – zur Sterbestunde Jesu – ist die Gedächtnisfeier vom Leiden und Tod des Herrn. Es findet am Karfreitag keine Eucharistiefeier statt.

Die Karfreitagsliturgie hat drei Teile:

- den Wortgottesdienst mit zwei Lesungen, mit der Passion und den Großen Fürbitten,
- die Kreuzerhebung und Kreuzverehrung,
- die Kommunionfeier.

Die Lesungen der Kartage sind in allen drei Lesejahren gleich. Nach den beiden Lesungen hören alle die Passion (Leidensgeschichte) nach dem Evangelisten Johannes. Sie kann gesungen oder auch in verteilten Rollen gelesen werden. Anschließend ist eine Homilie möglich. In den dann folgenden zehn Großen Fürbitten beten wir für die Kirche, den Papst, die Stände der Kirche, die Taufbewerber, für die Einheit der Christen, für die Juden, für alle, die nicht an Christus glauben, für alle, die nicht an Gott glauben, für die Regierenden und für alle Notleidenden.

Die Kreuzverehrung, bei der jeder Teilnehmer aus seiner Bank tritt und vor dem Kreuz niederkniet, gibt uns allen Gelegenheit, persönlich und öffentlich dem gekreuzigten Herrn an diesem Tag die Verehrung zu bekunden und für die Erlösung zu danken. Was dann folgt, ist die Kommunionfeier. Wir dürfen den empfangen, der aus Liebe zu uns, das Letzte, sein Leben gab, damit wir ewiges Leben haben.

Verlauf der Liturgie: Eröffnung: Einzug in aller Stille – Priester und Ministranten verneigen sich vor dem Altar – Priester und Assistenz werfen sich schweigend nieder, um still zu beten – Nach einer Weile begeben sie sich alle zu ihren Plätzen – Der Priester eröffnet die Liturgie.

Wortgottesdienst: Zwei Lesungen – Passion nach Johannes (Homilie) – Große Fürbitten.

Ministrantendienst in der Fastenzeit

Danach **Kreuzerhebung:** Das verhüllte Kreuz wird aus der Sakristei oder aus dem Portal in den Chorraum getragen – Zwei Ministranten begleiten es mit Leuchtern – Dreimal singt der Vorsänger in verschiedenen Tonlagen: „Seht das Kreuz, daran der Herr gehangen, das Heil der Welt." Alle: „Kommt, lasset uns anbeten." – Dabei enthüllt der Priester das Kreuz in drei Schritten. (Man kann dabei das Kreuz jeweils eine Altarstufe höher stellen) – Nach der Kreuzverehrung wird das Kreuz in die Nähe des Altares gestellt, daneben die beiden Leuchter.

Kommunionteil: Während der Kreuzverehrung des Volkes legt der Sakristan das Altartuch aus und entfaltet das Korporale auf dem Altar. Das Meßbuch bringen später die Ministranten. Unter Begleitung von zwei Ministranten mit Leuchtern holen der Priester oder Diakon das Allerheiligste vom Aufbewahrungsort zum Altar. – Vorher legt der Sakristan dem Priester oder Diakon am Aufbewahrungsort das Schultervelum um. Die beiden Ministranten stellen anschließend die beiden Leuchter auf den Altar.

Jetzt spricht der Zelebrant die Einleitung zum Vaterunser. Der Verlauf des Kommunionteils erfolgt wie bei jeder anderen heiligen Messe. Nach der Kommunionausteilung bringen die Ministranten das Ablutionsgefäß mit einem Tüchlein zum Altar. Danach überträgt der Priester oder Diakon das übriggebliebene heilige Brot zum Aufbewahrungsort außerhalb des Kirchenraumes, notfalls auch zum Tabernakel. Zum Schluß der Feier spricht der Zelebrant am Karfreitag ein eigenes Segensgebet mit ausgebreiteten Händen. Alle verlassen still die Kirche. Nach dem Gottesdienst wird der Altar wieder abgedeckt.

Die früher übliche Grablegung wird im neuen Meßbuch nicht mehr erwähnt. Der Karfreitag ist Fast- und Abstinenztag.

Kreuzwegandachten

In den Kreuzwegandachten der Fastenzeit betet der Priester das Vorbereitungsgebet an den Stufen des Altares. Danach geht er mit dem Kreuzträger und zwei Ministranten mit Leuchtern von Station zu Station und betet den Kreuzweg vor. Die Gläubigen gehen den Weg in der Kirche mit oder bleiben in den Bänken. Bei dem Aufruf vor jeder Station: „Wir beten dich an, Herr Jesus Christus, und preisen dich, denn durch dein heiliges Kreuz hast du die Welt erlöst", machen alle eine Kniebeuge. Nach dem Kreuzweg betet der Priester das Schlußgebet wieder an den Stufen des Altares und erteilt den Segen mit der Hand. Der Priester trägt Talar, Chorrock, violette Stola (evtl. violetten Chormantel). Die Ministranten tragen violette oder schwarze Talare und weiße Chorröcke. Es brennen Kerzen am Altar.

Der Kreuzweg kann auch im Freien oder ganz anders gestaltet werden. Dafür gibt es keine verbindliche Regel.

Bußgottesdienst in der Fastenzeit, siehe Seite 36

Anmerkungen für den Dienst in der Heimatpfarrei:

_____

_____

_____

_____

_____

Rollenspiel

Hosanna dem Sohne Davids!

E = Erzähler, **J** = Jesus, **1., 2., 3. Spr** = Sprecher, **1., 2. Phar** = Pharisäer

E   Das auserwählte Volk der Juden wartete seit Jahrhunderten auf den Messias. Keiner wußte, wann er kommen würde. Aber wenn er kommen würde, galt es, ihn festlich zu empfangen. Wie sollte das geschehen? Jeder sollte seine besten Kleider anziehen, einen grünen Zweig in die Hand nehmen, dem Messias entgegengehen und ihn in die Stadt Jerusalem geleiten. Und das Lied, das man dazu singen wollte, hieß: „Hosanna dem Sohne Davids! Hochgelobt sei, der da kommt im Namen des Herrn!"
Das gesamte Volk kannte dieses Begrüßungslied, und jeder wußte: es wird nur gesungen, wenn der Messias kommt.
Jesus kam von Betanien, von seinem Freund Lazarus, den er dort von den Toten auferweckt hatte. Wer da mit am Grabe gestanden hatte, als Lazarus herauskam, der konnte nicht anders, als an Jesus, den Christus, glauben und bekennen: Das ist wahrhaftig der vorausgesagte Messias. Als Jesus nur noch einige Kilometer von Jerusalem entfernt war, sagte er zu zweien seiner Jünger:

J   „Geht in das Dorf, das vor uns liegt; dort werdet ihr eine Eselin angebunden finden und ein Fohlen bei ihr. Bindet sie los, und bringt sie mir! Wenn euch jemand zur Rede stellt, dann sagt: Der Herr braucht sie, er wird sie aber bald zurückschicken."

E   Das ist geschehen, damit sich das Wort des Propheten erfüllte. Sagt der Tochter Zion: „Sieh, dein König kommt zu dir. Er ist friedfertig, er reitet auf einem Esel (Symbol des Friedens) und auf einem Fohlen, dem Jungen eines Lasttiers."
Die Jünger gingen und taten, was Jesus ihnen aufgetragen hatte. Ja, wenn er der Messias ist, so sagten die Leute einander, die mit Jesus nach Jerusalem zogen, dann gebührt ihm auch der glorreiche Einzug in seine Stadt Jerusalem. Die Kinder sind begeistert:

1. Spr   „Los, klettert schnell auf die Palmen; werft Zweige herab, wir brauchen eine ganze Menge!"

2. Spr   „Legt eure Kleider vor seine Füße!"

3. Spr   „Singt Hosanna dem Sohne Davids. Hochgelobt sei, der da kommt im Namen des Herrn!"

E   Auch die Apostel ergreifen die Palmzweige der Kinder, und singend bewegt sich der Zug nach Jerusalem hinein. Die Schriftgelehrten und Pharisäer, die des Wegs kommen, schimpfen:

1. Phar   „He, was fällt euch ein? Hört ihr sofort auf zu singen, und werft die Zweige weg! Dieser Jesus von Nazaret ist kein Messias! Seid ihr von Sinnen?"

E   Die Kinder lassen sich nicht beirren und singen unentwegt weiter. Durch ganz Jerusalem bewegt sich der Zug, und immer mehr Leute stimmen ein in den Gesang und den Jubel. Als die Pharisäer merken, daß sie nichts mehr dagegen tun können, drängen sie sich an Jesus heran und warnen ihn:

2. Phar   „Verbiete ihnen, so zu singen; sage ihnen, daß du nicht der Messias bist!"

E   Doch sie erhalten die niederschmetternde Antwort:

J   „Wenn die Kinder nicht mehr rufen, werden die Steine schreien!"

Wußtest du schon,

daß der Kreuzigungshügel auf aramäisch Golgota, auf lateinisch calvaria und auf deutsch Schädelstätte heißt?

daß die Kreuzaufschrift I N R I heißt: JESUS NAZARENUS REX JUDAEORUM = Jesus von Nazaret, König der Juden?

daß der älteste zusammenhängende Teil aller vier Evangelien die Leidensgeschichte Jesu ist?

daß die schmerzreichen Geheimnisse des Rosenkranzes lauten:
1. Der für uns Blut geschwitzt hat.
2. Der für uns gegeißelt wurde.
3. Der für uns mit Dornen gekrönt wurde.
4. Der für uns das schwere Kreuz getragen hat.
5. Der für uns gekreuzigt wurde.

daß die vierzehn Kreuzwegstationen heißen:
1. Jesus wird zum Tode verurteilt.
2. Jesus nimmt das Kreuz auf seine Schultern.
3. Jesus fällt zum ersten Mal unter dem Kreuz.
4. Jesus begegnet seiner Mutter.
5. Simon von Zyrene hilft Jesus das Kreuz tragen.
6. Veronika reicht Jesus das Schweißtuch.
7. Jesus fällt zum zweiten Mal unter dem Kreuz.
8. Jesus begegnet den weinenden Frauen.
9. Jesus fällt zum dritten Mal unter dem Kreuz.
10. Jesus wird seiner Kleider beraubt.
11. Jesus wird an das Kreuz genagelt.
12. Jesus stirbt am Kreuz.
13. Jesus wird vom Kreuz genommen und in den Schoß seiner Mutter gelegt.
14. Der heilige Leichnam Jesu wird in das Grab gelegt.

daß man mit einer Misereor-Kollekte von 100 Millionen DM in der Bundesrepublik Deutschland (Ergebnis der Misereor-Kollekte im Jahre 1981 = 87,9 Mill. DM)
a) 13 Autobahnkilometer fertigstellen kann,
b) 1 Krankenhaus mit 350 Betten bauen kann,
c) das Silvesterfeuerwerk eines Jahres bestreiten kann
oder
a) 25 000 Trinkwasserbrunnen in Afrika bohren und ausbauen kann,
b) 50 000 einfache Wohnungen für Slumbewohner in den Großstädten Lateinamerikas bauen kann,
c) 83 000 Gesundheitsstationen in Indien erstellen und einrichten kann?

Quiz ? fragen

1 Mit **welchem** Tag beginnt die Fastenzeit oder Österliche Bußzeit?

2 **Wofür** ist das Aschenkreuz ein Sinnbild?

3 **Worin** besteht der Sinn der Fastenzeit?

4 **Wie viele** Fastensonntage kennt die Österliche Bußzeit?

5 **Warum** werden die Kreuze in der Kirche vom 5. Fastensonntag an verhüllt?

6 **Woran** erinnert uns der Palmsonntag?

7 **Was** schmücken wir daheim mit den Palmzweigen?

8 **Was** wird am Morgen des Gründonnerstags vom Bischof in der Kathedralkirche geweiht?

9 **Worauf** verweist uns die Abendmahlsmesse am Gründonnerstag?

10 **Was** will uns Jesu Fußwaschung an seinen Jüngern sagen?

11 **Wohin** wird das Allerheiligste nach der Abendmahlsmesse am Gründonnerstag übertragen?

12 **Warum** findet der Karfreitagsgottesdienst um 15.00 Uhr statt?

13 **Wie** heißen die drei Hauptteile des Karfreitagsgottesdienstes?

14 **Welche** liturgischen Farben sind für den Palmsonntag, Gründonnerstag und Karfreitag vorgeschrieben?

15 **Wie viele** Kreuzwegstationen gibt es?

16 **Nenne** einige Osterbräuche, die in den Tagen vor Ostern vorzubereiten sind.

17 **Was** war Bischof Liudger für ein Landsmann, und welche Diözese hat er gegründet?

18 **Wer** ist Patron der katholischen Kirche?

19 **Von welchem** Inselland ist der heilige Patrick Nationalheiliger?

20 **Welches** Hochfest feiert die Kirche am 25. März?

Lösung: 1 Aschermittwoch; 2 Für unsere Vergänglichkeit; 3 Vorbereitung auf Ostern und sich öffnen für Gottes Gnade; 4 Fünf; 5 Weil Prunkkreuze und Kreuze mit dem sieghaften Christus nicht vor Ostern gezeigt werden sollen; 6 An den Einzug Jesu in Jerusalem zu unserer Nachfolge; 7 Kreuze; 8 Die heiligen Öle; 9 Einsetzung der Eucharistie; 10 Seid demütig aus Liebe; 11 Zu einem Seitenaltar; 12 Zur Sterbestunde Jesu; 13 Wortgottesdienst, Kreuzverehrung, Kommunionteil; 14 Rot – Weiß – Rot; 15 Vierzehn oder fünfzehn; 16 Ostereier bemalen, Ostermobile, Osterkerze gießen, Osterkorb und Osterlamm; 17 Friese – Münster; 18 Hl. Josef; 19 Irland; 20 Hochfest der Verkündigung des Herrn.

Ostern und die Osterzeit

Die Osternachtfeier und Ostern

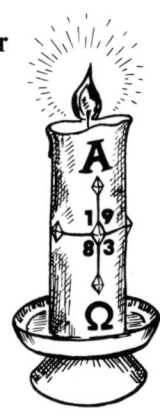

Die Lichtfeier

Die Osternacht beginnt mit der Lichtfeier. Das prasselnde und weithin leuchtende Osterfeuer in dunkler Nacht vor dem Kirchenportal oder auf dem Kirchplatz ist ein Erlebnis. Am Osterfeuer wird die Osterkerze entzündet und in die Kirche getragen. Wer in dieser Nacht, in der dunklen Kirche, das Licht der Osterkerze auf sich wirken läßt, der weiß, wie man im Schein der kleinen Flamme erste Umrisse erkennt. Wie man sich im Schein dieses Lichts befreit fühlt und die beklemmende Angst vor der Dunkelheit weicht. So wird die Osterkerze uns zum Symbol für Christus, der von sich sagt: „Ich bin das Licht (in der Dunkelheit) der Welt." Von der Osterkerze aus werden dann die Osternachtkerzen (Ostervigilkerzen) der Gläubigen entzündet. Symbolisch heißt das: „Ihr seid das Licht der Welt!"
Die Osterkerze wird im Osterlob (Exsultet) besungen als Sinnbild für das „Heilsgeschehen Christi" an uns. Bis zum Gloria bleibt der Kirchenraum in dieser Nacht in Dunkel gehüllt. Nur Kerzenlicht erhellt ihn schwach.

Die Lesungen

Dieses Kerzenlicht gibt die rechte Feststimmung beim Vortrag der alttestamentlichen Lesungen. Erst zum Gloria erklingt die Orgel jubelnd, läuten alle Glocken, schellen die Ministranten mit den Altarschellen und wird das volle Licht eingeschaltet. Nach der neutestamentlichen Lesung ertönt das erste feierliche Osterhalleluja. Dieses Halleluja ist der Befreiungsruf der erlösten Christenheit.
Das Evangelium (je nach Lesejahr aus Matthäus [A], Markus [B], Lukas [C]) enthält die Frohbotschaft der Auferstehung Jesu. In dieser Nacht der Erlösungsfreude, die Christus uns durch Kreuz und Auferstehung verdient hat, tauft die Kirche alle Taufbewerber, die sich auf den Empfang dieses Sakramentes vorbereitet haben. An Evangelium und Homilie schließt sich die Tauffeier an, die am Taufbrunnen gehalten wird. Dafür wird Taufwasser geweiht. Der Priester taucht die Osterkerze in das Wasser und betet: „Durch deinen geliebten Sohn steige herab in dieses Wasser die Kraft des Heiligen Geistes..." Die Tauffeier entfällt, wenn es in der Gemeinde keine Täuflinge gibt. Doch die Osterwasserweihe erfolgt in jedem Fall.

Die Tauferneuerung

Vor der nun folgenden Erneuerung des Taufversprechens entzünden die Gläubigen, als Zeichen der Besinnung auf ihre eigene Taufe, in der sie Gotteskinder wurden, ihre Osternachtkerzen. Alle versprechen erneut, dem Satan zu widersagen und an den dreifaltigen Gott zu glauben. Mit dem neugeweihten Osterwasser besprengt der Priester alle Anwesenden.

Die älteste Nachricht von der Auferstehung Jesu finden wir nicht bei den Evangelisten, die die Botschaft erst nach dem Jahre 60 n. Chr. aufgeschrieben haben. Wir finden die erste Osternachricht im 1. Korintherbrief des hl. Paulus, im 15. Kapitel (um 52 n. Chr. geschrieben). Da heißt es: „Christus ist für unsere Sünden gestorben ... und ist begraben worden. Er ist am dritten Tage auferweckt worden ... und erschien dem Kephas, dann den Zwölf. Danach erschien er mehr als fünfhundert Brüdern zugleich ... Danach erschien er dem Jakobus, dann allen Aposteln. Als letztem von allen erschien er auch mir, dem Unerwarteten ..." Christus starb also stellvertretend und sühnend für uns.
Die Kirche hat im Lauf ihrer Geschichte Ostern zu keiner Zeit auf den einen Festtag beschränkt. Wir kennen ein Weiterklingen des Festes von acht Tagen (die Osteroktav) und von 50 Tagen, bis zum Pfingstfest (die große Osteroktav).

Ostern und die Osterzeit

Der Weiße Sonntag

Die Festwoche (kleine Osteroktav) schließt mit dem „Weißen Sonntag". In der frühen Kirche hatten alle, die in der Osternacht getauft worden waren, über acht Tage ihre festlichen, weißen Kleider an. Erst am Abend des „Weißen Sonntags" wurden sie abgelegt. Daher die Bezeichnung: „Weißer Sonntag". Diese Bezeichnung hat also ursprünglich nichts zu tun mit der Erstkommunionfeier, die vielfach auf diesen Sonntag fällt.

Christi Himmelfahrt

Wenn man in der Urkirche am Osterfest noch Tod, Auferstehung, Himmelfahrt und Geistsendung an einem Tag feierte, so wurde dieses Gesamtereignis schon bald in Einzelfeste aufgefächert. So entstand das Fest „Christi Himmelfahrt" am 40. Tag nach Ostern, entsprechend dem Bericht des Lukas in der Apostelgeschichte: „Und während er sie segnete, verließ er sie und wurde zum Himmel emporgehoben" (Lk 24,51). Dieses Fest will uns sagen: Der Auferstandene ist endgültig zum Vater erhöht, sitzt dort zu seiner Rechten und tritt für uns ein.

Das Pfingstfest

Nachdem der Herr versprochen hatte, seine Kirche in dieser Welt nicht allein zu lassen, sandte er ihr den Heiligen Geist. Er geht hervor aus der Liebe zwischen Vater und Sohn, eine tiefe Glaubenswahrheit, über die schon viele große Theologen nachgedacht haben, auch in heutiger Zeit. Diese Geistsendung feiert die Kirche am Pfingstfest. Der biblische Bericht erzählt, wie die verängstigten Jünger, plötzlich vom Heiligen Geist erfüllt, an die Öffentlichkeit treten und den Juden mutig den gekreuzigten und auferstandenen Christus predigen. „Wir hören sie in unseren Sprachen Gottes große Taten verkünden", heißt es im 2. Kapitel der Apostelgeschichte. Seit Pfingsten ist der Heilige Geist in seiner Kirche wirksam. Wir erkennen ihn an den Auswirkungen seines Handelns. So, wie wir den Sturm selbst nicht sehen können, sondern nur hören und erleben, daß die Bäume sich unter seiner Gewalt hin- und herbeugen, so sehen wir an den guten Taten der Menschen, daß der Heilige Geist in ihnen am Werk ist. So wie schmelzendes Feuer nichts in seinem alten Zustand beläßt, sondern das Material verändert, veredelt, läutert, so beläßt auch der Heilige Geist keinen Menschen, der sich ihm öffnet, in seinem alten Zustand. So wie der warme Atem die vereiste Fensterscheibe auftaut, einen durch Kälte erstarrten Käfer wieder bewegungsfähig macht, Atemübertragung nach einem Unfall wieder zur Belebung führen kann, so kann Gottes Atem in uns neues Leben bewirken.

Feuerzungen, Sturmesbrausen und Atem sind symbolhafte Zeichen für den Heiligen Geist.

Die Pfingstnovene

Im 17. Jahrhundert kam der Brauch auf, vor weittragenden Entscheidungen und in Not neuntägige Andachten zu halten, die man Novenen nannte. Man dachte dabei wohl an Apg 1,13–14: „Als sie in die Stadt kamen, gingen sie in das Obergemach hinauf, wo sie nun ständig blieben: Petrus und Johannes, Jakobus ... Sie alle verharrten dort einmütig im Gebet, zusammen mit den Frauen und mit Maria, der Mutter Jesu, und mit seinen Brüdern." Die neun Tage zwischen Christi Himmelfahrt und Pfingsten nennen wir Pfingstnovene. Die Kirche betet in diesen Tagen verstärkt um die Gaben des Heiligen Geistes.

Ostern und die Osterzeit

Gedanken zum Osterfest

Das, was den Menschen vor allem belastet, sind Schuld und Tod. Ostern bedeutet für den Christen, befreit zu sein von Schuld und Sünde und beschenkt zu werden mit ewigem Leben. Bedenken wir einmal das letztere. Ewig zu leben ist der Wunsch des einzelnen und der Traum der Menschheit. Augustinus hat das folgendermaßen beschrieben:

„Du hast uns für dich geschaffen, o Gott.
Unruhig ist unser Herz,
bis es ruhet in dir."

Der Mensch hat zu allen Zeiten in sich das Verlangen, Gott ähnlich zu sein und ewig mit ihm zu leben.

Ewiges Leben bei Gott ist Geschenk und unterliegt nicht der Verfügungsgewalt des Menschen. Biblische Beispiele aus dem Alten Testament und dem Neuen Testament können uns zeigen, wie Gott sein Verhältnis zum Menschen versteht. Für die Stammeltern Adam und Eva ist die Versuchung verlockend: „Ihr werdet sein wie Gott." Sie essen von den verbotenen Früchten. Gott straft den Hochmut mit der Vertreibung aus dem Paradies. Die Bewohner von Babel wollen einen Turm bis zu den Wolken bauen. Sie wollen sich mit Gott messen. Er aber läßt über sie eine Sprachenverwirrung kommen. Ewiges Leben bei Gott können wir uns nicht

nehmen, es wird geschenkt. Deutlich wird das im biblischen Bild von der Jakobsleiter, die sich vom Himmel auf die Erde herniedersenkt. Engel steigen hinauf und hernieder.

Das Neue Testament betont ebenfalls den Geschenkcharakter. Gottes Sohn kommt vom Himmel auf die Erde. Er wendet sich den Menschen zu mit der frohen Botschaft. Er gibt sein Leben hin im Tod am Kreuz. Er verheißt jedem, der glaubt, ewiges Leben.

Jesus Christus ist auch in mein Leben herniedergestiegen. Er schenkte mir sein unvergängliches göttliches Leben in der Taufe. Er reicht mir die Kommunion, um mich zu stärken. Seine Frohe Botschaft zeigt mir den Weg. Er verzeiht mir immer wieder, wenn ich schuldig geworden bin. Mit ihm, so glaube ich, erreiche ich das Ziel: ewiges Leben.

In meinem Leben erfahre ich immer wieder das Herabneigen Gottes zu mir, der mich zu sich emporziehen will. Einmal, in meinem Tode, will er mich endgültig an sich ziehen.

Ostern bedeutet:
Der Traum vom ewigen Leben bei Gott
geht in Erfüllung.

Heilige im Monat April

Tag	Name	Kurznamen	Bedeutung des Namens	
2.	**Franz von Paola in Kalabrien**	Frank	Der Freie	† 1507
4.	**Isidor von Sevilla**		Geschenk der Göttin Isis	† 636
5.	**Vinzenz Ferrer**	Zenz	Der Siegende	† 1419
7.	**Johann Baptist de la Salle**	John, Jens, Hans, Iwan	Gottesgeschenk	† 1719
11.	**Stanislaus**	Stanis	Der durch Beständigkeit Berühmte	† 1079
13.	**Martin I.**		Krieger	† 655
19.	**Leo IX.**		Löwe	† 1054
21.	**Konrad von Parzham**	Kurt, Kort	Der Kühne im Rat	† 1894
	Anselm von Canterbury	Selma	Götterschutz	† 1109
23.	**Adalbert**	Abel	Der Edelglänzende	† 997
	Georg von Kappadozien	Jörg, Jürgen, York	Landmann	† um 304
24.	**Fidelis von Sigmaringen**		Der Getreue	† 1622
25.	**Markus**	Marc	Hammer	
27.	**Petrus Canisius**	Pit, Pierre, Peter,	Fels	† 1597
28.	**Peter Chanel**	Pit, Pierre, Peter	Fels	† 1841
29.	**Katharina von Siena**	Katja, Karin	Die allzeit Reine	† 1380
30.	**Pius V.**		Der Fromme	† 1572

Namenstage

1. Irene, Hugo
2. Franz, Thetwif, Sandrina
3. Liutbirg, Thiento
4. Isidor
5. Vinzenz, Juliana
6. Wilhelm
7. Johannes, Burchard
8. Walter, Beate
9. Waltraud
10. Eberwin, Hulda, Engelbert
11. Stanislaus, Reiner, Gemma
12. Zeno, Herta, Julius I.
13. Martin I., Hermenegild, Paulus, Ida
14. Hadwig, Lidwina, Ernestine
15. Huna, Nidker
16. Benedikt, Bernadette

	Patron / Helfer bei / Anrufung	Fest-rang	Liturg. Farbe
Einsiedler, Gründer des Paulanerordens	Pest, Unfruchtbarkeit	g	Weiß/ Violett
Erzbischof von Sevilla, Kirchenlehrer	Nationalheiliger Spaniens	g	Weiß/ Violett
Dominikaner, Bußprediger	Holzarbeiter, Dachdecker, Patron der Brautleute	g	Weiß/ Violett
Ordensgründer der Schulbrüder	des christl. Unterrichts	G	Weiß/ Violett
Bischof von Krakau, Märtyrer	in Glaubenskämpfen	G	Rot/ Violett
Papst in der Verbannung, Märtyrer		g	Rot/Viol.
Bedeutendster deutscher Papst		g	Weiß/ Violett
Ordensbruder der Kapuziner in Altötting	der Landjugend	g	Weiß
Erzbischof und Kirchenlehrer	Apostel des Nordens	g	Weiß
Bischof von Prag, Glaubensbote bei den Preußen, Märtyrer	zur Erflehung fruchtbaren Regens	g	Rot
Märtyrer (Drachenkämpfer), röm. Soldat	Nothelfer	g	Rot
Kapuziner, Märtyrer	Landespatron von Vorarlberg	g	Rot
Evangelist des ältesten Evangeliums	Notare, Glasmaler	F	Rot
Jesuit, Kirchenlehrer, Zweiter Apostel Deutschlands	der kath. Schulen	g	Weiß
Französ. Missionar in Westozeanien, Märtyrer		g	Rot
Dominikanerin, Kirchenlehrerin	um guten Tod, Kopfweh	G	Weiß
Papst des Trienter Konzils		g	Weiß

17. Eberhard, Rudolf
18. Aya
19. Leo IX., Gerold, Autbert, Werner
20. Odette, Hildegund
21. Konrad, Anselm
22. Kajus, Wolfhelm
23. Adalbert, Georg, Gerhard, Pusinna
24. Fidelis, Wilfrid, Egbert
25. Markus, Erwin, Hermann, Franka
26. Trudbert, Kletus, Ratbert
27. Petrus, Zita
28. Peter, Hugo
29. Katharina, Roswitha, Irmtrud, Dietrich
30. Pius V., Rosamunde, Bernhard

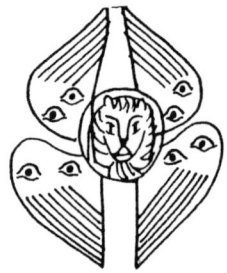

Markus
Evangelist

Georg
Ritter und Märtyrer

Der heilige Markus war kein Jünger und kein Apostel. Dafür war er zu Lebzeiten Jesu noch zu jung. Die Überlieferung sagt, er habe die Predigt des heiligen Petrus aufgeschrieben und sei sein Dolmetscher gewesen. Das, was Markus über Jesus zu berichten hat, nennt er Evangelium (Frohbotschaft) von Jesus, dem Christus. Das Markusevangelium müssen wir als aufgezeichnete Glaubensverkündigung des Apostels Petrus lesen. Es ist das älteste und kürzeste aller vier Evangelien.

Markus muß sein Evangelium um 70 n. Chr. geschrieben haben. Die Hauptteile sind: Jesu Predigt in Galiläa, seine Lehrtätigkeit jenseits des Jordan, sein Leidensweg nach Jerusalem und sein Leiden, sein Tod und seine Auferstehung. Die beiden Evangelisten Matthäus und Lukas, die ihre Evangelien etwas später schrieben, haben den Markustext gekannt. Sie benutzten ihn und erweiterten ihn um viele Reden und weitere Ereignisse im Leben Jesu. Markus gilt als der Gründer der Kirche von Alexandrien in Ägypten. Seine Gebeine sind im Markusdom in Venedig beigesetzt. Sein Fest feiert die Kirche am 25. April.

Markus ist Wetterpatron (Markusprozession), Patron der Notare und wird angerufen um Bewahrung vor einem plötzlichen Tod.

Vom heiligen Georg erzählt die Legende: An einem See, nahe bei einer kleinasiatischen Stadt, gab es einen gefürchteten Drachen, der dort sein Unwesen trieb. Man suchte ihn mit Menschenopfern zu besänftigen. Eines Tages fiel das Los auf die Königstochter. Ritter Georg, der des Weges kam, sah das jammernde Kind an einen Pfahl gebunden. Auf seine Frage, warum man sie hier festgebunden habe, erhielt er die Antwort: „Der Drache wird gleich kommen und mich verschlingen."

Sofort macht sich Georg daran, das Untier zu suchen. Da taucht das Ungeheuer auch schon aus dem See auf. Mit einem schwarzen Panzer bedeckt, schiebt es sich aufs Land. Es reißt immer wieder sein riesiges Maul auf, aus dem Feuer und Rauch hervorquellen. Georg reitet dem Drachen mutig entgegen, und der Kampf entbrennt, tobt hin und her, bis Georg ihm seine Lanze tief in den Rachen stößt. Das war der Todesstoß.

Auf die Frage der Leute, woher er den Mut zu dieser Tat genommen habe, verweist Georg auf seinen Herrn Jesus Christus. Und er erzählt ihnen begeistert die Frohbotschaft vom Reiche Gottes. Viele nehmen den christlichen Glauben an.

Ritter Georg erlitt später unter dem römischen Kaiser Diokletian in Palästina den Märtyrertod. In der Ostkirche begann seine Verehrung. Im Mittelalter war er der Schutzpatron der Ritter und Kreuzfahrer. England machte ihn zum Nationalheiligen. Die katholische Pfadfinderschaft Deutschlands benennt sich nach ihm. Georg ist einer der Vierzehn Nothelfer.

Damian Deveuster, Missionar in der Südsee

Damian war ein fröhlicher Bauernbursche aus dem flämischen Dorf Tremolo in Flandern. In der Dorfkirche war Volksmission. Die Predigt der Missionare beeindruckte ihn stark. Er fragte sich, ob Bauer wohl der rechte Beruf für ihn sei oder ob Gott eine andere Aufgabe für ihn bereithalte. So fuhr er zu seinem älteren Bruder nach Löwen, der in einem Kloster der Picpuskongregation Missionspater war, um mit ihm über seinen Berufsweg zu sprechen. Dort entschied er sich, ebenfalls Missionar zu werden. Damian war intelligent und fleißig. Was andere in siebenjähriger Gymnasialzeit erlernten, schaffte er in einem Jahr. Sechs Jahre nach seinem Eintritt ins Kloster wurde er zum Priester geweiht. Seine Primiz aber konnte er nicht mehr im Heimatdorf feiern, denn er mußte für seinen erkrankten Bruder in die Mission auf den Südseeinseln.

Einige Jahre war er in Puna und erwarb sich praktische Missionskenntnisse. Eines Tages besucht der Bischof seine Missionare. Er kommt auf die Insel Molokai zu sprechen, auf die Leprakranke gebracht werden, um sie von den Gesunden zu isolieren. Man überläßt sie dort ihrem Schicksal. Bedrückt sagt er: „Bisher habe ich noch keinen Missionar für Molokai finden können. Die Ärmsten der Armen leben dort ohne den Beistand der Kirche. Doch ich weiß, wer hinübergeht, der wird die Insel nie wieder lebend verlassen können und dort selbst einmal an Lepra sterben müssen." Tiefes Schweigen unter den versammelten Missionaren. Da steht Pater Damian auf: „Bischof Maigret, nehmen Sie mich, ich werde gehen, um Christus in den Kranken von Molokai zu dienen." Ist der Abschied von seinen Mitbrüdern, einige Tage später, ein Abschied für immer?

Sein Erkundungsmarsch quer über die Lepra-Insel zeigt ihm das ganze Elend. Überall der Gestank von faulendem Fleisch. Es fehlt an allem: keine Ärzte und Schwestern, kaum Medikamente, nur wenig Verbandszeug. Wer sich selbst nicht helfen kann, verhungert. Jeder ist sich selbst der Nächste. Keiner hilft dem anderen. Der seelische Zustand der Kranken ist niederschmetternd. Molokai ist die Hölle. Was Wunder, daß die Kranken jeden moralischen Halt verlieren und dem Alkohol erliegen. Bei der Ankunft hatte Pater Damian schon ihre Abneigung verspürt, und ihre neidischen Blicke sprechen: „Was will der Gesunde hier?" Nur langsam gewinnen sie Zutrauen. Er wird für sie der „Priester der Verbannten".

Als erstes baut er feste Blockhäuser. Die modernden Schilfhütten reißt er ab. Alle Leichtkranken müssen helfen. Das ist der beste Weg, ihrem Leben wieder Sinn zu geben. Nacheinander entstehen: Wasserleitung, Krankenhaus und Waisenhaus. Mit Musikkapellen und Sängerchören sorgt er dafür, daß die Leprosen von ihrer Krankheit abgelenkt werden.

Nach zwölf Jahren unermüdlicher Missionsarbeit macht Pater Damian an sich eine furchtbare Feststellung. Er kommt am Abend von einem langen Ritt zurück und will ein Bad nehmen. Er steckt die Füße in das dampfende Badewasser, um festzustellen, wie heiß es ist. Da kommt sein Diener herein, sieht das und schreit laut auf: „Heißes Wasser!" Seine Füße werden zwar rot, und es zeigen sich Brandblasen, aber er empfindet keinen Schmerz. Beide schauen sich an. Sie wissen, wenn man das Gefühl verliert, bedeutet das: Anfang von Lepra. Vier Jahre lang arbeitet er noch. Von dem Verfaulen der Glieder bleiben die Handinnenflächen verschont. Er kann die Messe noch feiern. Am 15. April 1889 stirbt er. Nach Jahren entsandte der belgische König eigens ein Kriegsschiff, um seine Gebeine feierlich in seine Heimat zu überführen. Er ordnete für ihn ein Staatsbegräbnis an.

Heilige im Monat Mai

Tag	Name	Kurznamen	Bedeutung des Namens	
1.	**Josef, der Arbeiter**	Beppo, Peppo, Pepi	Gott gebe Vermehrung	
2.	**Athanasius**		Der Unsterbliche	† 373
3.	**Philippus und**	Philip	Pferdefreund	
	Jakobus	Jack, Jim, James	Fersenhalter	
4.	**Florian und die Märtyrer von Lorch**	Flori	Der Blühende	† um 304
5.	**Godehard**		Gottesknecht	† 1038
12.	**Nereus und Achilleus**			† um 304
	Pankratius	Pankraz	Allmächtiger	† um 304
16.	**Johannes Nepomuk**	Muk	Gottesgeschenk	† 1393
18.	**Johannes I.**	Hans, Jan, Jens, John	Gottesgeschenk	† 526
20.	**Bernhardin von Siena**		Der kleine Bärenstarke	† 1444
21.	**Hermann Josef**	Harm	Kriegsmann	† 1241
25.	**Beda der Ehrwürdige**		Kämpfer	† 735
	Gregor VII.		Der Wachsame	† 1085
	Maria Magdalena von Pazzi	Magda	Die aus Magdala Stammende	† 1607
26.	**Philipp Neri**		Pferdefreund	† 1595
27.	**Augustinus von Canterbury**		Der Erhabene	† 604

Namenstage

1. Josef, Arnold
2. Athanasius, Sigismund, Liuthard, Boris
3. Jakobus, Philippus, Alexander I., Viola
4. Florian, Guido, Valeria
5. Godehard, Jutta
6. Antonia, Gundula, Markward
7. Gisela, Notker
8. Desideratus, Friedrich, Wolfhild
9. Beatus, Ottokar, Volkmar
10. Gordian
11. Gangolf, Mamertus
12. Pankratius
13. Servatius
14. Christian, Iso
15. Rupert, Sophia, Isidor
16. Johannes, Ubald

	Patron / Helfer bei / Anrufung	Fest-rang	Liturg. Farbe
1955 von Papst Pius XII. eingeführt		g	Weiß
Bischof von Alexandrien, Kirchenlehrer	bei Kopfweh	G	Weiß
Apostel, Märtyrer	Walker, Hutmacher, Kaufleute	F	Rot
Apostel, Märtyrer, leitete die Urgemeinde in Jerusalem			
Märtyrer der Diokletianischen Verfolgung	Feuer, Kaminkehrer	g	Rot
Bischof von Hildesheim	Rheuma, Nierenleiden, Geburten	g	Weiß
Märtyrer und Soldaten		g	Rot
Märtyrer der Dioklet. Christenverfolgung	Nothelfer, Erstkommunionkinder	g	Rot
Generalvikar in Prag, Märtyrer	Brücken, Beichtväter, Flößer, Verschwiegenheit	g	Rot
Papst und Märtyrer		g	Rot
Franziskaner, Volksprediger	Heiserkeit, Brustkrankheiten	g	Weiß
Prämonstratenser in Steinfeld/Eifel, Mystiker		g	Weiß
Benediktiner in England, Kirchenlehrer		g	Weiß
Papst, starb in der Verbannung		g	Weiß
Karmelitin, Mystikerin		g	Weiß
Priester in Italien, Gründer des Oratoriums, zweiter Patron Roms		G	Weiß
Bischof, Glaubensbote in England		g	Weiß

17. Walter, Paschalis
18. Johannes I., Erich IX., Burkhard, Dietmar, Felix
19. Alkuin, Kuno, Ivo
20. Bernhardin, Valeria, Elfriede
21. Hermann Josef, Erenfried, Wiltrud
22. Julia, Emil, Rita, Renate
23. Desiderius, Wipert
24. Esther, Dagmar
25. Beda, Gregor VII., Maria Magdalena, Heribert, Urban I.
26. Philipp, Alwin
27. Augustinus
28. Wilhelm, Germanus
29. Maximin, Irmtrud
30. Johanna, Reinhild, Ferdinand III.
31. Helmtrud, Petronilla, Mechthild

Heilige im Monat Mai

Jakobus der Jüngere und Philippus
Apostel und Märtyrer

Jakobus d. J., einer der zwölf Apostel, war ein Verwandter des Herrn. Nach dem biblischen Bericht erfahren wir erst von ihm, als er die Leitung der Jerusalemer Gemeinde übernahm, nachdem Petrus nach Rom gegangen war. Auf dem ersten Apostelkonzil im Jahre 50 n. Chr. entpflichtete er die Heidenchristen vom Mosaischen Gesetz. Ein paar Gesetzesvorschriften (u. a. Speisegebote) legte er ihnen jedoch auf, damit Juden- und Heidenchristen miteinander Mahl halten konnten, ohne Anstoß nehmen zu müssen.
Jakobus war ein tiefgläubiger Mann und bei den Juden sehr angesehen. Es heißt von ihm, er betete täglich im Tempel. Jakobus hielt sich streng an die Gesetzesvorschriften und hielt als Bischof von Jerusalem auch die Judenchristen dazu an. Nun hatten alle Juden das Vorrecht, vom Kaiserkult befreit zu sein. Das bedeutete, nicht dem Kaiser opfern zu müssen. Solange die Römer die Christen nur als eine jüdische Sekte ansahen, galt das auch für die Judenchristen. Das paßte den jüdischen Behörden nicht. Sie hätten die Christen lieber die Verfolgung durch die Römer gewünscht.
Ostern des Jahres 62 nutzten die Pharisäer die Zeit des unbesetzten römischen Prokuratorenamtes (Statthalter) in Jerusalem, um das Oberhaupt der Jerusalemer Gemeinde abzuurteilen und zu steinigen. Man hoffte, die Gemeinde würde sich auflösen, nachdem man ihren Kopf beseitigt hatte. Das aber geschah nicht.
Paulus nennt Jakobus eine „Säule" der Christengemeinde in Jerusalem. Den Furchtsamen war er mit seiner Festigkeit und Beständigkeit stets ein Vorbild.

Von Philippus wissen wir nicht viel. Doch wird er an einigen Stellen in der Heiligen Schrift genannt. Er war es, der Natanael in den Jüngerkreis einführte. Ihn fragte Jesus vor der Brotvermehrung, ob Brot da wäre, um die Volksmenge zu sättigen. Bei einer anderen Gelegenheit sagte ihm der Herr, leicht vorwurfsvoll: „So lange schon bin ich bei euch, und du kennst mich immer noch nicht, Philippus?"
In Hierapolis in Phrygien soll er das Martyrium erlitten haben. Das Fest der beiden Apostel feiert die Kirche am 3. Mai.

Johannes Nepomuk
Generalvikar der Erzdiözese Prag und Märtyrer

Johannes, 1345 geboren, stammte aus dem Dorf Pomuk im Böhmerwald. Er verlor früh seine Eltern und wurde bei Zisterziensermönchen großgezogen. Sie sorgten dafür, daß er studieren konnte. Steil war sein Aufstieg vom Diözesanpriester bis zum Generalvikar der Erzdiözese Prag. Man erzählt von ihm, er sei der Beichtvater der Königin gewesen. Der trunksüchtige und jähzornige König Wenzel mißtraute seiner Frau und wollte Auskunft über ihre Beichten haben. Als Johannes sich weigerte, ließ er ihn foltern. Man stieß ihm brennende Fackeln in die Seite. Die entstandenen Brandwunden hätten normalerweise zum Tode führen müssen. Da befahl der König, ihn nachts gebunden in die Moldau zu werfen. So wurde Nepomuk ein Opfer des Beichtgeheimnisses. Soweit die Legende. Seitdem ist er über die Grenzen seines Landes als Brückenheiliger bekannt und wird dargestellt mit Talar, Rochett und Birett; um das Haupt fünf Sterne mit dem Wort „Tacui – ich schweig". Seine Gebeine ruhen im Prager Dom. 1729 wurde er heiliggesprochen.

Pankratius und der Panther

Wir sehen den heiligen Pankratius häufig mit Panther und Schwert dargestellt. Dem liegt folgende Legende zugrunde: Pankratius war um 290 n. Chr. in Phrygien geboren, kam aber schon bald als Kind in die römische Hauptstadt. Er war getauft auf den Namen Jesu Christi. Als Soldaten ihn auf dem Weg zu einem Gottesdienst aufgriffen und vor den Kaiser führten, bekannte sich Pankratius mutig und offen zu seinem Glauben. Das sollte ihn das Leben kosten.

Der Tag seiner Hinrichtung kam. Im Kolosseum mußte er sich den wilden Tieren stellen. Löwen, Leoparden, Tiger hatte man schon auf ihn gehetzt, aber immer wieder waren sie vor ihm zurückgewichen. Das war den Zuschauern im großen Zirkusrund unheimlich.

Jetzt ließ man einen Stier auf ihn los. Der raste sofort auf ihn zu, stoppte plötzlich und blieb wie versteinert stehen. Aus der Menge rief man ihm zu: „Fordere den Stier heraus, du Feigling!" Pankratius rannte auf den Stier zu und reizte ihn. Doch der trottete davon. Da entdeckten Zuschauer, daß er an einer Kette um den Hals ein Amulett trug. Man glaubte, es sei ein Zaubermittel. „Wirf es weg", hörte man von den Rängen. Er aber wehrte sich und rief zurück: „In dieser Kapsel ist ein Schwämmchen mit dem Blut meines Vaters, der sich zu Christus bekannte und von einem Panther zerrissen wurde."

„Panther", das war das Stichwort. „Laßt einen Panther heraus!" riefen nun alle.

Man ließ einen schwarzen Panther in die Arena. Katzenhaft schlich er an sein Opfer heran. Alle Muskeln strafften sich. Dann ein gewaltiger Sprung, und die Krallen des Panthers schlugen in die Brust seines Opfers und warfen den Jungen zu Boden.

Nach einigen Augenblicken hatte Pankratius sein junges Leben für Christus ausgehaucht.

Die Überlieferung sagt, er sei an der Via Aurelia in Rom beigesetzt worden. Über seinem Grabe wurde schon um das Jahr 500 n. Chr. eine große Kirche errichtet.

Wir feiern das Fest des Märtyrers am 12. Mai.

Pankratius gehört zu den Vierzehn Nothelfern und zu den Eisheiligen (Pankratius, Servatius, Bonifatius). (Diese Tage zeigen in Mitteleuropa häufig Kälterückschläge.)

Pankratius ist der Patron der Kinder. Angerufen wird er bei Kopfschmerzen und bei Verleumdung.

Das Brauchtum in den Monaten April und Mai

Das Osterfeuer

Mancherorts ist es Brauch, daß das Osterfeuer noch über die Osternachtfeier hinaus weiterbrennt. Nach der Feier umstehen die Jugendlichen der Gemeinde das Feuer und singen Auferstehungslieder.

Die Hausosterkerze

Die Hausosterkerze enthält dieselben Ostersymbole wie die große Osterkerze in der Kirche. Man nimmt sie aus der Osternacht mit nach Hause, um damit in den Ostertagen den Festtisch zu schmücken.

Die Segnung von Ostereiern, Osterkorb, Osterlämmern und Osterkuchen

In vielen Gegenden Deutschlands ist es alter Brauch, verschiedenste Lebensmittel am Ostertag zur Kirche zu tragen und dort vom Priester segnen zu lassen (siehe auch Seite 84).

Das Ostereiersuchen

Für Pfarrer, Kaplan und Meßdiener ist es in jedem Jahr zu Ostern eine Gaudi, wenn die Ministranten im Pfarrgarten, mit dem sicheren Blick von Detektiven, Ostereier suchen.

Der Osterspaziergang

Es ist gute alte Tradition, wenn Eltern mit ihren Kindern am Osterfest einen Osterspaziergang machen. Dabei kann man meist schon das neu aufbrechende Leben in der Natur beobachten. Viele Bäume haben Knospen angesetzt. Schneeglöckchen und Krokusse sind die Vorboten des nahenden Frühlings. So wird selbst die Natur zum Symbol für unser neues Leben in Christus.

Der April-Scherz

„Der April macht, was er will", so lautet ein Wettersprichwort. Aber der April scherzt auch. Darum Achtung am 1. April! Gern wird man von Freunden und Kameraden „in den April geschickt"!

Der Mai-Altar

Auch der „Mai-Altar" ist ein guter alter Brauch. Im schönsten Monat des Jahres wird die Mutter des Herrn damit geehrt. Sakristan und Ministranten sorgen für den Schmuck durch Kerzen und Blumen.

Der Maibaum und der Tanz in den Mai

Der Maibaum ist eine lange, aufgestellte Stange, umwickelt mit grünen Girlanden. Die Spitze schmücken ein Hahn und ein bunter Kranz mit vielen Schleifen; am Stamm sind die verschiedenen Handwerkerzeichen und -wappen angebracht. Vielleicht steht bei ihm ein Festzelt. Sonst tanzen jung und alt im Freien zur Blasmusik. Man stellt Würstchen- und Brezelstände auf und vergißt auch die Getränke nicht.

Das Brauchtum in den Monaten April und Mai

Der Muttertag

Der zweite Sonntag im Mai ist immer der Muttertag. Kinder bemühen sich, der Mutter an diesem Tag eine besondere Freude zu machen. Doch sollte jeder erkennen, daß es zu wenig ist, der Mutter *nur* an diesem Tag Zuneigung und Liebe zu beweisen.

Die Pfingstfahrt

Auch Jugendliche zieht es zu Pfingsten in die freie Natur. In der Gruppe wird überlegt, welches Ziel man ansteuern könnte. Oft ist das Wetter schon so gut, daß man ohne großes Risiko zelten kann. Das Erlebnis einer Fahrt kann eine Gruppe zusammenschweißen. Die Fahrt aber muß gut vorbereitet und verantwortlich von einem älteren, zuverlässigen Gruppenführer geleitet werden.

Der Vatertag

In der Apostelgeschichte steht, daß Jesus von der Spitze des Ölbergs aus in den Himmel auffuhr. Früher unternahmen fromme Christen am Christi-Himmelfahrts-Tag Wanderungen zu den verschiedensten Berggipfeln. Die anstrengenden Bergbesteigungen aber wurden immer mehr zur Männersache. So entwickelte sich langsam der Vatertag zu einem Tag, an dem Männer unter sich sind.

Die Schützenfeste

Ab Pfingsten beginnen überall wieder die Schützenfeste. Dabei wird unter den Schützen ein Königsschießen veranstaltet. Wer den Adler auf der Stange abschießt, ist der Schützenkönig des Jahres. Ganz früher schoß man auf heimkehrende Zugvögel, was aber seit langem schon verboten ist.

Der Pfingstochse

Zu Pfingsten grünen die Weiden wieder, und das Vieh verläßt den Winterstall und wird auf Almen und Wiesen getrieben. Angeführt werden diese Viehherden vom sogenannten „Pfingstochsen", den man über und über mit Blumen und Bändern geschmückt hat.

Osterspiele

● Alle Spieler erhalten je ein hartgekochtes Ei. Jeder versucht nun auf einer glatten Tischplatte, sein Ei rechtsherum in eine Drehbewegung zu versetzen. Der Mitspieler, dessen Ei am längsten routiert, hat gewonnen.

● Man bezeichnet fünf hartgekochte Eier mit den Zahlen 1 bis 5, verteilt sie auf dem Boden, verbindet einem Mitspieler die Augen, gibt ihm einen Stock in die Hand und fordert ihn auf, in zwanzig Sekunden die Eier der Reihe nach mit dem Stock zu berühren. Die berührten Eier werden sofort weggenommen. Wer hat die meisten Eier berührt und die höchste zusammengezählte Zahl erreicht?

Der Ministrantendienst in der Osterzeit

Die Osternachtfeier

Die Osternachtfeier ist eine Vigilfeier, d. h. eine „Nachtwache" mit Schriftlesungen, Gebeten und Fasten, die in der frühen Kirche bis zum Morgengrauen dauerte, bis das Osterhalleluja erklang und die Auferstehungsmesse gefeiert wurde.

Die Osternacht hat vier Abschnitte:

- **Lichtfeier:** Osterfeuer – Prozession mit der Osterkerze – Exsultet (Osterlob);
- **Wortgottesdienst:** sieben alttestamentliche Lesungen – Gloria – Tagesgebet – eine neutestamentliche Lesung – Osterhalleluja – Zwischengesang – Evangelium – Homilie;
- **Tauffeier:** Gebet am Taufbrunnen – (Litanei) – Taufwasserweihe – (Taufe) – Erneuerung des Taufversprechens;
- **Eucharistiefeier:** Gabenbereitung – Hochgebet – Kommunionteil – feierlicher Schlußsegen – Entlassung.

Osterkerze – die Ministrantengruppe mit noch nicht entzündeten Kerzen – Ministranten mit Weihwasser und Aspergill – Priester. Am Eingang der Kirche singt Assistenz das zweite „Lumen Christi" in einer höheren Stimmlage. Jetzt entzünden die Ministranten ihre Kerzen an der Osterkerze und geben das Licht an die Gläubigen weiter. Alle ziehen mit Lichtern in die Kirche ein. Vor dem Altar dann das dritte „Lumen Christi". Danach wird die Osterkerze auf den geschmückten Osterleuchter gestellt, der meist in der Nähe des Ambos steht. Die Osterkerze kann jetzt vom Priester inzensiert werden. Priester, Diakon oder Kantor singen vom Ambo aus das Exsultet (Osterlob) vor.

Die **Lichtfeier** soll „nicht vor Einbruch der Dunkelheit beginnen" (Meßbuch I, S. 63). Der Sakristan hat ein Osterfeuer vor der Kirche (oder im Portal der Kirche) vorbereitet. Die Kirche ist vollkommen dunkel. Alle Teilnehmer haben sich vor der Feier mit Kerzen versorgt. Priester, Assistenz mit Osterkerze und die Ministranten ziehen zum Osterfeuer.

a) Der Priester führt in den Sinn der Osternachtfeier ein, segnet das Osterfeuer (Aspergill – Weihrauch). Wo es üblich ist, können A und Ω und die Jahreszahl vom Priester mit einem Griffel eingeritzt und die fünf Weihrauchkörner in die Kerze gedrückt werden. Dann entzündet der Sakristan die Osterkerze. Die Assistenz hebt die Osterkerze hoch, wendet sich zu den Umstehenden und singt: „Lumen Christi!" Alle antworten: „Deo gratias!" (Christus das Licht – Dank sei Gott!)

b) Nun beginnt die Prozession in die Kirche. Vorn die beiden Ministranten mit Weihrauch und Schiffchen – die Assistenz mit der brennenden

Es ist sehr sinnvoll, auch den **Wortgottesdienst** (bis zum Gloria) noch bei Kerzenlicht zu feiern. Deshalb stellen sich zwei Ministranten mit Evangelienleuchtern rechts und links vom Ambo, damit die Lektoren beim Vorlesen der acht Lesungen ausreichend Licht haben. Aus pastoraler Rücksicht werden die alttestamentlichen Lesungen auch wohl auf drei gekürzt. Exodus, 14. Kapitel darf aber nie fehlen (Durchzug durch das Rote Meer). Nach der letzten alttestamentlichen Lesung und dem anschließenden Gebet stimmt der Priester das Gloria an. Dabei läuten die Glocken eine Zeitlang, und die Ministranten schellen mit den Altarglocken. Der Sakristan schaltet das elektrische Licht der Kirche ein und zündet die Altarkerzen an. Es folgen das Tagesgebet und die neutestamentliche Lesung (Röm 6, 3–11).

Nach dieser Lesung erheben sich alle Gläubigen. Der Priester singt das Oster-Halleluja vor, und die Gläubigen wiederholen es. Es folgen Zwischengesang und Osterevangelium. Dabei wird Weihrauch verwendet, keine Evangelienleuchter; dafür brennt ja die Osterkerze. Es folgt die Homilie.

Der Ministrantendienst in der Osterzeit

Zur **Tauffeier** ziehen nach der Homilie die Ministranten, die Assistenz mit der Osterkerze und der Priester in Prozession zum Taufbrunnen. Falls die Taufe eines Erwachsenen oder eines Kindes folgt, wird die Allerheiligenlitanei gesungen. (Die Allerheiligenlitanei entfällt, wenn keine Taufe und keine Taufwasserweihe gefeiert wird.) Anschließend ist die Taufwasserweihe. Dabei wird die Osterkerze in das Wasser des Taufbrunnens gehalten. Dann folgen: Absage an das Böse – Glaubensbekenntnis – Taufe (bei einer Erwachsenentaufe auch noch die Firmung). Wenn keine Taufe stattfindet, wird das Osterwasser gesegnet.

Nun zieht man zurück in den Altarraum, die Osterkerze wird wieder auf den Osterleuchter gestellt. Von hier aus erfolgt jetzt die Erneuerung des Taufversprechens. Falls die Kerzen der Gläubigen gelöscht worden waren, verteilen Ministranten erneut das Licht. Alle erheben sich und halten die brennenden Kerzen in den Händen. Der Priester befragt die Gläubigen: „Widersagt ihr dem Satan?" Jeder antwortet: „Ich widersage!" usw. „Glaubt ihr an Gott ...?" Jeder bekennt: „Ich glaube ..." usw.

Nach diesem Glaubensbekenntnis besprengt der Priester die Gläubigen mit Osterwasser. Danach nimmt die Messe ihren weiteren Verlauf: Priester und Lektoren sprechen die Fürbitten. Das Credo entfällt, denn es war bereits in den Befragungen der Tauffeier enthalten.

Die nun folgende **Eucharistiefeier** verläuft wie jede andere feierliche Gemeindemesse. Falls der

Priester während des Wortgottesdienstes einen Chormantel trug, bringt der Sakristan oder ein Ministrant vor der Gabenbereitung das Meßgewand zum Priestersitz, dort findet die Umkleidung des Priesters statt. Zum Schluß der Messe spendet der Priester den feierlichen Schlußsegen der Osternacht.

Dem „Gehet hin in Frieden" und dem „Dank sei Gott, dem Herrn" folgen während der ganzen Osterzeit das „Halleluja, halleluja!"

Ostern

In allen Messen des ersten Ostertages wird nach Evangelium und Homilie eine Tauferneuerung gehalten. Dazu stellen sich zwei Ministranten neben den Priester und gehen anschließend mit ihm durch das Kirchenschiff, denn der Priester segnet alle Gläubigen mit dem Osterwasser (Weihwasserkessel und Aspergill).

Erstkommunion

Häufig fällt auf einen Sonntag in der Osterzeit (meist auf den „Weißen Sonntag") die Feier der Erstkommunion. Die Gestaltung dieser Messe ist von Pfarrei zu Pfarrei sehr unterschiedlich. Meist kommen die Kommunionkinder nachmittags noch einmal mit ihren Eltern zu einer Dankandacht mit anschließendem sakramentalem Segen.

Pfingsten

Mit dem Pfingstfest schließt der Osterfestkreis. Am Pfingstmontag beginnt die „Allgemeine Kirchenjahreszeit". Nach der letzten heiligen Messe wird die Osterkerze gelöscht. Ab jetzt steht sie am Taufbrunnen.

Maiandachten

Der Maimonat ist in besonderer Weise der Verehrung der Gottesmutter geweiht. So kommen die Gläubigen an den Abenden zu sogenannten Maiandachten in der Kirche zusammen, um vor dem geschmückten Marienbild zu singen, das

Leben der Gottesmutter zu betrachten, aus ihrem Leben zu lernen und sie um Fürbitte anzurufen.

Die Maiandachten schließen oft mit dem eucharistischen Segen. Dazu gehen zwei Ministranten zu den Altarglocken. Zwei weitere holen Weihrauch und Schiffchen aus der Sakristei. Priester oder Diakon im Chormantel haben in der Zwischenzeit das heilige Brot in der Monstranz zur Anbetung ausgestellt. Der Weihrauchfaßträger zieht vor den Stufen des Altars das Faß auf, Priester oder Diakon legen Weihrauch auf die Glutkohle und knien nieder. Inzens durch Priester oder Diakon. Nun folgen Gebete der Anbetung. Danach das „Tantum ergo ..." Muß noch nachgelegt werden, kann das jetzt geschehen. Bei der zweiten Strophe: „Genitori ..." inzensiert der Priester noch einmal. Nach dem Schlußgebet legen Sakristan oder Ministrant ihm das Segensvelum um. Während des Segens inzensiert der Ministrant das Allerheiligste. Jetzt wird dem Priester oder Diakon das Segensvelum wieder abgenommen. Der Priester oder Diakon verschließt das heilige Brot wieder in den Tabernakel, und alle ziehen nach einer Kniebeuge in die Sakristei zurück.

Die Bittprozessionen

Die Bittprozession am *Markustag* (25. April) ist mit der „Neuordnung des Kirchenjahres" weggefallen. Wo es Brauch ist, können die sogenannten „kleinen Bittage" an drei aufeinanderfolgenden Tagen vor dem Fest Christi Himmelfahrt beibehalten werden.

Es ist nur ein Tag, es sind aber auch mehrere Bittage möglich. Die liturgische Farbe ist Violett. Der Prozession wird das Kreuz vorangetragen und begleitet von zwei Ministranten mit Leuchtern oder Fahnen. Während der Prozession wird die Allerheiligenlitanei gesungen.

Die Begegnung mit dem Auferstandenen auf dem Weg nach Emmaus

E = Erzähler, J = Jesus, K = Kleopas, 2. Jü = zweiter Jünger, Jo = Johannes

E   Es war nach dem Tode Jesu. Zwei seiner Jünger waren auf dem Weg zu dem Dorf Emmaus, das etwa 40 km westlich von Jerusalem entfernt liegt. Sie sprachen miteinander über alles, was sich in den letzten Tagen in Jerusalem ereignet hatte. Während sie redeten und ihre Gedanken austauschten, kam Jesus hinzu und ging mit ihnen. Doch sie waren wie mit Blindheit geschlagen, so daß sie ihn nicht erkannten. Er fragte sie:

J   „Was sind das für Dinge, über die ihr auf eurem Weg miteinander redet?"

E   Da blieben sie traurig stehen, und Kleopas antwortete ihm:

K   „Bist du so fremd in Jerusalem, daß du als einziger nicht weißt, was in diesen Tagen dort geschehen ist?"

E   Er fragte sie:

J   „Was denn?"

2. Jü   „Das mit Jesus aus Nazaret. Er war ein Prophet, mächtig in Wort und Tat vor Gott und dem ganzen Volk. Doch unsere Hohenpriester und Führer haben ihn zum Tod verurteilen und ans Kreuz schlagen lassen. Wir aber hatten gehofft, daß er der sei, der Israel erlösen werde."

K   „Dazu ist heute schon der dritte Tag, seitdem das alles geschehen ist."

2. Jü   „Aber nicht nur das: Auch einige Frauen aus unserem Kreis haben uns in große Aufregung versetzt. Sie waren in der Frühe beim Grab, fanden aber seinen Leichnam nicht. Als sie zurückkamen, erzählten sie, es seien ihnen Engel erschienen und hätten gesagt, er lebe. Einige von uns gingen dann zum Grab und fanden alles so, wie die Frauen gesagt hatten; ihn selbst aber sahen sie nicht."

E   Da sagte er zu ihnen:

J   „Begreift ihr denn nicht? Wie schwer fällt es euch, alles zu glauben, was die Propheten gesagt haben. Mußte nicht der Messias all das erleiden, um so in seine Herrlichkeit zu gelangen?"

E   Und er legte ihnen dar, ausgehend von Mose und allen Propheten, was in der gesamten Schrift über ihn geschrieben steht.

J   Im ersten Buch Mose heißt es: „Nie weicht von Juda das Zepter, der Herrscherstab von seinen Füßen, bis der kommt, dem er gehört, dem der Gehorsam der Völker gebührt" (Gen 49, 10).
Im vierten Buch Mose steht geschrieben: „Ein Stern geht in Jakob auf, ein Zepter erhebt sich in Israel" (Num 24, 17).
Beim Propheten Jesaja lesen wir: „Darum wird euch der Herr von sich aus ein Zeichen geben: Seht, die Jungfrau wird ein Kind empfangen, sie wird einen Sohn gebären, und sie wird ihm den Namen Immanuel – Gott mit uns – geben" (Jes 7, 14).
Und der Prophet Micha prophezeit: „Aber du, Betlehem-Efrata, so klein unter den Gauen Judas, aus dir wird mir einer hervorgehen, der über Israel herrschen soll" (Mi 5, 1).
Der Prophet Sacharja ruft dem Volk zu: „Juble laut, Tochter Zion! Jauchze, Tochter Jerusalem! Siehe, dein König kommt zu dir. Er ist gerecht und hilft; er ist demütig und reitet auf einem Esel, auf einem Fohlen, dem Jungen einer Eselin" (Sach 9, 9 f.).
Und hat nicht der Prophet Jesaja die Leiden des Messias geschildert?
„Ein Mann voller Schmerzen, mit Krankheit vertraut, so glich er einem, vor dem man das Gesicht verhüllt ... Er war durchbohrt für unsere Missetaten, zerschlagen für unsere Verschuldungen, Züchtigung zum Frieden für uns lag auf ihm und durch seine Striemen sind wir geheilt worden ... Mißhandelt ward er, und er beugte sich willig und tat seinen Mund nicht auf, wie ein Lamm, das zur Schlachtbank geführt wird, und wie ein Schaf, das vor seinen Scherern verstummt" (Jes 53).

E   So erreichten sie das Dorf, zu dem sie unterwegs waren. Jesus tat, als wolle er weitergehen, aber sie drängten ihn und sagten:

K   „Bleib doch bei uns; denn es wird bald Abend, der Tag hat sich schon geneigt."

E   Da ging er mit hinein, um bei ihnen zu bleiben. Und als er mit ihnen bei Tisch war, nahm er das Brot, sprach den Lobpreis, brach das Brot und gab es ihnen. Da gingen ihnen die Augen auf, und sie erkannten ihn; dann sahen sie ihn nicht mehr.
Und Kléopas sagte zu dem zweiten Jünger:

K   „Brannte uns nicht das Herz in der Brust, als er unterwegs mit uns redete und uns den Sinn der Schrift erschloß?"

E   Noch in derselben Stunde brachen sie auf und kehrten nach Jerusalem zurück, und sie fanden die Elf und die anderen Jünger versammelt. Da machte sich Johannes zum Wortführer und sprach:

Jo   „Der Herr ist wirklich auferstanden und ist dem Simon erschienen."

E   Da erzählten auch sie, was sie unterwegs erlebt und wie sie ihn erkannt hatten, als er das Brot brach.

Wußtest du schon,

daß das älteste Osterzeugnis, das wir kennen, im 1. Korintherbrief im 15. Kapitel, 1.–8. Vers aufgeschrieben steht? Also in einem Paulusbrief, nicht in einem der Evangelien.

daß die glorreichen Geheimnisse des Rosenkranzes lauten:
Der von den Toten auferstanden ist.
Der in den Himmel aufgefahren ist.
Der uns den Heiligen Geist gesandt hat.
Der dich, o Jungfrau, in den Himmel aufgenommen hat.
Der dich, o Jungfrau, im Himmel gekrönt hat.

daß die leiblichen Werke der Barmherzigkeit heißen:
Die Hungrigen speisen; die Durstigen tränken; die Nackten bekleiden; die Fremden beherbergen; die Gefangenen befreien; die Kranken besuchen; die Toten begraben.

daß am 23. April, am Gedenktag des heiligen Georg, die Pferdesegnungen vorgenommen werden und anschließend der „Georgsritt" erfolgt?

daß eine Ikone ein heiliges Bild ist, das die orthodoxen Christen besonders verehren (Jesus, Maria, Heilige wie Nikolaus, Georg usw., Engel) … daß Ikonen vor allem in Rußland im 14. und 15. Jahrhundert von Mönchen nach tagelangem Gebet und nach längerem Fasten mit gesegneten Farben auf Holz gemalt und zum Schutz mit Leinöl überstrichen wurden … daß es in Recklinghausen (NRW) ein Ikonenmuseum gibt?

daß von Ostern bis Pfingsten anstelle des „Engel des Herrn" das „Freu dich, du Himmelskönigin" gebetet wird:
Freu dich, du Himmelskönigin, halleluja.
Den du zu tragen würdig warst, halleluja.
Er ist erstanden, wie er gesagt hat, halleluja.
Bitt Gott für uns, halleluja.
Freu dich und frohlocke, Jungfrau Maria, halleluja.
Denn der Herr ist wahrhaft auferstanden, halleluja.

Lasset uns beten: Allmächtiger Gott, durch die Auferstehung deines Sohnes, unseres Herrn Jesus Christus, hast du die Welt mit Jubel erfüllt. Laß uns durch seine jungfräuliche Mutter Maria zur unvergänglichen Osterfreude gelangen. Darum bitten wir durch Christus, unseren Herrn. Amen.

Quiz ? fragen

1 Aus **welchen** vier Hauptteilen setzt sich die Osternachtfeier zusammen?

2 Mit **welchen** Symbolen ist die Osterkerze geschmückt?

3 **Wie** lautet der Ruf „Lumen Christi", und wie heißt die Antwort „Deo gratias" in deutsch?

4 **Wie** nennt man das gesungene Osterlob, das die Osterkerze besingt?

5 Bei **welchem** Gebet in der Osternachtliturgie läuten die Glocken wieder und erschallt die Orgel?

6 **Wie** heißt der österliche Jubelruf?

7 **Was** versprechen die Gläubigen bei der Erneuerung des Taufversprechens in der Osternacht und in den Messen des ersten Ostertages?

8 **Was** versteht man unter „kleine Osteroktav"?

9 **Warum** heißt es „Weißer Sonntag"?

10 **Am wievielten** Tage nach Ostern feiern wir das Fest „Christi Himmelfahrt"?

11 **Was** symbolisieren Feuerzungen und Sturmesbrausen im Pfingstevangelium?

12 Um **was** beten die Christen in der Pfingstnovene?

13 **Wie** nennt man die Andachten zur Gottesmutter im Monat Mai?

14 Schrieb Markus das erste oder das letzte Evangelium?

15 **Welche** Jugendorganisation hat den heiligen Georg zum Schutzpatron?

16 **Welchen** Kranken hat Pater Damian Deveuster sein Leben geopfert?

17 **Wer** leitete die Urgemeinde in Jerusalem, als Petrus nach Rom gegangen war?

18 **Wer** ist in unserem Land als „Brückenheiliger" bekannt?

19 Mit **welchem** Tier wird der jugendliche Märtyrer Pankratius dargestellt?

20 **Woran** erkannten die Emmausjünger den auferstandenen Jesus?

Lösung: 1 Lichtfeier – Wortgottesdienst – Tauffeier – Eucharistie; **2** Kreuz – Jahreszahl, A und Ω – Fünf Wundmale; **3** „Christus, das Licht" – „Dank sei Gott"; **4** Exsultet („Frohlocket, ihr Chöre der Engel"); **5** Gloria; **6** Halleluja; **7** Dem Satan zu widersagen – an den dreifaltigen Gott zu glauben; **8** Festausklang von 8 Tagen nach Ostern; **9** Sonntag der abzulegenden weißen Taufkleider; **10** Am 40. Tag; **11** Das Wirken des Heiligen Geistes; **12** Um die Gaben des Heiligen Geistes; **13** Maiandachten; **14** Das erste Evangelium; **15** St.-Georgs-Pfadfinderschaft; **16** Leprakranke; **17** Der Apostel Jakobus der Jüngere; **18** Der hl. Nepomuk; **19** Mit einem Panther; **20** Am Brotbrechen.

Die Zeit im Jahreskreis, 2. Teil
(Pfingsten–Advent)

Nach Pfingsten geht die „Zeit im Jahreskreis" weiter, die mit dem Montag nach dem Fest der Taufe Jesu begann und von der Fasten- und Osterzeit unterbrochen wurde. Sie verläuft im zweiten Teil von der Woche nach Pfingsten bis zum Samstag vor dem 1. Adventssonntag. In den Wochen der „Allgemeinen Kirchenjahreszeit" wird „das Christusgeheimnis als Ganzes gefeiert, zumal an den Sonntagen" (GK).

An dieser Stelle sei etwas zur *Leseordnung* der Schriftlesungstexte in der Liturgie des Kirchenjahres gesagt. Die Leseordnung für die Sonntage hat einen dreijährigen Rhythmus. Wir unterscheiden: Lesejahr A (Matthäus-Jahr), Lesejahr B (Markus-Jahr), Lesejahr C (Lukas-Jahr). Das Johannesevangelium kommt besonders in der Oster- und Weihnachtszeit zur Verlesung. An den Sonntagen ist die Erste Lesung meist aus dem Alten Testament, die Zweite Lesung aus dem Neuen Testament; die Dritte Lesung ist das Evangelium. Oft paßt die erste alttestamentliche Lesung gut zum Sonntagsevangelium. „Thematisch abgestimmt" sind die Lesungen bei den Hochfesten, Festen, Heiligenfesten, Votivmessen, Messen in besonderen Anliegen, in der Adventzeit, der Österlichen Bußzeit und in der Osterzeit. Wenn von Tag zu Tag oder Sonntag zu Sonntag in gleichen Büchern weitergelesen wird, nennt man das Bahnlesung.

Die Leseordnung der Werktage hat einen zweijährigen Zyklus. Das Lesejahr 1 wird gebraucht in Jahren mit der ungeraden Jahreszahl. An den Heiligenfesten können festeigene Lesungen genommen werden, man kann auch auswählen aus den Commune-Lesungen für die verschiedenen Heiligengruppen.

Der Dreifaltigkeitssonntag (Hochfest)

Am ersten Sonntag nach Pfingsten begeht die Kirche den Dreifaltigkeitssonntag (Ideenfest). An diesem Tag ehren wir Gott, den Vater, den Schöpfer Himmels und der Erde, den Erhalter allen Lebens. Wir ehren den Sohn, der Mensch wurde, als das Wort des Vaters an uns Menschen, der uns die Liebe vorgelebt hat, unseren Erlöser und Retter: Jesus Christus. Wir ehren den Heiligen Geist, als die Liebe zwischen Vater und Sohn. Er nimmt uns hinein in den Kreislauf göttlicher Liebe. Er ist der Beistand, der hilft und tröstet, der Kraft gibt, der uns die Unter-

scheidung der Geister schenkt. Die eine Wesenheit Gottes ist dreifaltig wirksam. Die Dreifaltigkeit Gottes bekennen wir jedesmal, wenn wir das Kreuzzeichen machen und dabei beten: „Im Namen des Vaters und des Sohnes und des Heiligen Geistes." Oder bei der Doxologie: „Ehre sei dem Vater und dem Sohn und dem Heiligen Geist".

Das Fronleichnamsfest (Hochfest)

Auf den zweiten Donnerstag nach Pfingsten fällt das Fronleichnamsfest. Die liturgische Festbezeichnung lautet: „Hochfest des Leibes und Blutes Christi". „Fronleichnam" – althochdeutsch: Fron = Herr, Lichnam = Leib (Herrenleib). Wir feiern an diesem Tag die Verehrung Christi unter der Brotsgestalt. Schon kurz nach der Entstehung des Festes (1264 für die Weltkirche vorgeschrieben) war es mit einer Sakramentsprozession verbunden. In der Prozession, in der das heilige Brot mitgeführt wird, zeigt die Kirche zeichenhaft: Mit uns zieht immer unser Gott, der uns als „wanderndes Gottesvolk" auf unserem Weg stärkt mit seinem Brot, das er selber ist.

Das Herz-Jesu-Fest (Hochfest)

Der Monat Juni ist dem Heiligsten Herzen Jesu geweiht. Am dritten Freitag nach Pfingsten feiert die Kirche das „Hochfest des Heiligsten Herzens Jesu". Wenn wir vom Herzen Jesu sprechen, meinen wir damit die tiefste Personmitte des Jesus von Nazaret. Ausgehend von vielen Schriftstellen des Johannesevangeliums über die Liebe Jesu, wurde dieses Anliegen von vielen

Gottesgelehrten vergangener Jahrhunderte durchdacht und von manchen Mystikern betrachtet. Die Seherin Margareta Maria Alacoque drängte im 17. Jahrhundert auf ein eigenes Fest zu Ehren des Heiligsten Herzens Jesu. Aber erst 1856 wurde ein solches Ideenfest am dritten Freitag nach Pfingsten eingeführt. Papst Leo XIII. weihte 1899 die Welt dem Heiligsten Herzen Jesu. In vielen Pfarreien wird am ersten Freitag im Monat, dem sogenannten Herz-Jesu-Freitag, eine Votivmesse zum Heiligsten Herzen Jesu gefeiert.

Dem Herz-Jesu-Freitag vorauf geht in vielen Kirchen am Donnerstagabend die „Heilige Stunde", ein Gebets- und Wortgottesdienst, in dem der Sühnegedanke eine Rolle spielt. Am Priester-Donnerstag, wie der erste Donnerstag im Monat auch heißt, wird um Priesterberufe gebetet.

Hochfest der Geburt des heiligen Johannes des Täufers

Das Fest des heiligen Johannes des Täufers (am 24. Juni) und das Fest Mariä Geburt sind die zwei Ausnahmen unter den Heiligen, bei denen nicht das Sterbe-, sondern das Geburtsdatum liturgisch gefeiert wird. Ende Juni, nach der Sonnenwende, nehmen die Tage wieder ab und erinnern uns an das Johanneswort „Jener muß wachsen, ich aber muß abnehmen". Johannes war der Herold Jesu, der Rufer in der Wüste, der Mahner zur Umkehr. „Ich taufe mit Wasser, der nach mir kommt, wird euch mit dem Heiligen Geist taufen" (Mk 1, 8).

Auf die Frage des Johannes an Jesus: „Bist du es, der da kommen soll?" gibt Jesus Antwort und verweist auf „Blinde sehen, Lahme gehen, Aussätzige werden rein" (Lk 7, 22). Johannes der Täufer als der letzte Prophet des Alten Bundes steht an der Schwelle des Neuen Bundes und darf den Messias vorherverkünden. In der Präfation heißt es treffend: „Als einziger der Propheten schaute er den Erlöser und zeigte hin auf das Lamm, das die Sünde der Welt hinwegnimmt." Herodes ließ Johannes ins Gefängnis werfen und enthaupten (Mk 6, 17 ff.).

Hochfest der Apostel Petrus und Paulus

Das Hochfest der Apostel Petrus und Paulus (29. Juni) ist ein Doppelfest. Petrus wurde das Felsenfundament und der erste Papst der Kirche, vom Herrn dazu vorausbestimmt. Paulus war der große Völkerapostel, der die frohe Botschaft auf mehreren Missionsreisen an vielen Orten verkündete und zahlreiche Gemeinden gründete. Beide erlitten unter dem römischen Kaiser Nero das Martyrium (64–67 n. Chr.). Petrus wurde gekreuzigt, Paulus, wegen des römischen Bürgerrechts, enthauptet. Auch heute pilgern immer wieder Christen aus aller Welt nach Rom zum Grab des heiligen Petrus im Petersdom und zur Kirche St. Paul vor den Mauern, zu der Stelle, an der Paulus sein Leben hingegeben hat. In der Festpräfation des Tages heißt es:

„Petrus hat als erster den Glauben an Christus bekannt und aus Israels heiligem Rest die erste Kirche gesammelt. Paulus empfing die Gnade tiefer Einsicht und die Berufung zum Lehrer der Heiden."

Heilige im Monat Juni

Tag	Name	Kurznamen	Bedeutung des Namens	
1.	**Justin**		Der Gerechte	† um 165
2.	**Marcellinus und Petrus**		Hämmerchen und Fels	† um 303
3.	**Karl Lwanga und Gefährten**		Held	† 1886
5.	**Bonifatius (Winfried)**	Bonifaz	Wohltäter	† 754
6.	**Norbert von Xanten**	Bert	Glanz des Nordens	† 1134
9.	**Ephräm der Syrer**		Der Fruchtbare	† 373
11.	**Barnabas**		Sohn des Trostes	
13.	**Antonius von Padua**	Toni, Tünnes, Ton	Der Preiswürdige	† 1231
15.	**Vitus**	Veit	Großvater	† um 304
16.	**Benno**		Der Geplagte	† 1106
19.	**Romuald**		Ruhmesvater	† 1027
21.	**Aloisius Gonzaga**	Aloisy	Der in allem Kundige	† 1591
22.	**Paulinus von Nola**	Paul	Der Kleine	† 431
	John Fisher und	Jens, Hans, Jonny, Iwan	Gottesgeschenk	† 1535
	Thomas Morus	Tom	Zwilling	† 1535
24.	**Geburt Johannes' des Täufers**	Hans, Jens, Jonny, Iwan	Gottesgeschenk	
27.	**Hemma von Gurk**	Emma	Die Große	† 1045
	Cyrill von Alexandrien		Kraft und Macht	† 444
28.	**Irenäus von Lyon**		Friedensstifter	† um 202
29.	**Petrus und Paulus**	Pit, Pierre, Peter, Paul	Fels und der Kleine	
30.	**Otto von Bamberg**		Hüter	† 1139
	Die ersten Märtyrer der Stadt Rom			

Namenstage

1. Justin, Roman, Liutgard
2. Marcellinus, Petrus, Armin, Erasmus, Eugen, Stephan
3. Karl, Morand, Hildburg
4. Klothilde, Werner, Christa
5. Bonifatius, Meinwerk
6. Norbert, Kevin, Klaudius
7. Dietger, Robert
8. Medard, Helga, Engelbert
9. Ephräm der Syrer
10. Bardo, Heinrich, Maurin, Diana
11. Barnabas, Rimbert, Adelheid
12. Leo III., Odulf, Eskil
14. Antonius
15. Vitus, Landelin, Lothar, Gebhard
16. Benno, Luitgard

	Patron / Helfer bei / Anrufung	Fest-rang	Liturg. Farbe
Märtyrer unter Kaiser Mark Aurel		G	Rot
Märtyrer unter Kaiser Diokletian		g	Rot
Märtyrer in Uganda	der Jugend Afrikas	G	Rot
Apostel der Deutschen, Erzbischof, Glaubensbote, Märtyrer	Bierbrauer, Schneider	G	Rot
Gründer der Prämonstratenser, Bischof von Magdeburg	von Böhmen	g	Weiß
Diakon, Kirchenlehrer		g	Weiß
Apostel in der Urgemeinde von Jerusalem, Märtyrer	Hagel und Gewitter	G	Rot
Franziskaner, Kirchenlehrer	Eheleute, des Wiederfindens	G	Weiß
Märtyrer unter Kaiser Diokletian	Körperbehinderte, Apotheker, Schauspieler	g	Rot
Bischof von Meißen		g	Weiß
Abt, Gründer der Kamaldulenser		g	Weiß
Jesuit, bei der Krankenpflege Pestkranker gestorben	der studierenden Jugend	G	Weiß
Bischof von Nola	der Mütter	g	Weiß
Bischof von Rochester, Märtyrer		g	Rot
Lordkanzler von England, Märtyrer			
Neben Maria der einzige, dessen Geburtsfest wir feiern	der Mönche	H	Weiß
	Landesmutter Kärntens	g	Weiß
Bischof von Alexandrien, Kirchenlehrer	bei Gewitter	g	Weiß
Bischof, Märtyrer, Gegner der Gnostiker		G	Rot
Apostelfürsten, Märtyrer	Petrus: Fischer, Schiffer, Schlosser, Brückenbauer, Fieber Paulus: Theologen, Presse, Zeltmacher	H	Rot
Bischof u. Glaubensbote in Pommern	Fieber, Tollwut	g	Weiß
in der Christenverfolgung unter Kaiser Nero		g	Rot

17. Fulko, Euphemia
18. Felicius
19. Romuald, Rasso
20. Adalbert, Benigna
21. Aloisius, Radulf
22. Paulinus, John, Thomas, Eberhard, Christine
23. Edeltraud
24. Johannes der Täufer, Theodulf

25. Gohard, Eleonore, Dorothea
26. Anthelm, Johannes, Paulus
27. Cyrill, Hemma, Daniel
28. Irenäus, Diethild, Ekkehard
29. Petrus, Paulus, Gero, Judith
30. Otto, Ehrentrud, Bertram, Gehobald, Ernst

Thomas Morus
Lordkanzler, Märtyrer

Als Sohn eines Richters 1478 in London geboren, wurde ihm bereits mit 13 Jahren als Page am Hofe des Kardinals von Canterbury Einblick in die Geisteswelt der Gelehrten gegeben. Mit 15 Jahren begann er das Jurastudium in Oxford und wurde später Rechtsanwalt. Seit 1528 war Thomas Morus Sprecher im englischen Unterhaus. Dann zog er sich in ein Kloster zurück, um Klarheit zu erhalten, ob er als Priester oder als Laienchrist in der Welt wirken solle. Er entschied sich für das letzte.

Thomas Morus heiratete Johanna Colt, die ihm vier Kinder schenkte. Der englische König wurde auf den fähigen Juristen aufmerksam und vertraute ihm immer wichtigere Ämter an. König Heinrich VIII. hatte seine Frau Katharina von Aragón, eine Spanierin, verstoßen und wollte die Hofdame Anna Boleyn heiraten. Die erste Ehe sollte für ungültig erklärt werden. Bischof John Fisher und Thomas Morus nannten die Absicht Heinrichs VIII. Ehebruch. Der König wollte sich Thomas gefügig machen und beförderte ihn zum Lordkanzler. Aber Thomas ließ sich nicht kaufen.

Als der König 1481 sich den Titel „Oberhaupt der Kirche von England" gab und weitere kirchenfeindliche Gesetze erließ, nahm Thomas Abschied aus dem Amt. Zur Thronbesteigung Anna Boleyns erschien Thomas demonstrativ nicht, was ihm eine Hochverratsklage einbrachte. Als er dann 1534, zusammen mit Bischof John Fisher, den Untertaneneid verweigerte, wurden beide verhaftet und das Vermögen des Thomas Morus beschlagnahmt. Seine Frau und die Kinder standen mittellos da. In der Haft schrieb Thomas Morus einige bemerkenswerte Bücher. Als man ihm aber in der Zelle Papier und Schreibzeug wegnahm, wußte er, daß seine Verurteilung bevorstand. Als gesundheitlich gebrochener Mann hielt er, auf einen Stock gestützt, eine brillante Verteidigungsrede. Aber das Todesurteil war schon beschlossene Sache. Bevor er am 6. Juli 1535 den Hals auf den Enthauptungsblock legte, sprach er noch ein Gebet für den König. Dann strich er seinen Bart zur Seite und sagte: „Der wenigstens hat keinen Hochverrat begangen." Thomas Morus war zeit seines Lebens ein tiefgläubiger Christ gewesen. Täglich besuchte er die Messe und ließ sich, bevor er zum Dienst ging, von seinem greisen Vater den Segen geben. Bei all seiner Gelehrsamkeit war er ein humorvoller und froher Mensch. 1935 heiliggesprochen, gilt er als der Märtyrer der Kirchenfreiheit. Sein Fest feiern wir am 22. Juni. Er ist der Patron der „Katholischen Jungen Gemeinde" (KJG).

Petrus
Apostel, erster Papst

Als Sohn des Jonas erhielt er den Namen Simon. Er war Fischer und wohnte in Kafarnaum. Er wurde vom Herrn am See Gennesaret berufen und nahm im Kreis der Jünger eine anerkannte Führungsstellung ein. Christus bezeichnete ihn als Fels, auf den er seine Kirche bauen werde, obwohl er den Herrn dreimal verleugnen wird. Petrus leitete zunächst nach dem Tod und der Auferstehung Jesu die Urgemeinde in Jerusalem. Er ging aber später nach Rom in die Metropole des Römischen Weltreichs. Er starb während der Christenverfolgung unter Nero in Rom. Dort erfuhr er, zusammen mit Paulus eine besondere Verehrung. Zentrum der Verehrung wurde das Petrusgrab in der Peterskirche. Sein Fest feiern wir am 29. Juni.

Petrus ist Patron der Fischer, Schiffer, Schlosser und Brückenbauer. Er gilt als Wettermacher und Himmelspförtner. Dargestellt mit Schlüssel und Hahn, angerufen bei Fieber, Fallsucht und gegen Diebe.

Apostel der Deutschen:
Bonifatius, Erzbischof, Mönch, Märtyrer

Bonifatius (geb. 672 oder 675) mit seinem Klosternamen Winfried, im Benediktiner-kloster Nursling in England erzogen, war dort später Mönch, Priester und Lehrer. Erst mit 40 Jahren trieb es ihn in die Mission auf das Festland zu den Friesen und Sachsen. 716 überquerte er den Ärmelkanal und missionierte zusammen mit seinem älteren Landsmann Willibrord. Leider hat kurz danach der Friesenherzog Radbod mit seinem Aufstand die ersten Missionserfolge wieder vernichtet. Enttäuscht kehrte Winfried in sein Kloster nach England zurück, wo man ihn zum Abt wählte.

Doch er blieb nicht lange. 718 ging er nach Rom und ließ sich von Papst Gregor II., der ihm den Namen Bonifatius (Wohltäter) gab, den Missionsauftrag für Germanien geben. Er predigte zunächst in Thüringen und ging nach Radbods Tod wieder zu den Friesen im Norden. 722 war er wieder in Rom und wurde dort zum Bischof geweiht. Er wurde nun ausgestattet mit dem Schutzbrief des Frankenherrschers, der alle Fürsten und Bischöfe verpflichtete, Bonifatius zu unterstützen. Hart mußte er überall gegen Aberglauben und Götzendienst kämpfen.

Eines Tages ging die Kunde um, Bonifatius würde die alte Donareiche bei Geismar fällen, um den Menschen zu zeigen, daß sie falsche Götter verehrten. Ringsum aus den Wäldern waren sie herbeigeeilt, um Zeuge zu sein, wie ihr gewaltiger Gott Thor den Frevler Bonifatius erschlagen würde, wenn er sich an der heiligen Donareiche vergreife. Die letzten Axthiebe hallten über die Waldlichtung, als der Baum sich zur Seite neigte und krachend umfiel. Nichts war passiert. Die Götter waren also Nichtse, der alte Götterglaube erschüttert, der Damm gebrochen. Viele nahmen den christlichen Glauben an. Aus dem Holz der mächtigen Eiche wurde die Peterskirche in Fulda errichtet.

Bonifatius schuf nun feste Missionsstationen in Erfurt und Gotha und gründete Klöster in Hersfeld, Fulda und Fritzlar. Er wollte schnell eine gute kirchliche Ordnung in Germanien aufbauen. Dabei gab es aber Widerstand von seiten der streitbaren Ritter, der fränkischen Bischöfe, von einigen verrufenen Wanderbischöfen und amtsuntreuen Priestern, die alle riefen: „Was will dieser Ausländer uns schon befehlen?"

Bonifatius war Bischof des Bistums Mainz. 80jährig fuhr er noch einmal mit dem Schiff den Rhein hinunter, um bei den Friesen zu firmen. Es war am 5. Juni 754. Bonifatius und seine Missionare hatten bei Dokkum ihre Zelte aufgeschlagen. In der Morgenfrühe las Bonifatius in einem Kirchenbuch, als Hufschlag, Kriegsgeschrei und Waffengeklirr die Morgenruhe jäh unterbrachen. Er trat, mit dem Buch in der Hand, vor das Zelt und sah, wie sich die Missionare gegen einen Überfall wehrten. Er rief ihnen zu: „Waffen weg! Wir bringen Frieden, nicht Streit!" Da ritt einer der Friesen auf ihn zu, zog das Schwert und hieb auf den Bischof ein. Der hob abwehrend das Buch. Doch der Schwerthieb durchschlug das Buch und spaltete das Haupt des Bischofs. 52 Mönche hatten auf dem Zeltplatz ihr Leben lassen müssen. Sein Grab finden wir in der Krypta des Fuldaer Doms.

Heilige im Monat Juli

Tag	Name	Kurznamen	Bedeutung des Namens	
2.	**Mariä Heimsuchung**			
3.	**Thomas**	Tom	Zwilling	
4.	**Ulrich von Augsburg**	Ulli, Uwe, Udo	Herr des Stammsitzes	† 973
	Elisabeth von Portugal	Elli, Elsa, Liese, Lilli	Gott ist Vollkommenheit	† 1336
5.	**Antonius Maria Zaccaria**	Toni, Tünnes	Vordermann	† 1539
6.	**Maria Goretti**	Marietta	Die Herbe, Meeresstern	† 1902
7.	**Willibald**		Von kühnem Willen	† 787
8.	**Kilian und Gefährten**		Kirchenmann	† um 689
10.	**Knud**		Der Kernhafte	† 1086
	Erich		Der Ehrenreiche	† 1160
	Olaf	Olav	Gotteskind	† 1030
11.	**Benedikt von Nursia**	Bengt	Der Gesegnete	† 547
13.	**Heinrich II. und**	Heiko, Harry, Enrico, Hagen, Heini	Herr im Haus	† 1024
	Kunigunde	Kuni	Kämpferin für den Sieg	† 1033
14.	**Kamillus von Lellis**		Freigeborener Knecht	† 1614
15.	**Bonaventura**		Die gute Zukunft	† 1274
16.	**Gedenktag Unserer Lieben Frau auf dem Berge Karmel**			
20.	**Margareta von Antiochien**	Grete, Margret, Margot	Perle	† um 307
21.	**Laurentius von Brindisi**	Lorenz, Lars	Der Lorbeergeschmückte	† 1619
22.	**Maria Magdalena**	Lene, Magda	Die aus Magdala Stammende	
23.	**Birgitta von Schweden**	Birgit	Die Prächtige	† 1373
24.	**Christophorus**	Christoph, Stoffel	Christusträger	† um 250
25.	**Jakobus d. Ältere**	Jack, Jim, James	Fersenhalter	
26.	**Joachim und**	Achim, Jochen	Gott richtet auf	
	Anna	Änne, Annette, Anja, Anke, Anni, Anita	Die Huldvolle	
29.	**Marta von Betanien**		Die Betrübte	
30.	**Petrus Chrysologus**	Pit, Peter, Pierre	Fels	† 450
31.	**Ignatius von Loyola**	Ignaz	Der Feurige	† 1556

Namenstage

1. Theoderich
2. Wiltrud
3. Thomas
4. Ulrich, Berta, Elisabeth, Hatto
5. Antonius, Kyrilla
6. Maria Goretti, Goar
7. Willibald, Edelburg
8. Kilian, Adolf, Amo, Edgar
9. Agilolf
10. Alexander, Knud, Erich
11. Benedikt, Ludwig, Olga, Oliver, Rachel, Sigisbert
12. Felix
13. Heinrich II., Arno, Bertold, Mildred, Sara, Silas
14. Goswin, Kamillus, Roland, Ulrich
15. Bonaventura, Bernhard, Egon, Gumbert, Heinrich, Waldemar

	Patron / Helfer bei / Anrufung	Fest-rang	Liturg. Farbe
Besuch Marias bei Elisabet		F	Weiß
Apostel, Märtyrer	Architekten, Zimmerleute	F	Rot
Bischof von Augsburg	Winzer, Reisende	g	Weiß
Königin und Wohltäterin	in Kriegsnöten	g	Weiß
Volksmissionar, Gründer der Barnabiten		g	Weiß
Jungfrau, Märtyrin der Reinheit	Marianische Kongregation	g	Rot
Bischof von Eichstätt, Glaubensbote	Bistum Eichstätt, Gittermacher	g	Weiß
Bischof von Würzburg, Glaubensbote, Märtyrer	Bistum Würzburg, Winzer	g	Rot
König von Dänemark, Märtyrer	von Dänemark	g	Rot
König von Schweden, Märtyrer	von Schweden		
König von Norwegen, Märtyrer	von Norwegen		
Vater des abendländ. Mönchtums	Abendland, Europa, Höhlenforscher, Schulkinder, Sterbende, Kupferschmiede	F	Weiß
Kaiser	Bamberg und Basel	g	Weiß
Kaiserin			
Gründer des Kamillianerordens	Kranken und Krankenpfleger	g	Weiß
Bischof, Franziskaner, Kirchenlehrer	Theologen, Franziskaner, Lastenträger, Arbeiter	G	Weiß
		g	Weiß
Jungfrau und Märtyrin	Nothelfer, Bauern, Jungfrauen	g	Rot
Kapuziner, Kirchenlehrer		g	Weiß
	Friseure, reuige Sünder	G	Weiß
Gründerin des Birgittenordens	Pilger, Todesstunde	g	Weiß
Märtyrer	Nothelfer, Autofahrer, Straßenverkehr	g	Rot
Apostel, Märtyrer	Spaniens, Portugals, Winzer, Pilger	F	Rot
Eltern der Gottesmutter Maria	Eheleute, Schreiner	G	Weiß
	Mütter, Witwen, Haushälterinnen, Drechsler, Müller		
	Hausfrauen, Gastwirte	G	Weiß
Bischof von Ravenna, Kirchenlehrer		g	Weiß
Gründer der „Gesellschaft Jesu", Jesuiten	Exerzitienhäuser	G	Weiß

16. Elvira, Irmgard, Reinhild
17. Alexius, Charlotte, Gabriele, Donata
18. Arnold, Arnulf, Friedrich, Radegund
19. Bernulf
20. Margareta, Bernward
21. Laurentius, Daniel, Praxedis
22. Maria Magdalena, Eberhard, Verena
23. Birgitta, Liborius
24. Christophorus, Christine, Luise, Siglind
25. Jakobus, Thea, Thomas
26. Joachim, Anna, Christiane
27. Berthold, Natalie
28. Beatus, Benno, Innozenz I.
29. Martha, Flora, Luzilla, Olaf II.
30. Petrus, Beatrix, Ingeborg
31. Ignatius, Germanus

Heilige im Monat Juli

Benedikt von Nursia
Mönch, Ordensgründer

Benedikt, 480 n. Chr. in Nursia in den umbrischen Bergen bei Rom geboren, sollte mit 17 Jahren in Rom Rechtswissenschaft studieren. Doch das verkommene Rom dieser Zeit war kein Nährboden für Benedikts Charakter. Er ging in die Sabiner Berge und schloß sich dort einer religiösen Gemeinschaft an. Benedikt blieb aber nicht, ging fort und begegnete einem Mönch namens Romanus, der als Einsiedler in einer Höhle im Gebirge lebte. Bei ihm blieb er einige Jahre. Gebet, Buße, Studium standen im Mittelpunkt dieses Einsiedlerlebens. Ein Rabe begleitete sein Tagewerk. Benedikt ernährte sich von Kräutern, Beeren, dunklem Brot und Schafskäse. Jäger und Hirten besuchten ihn. Er war gastfreundlich, gab Rat und Weisung und belehrte sie. Ein nahes Kloster wählte ihn zum Vorsteher. Er nahm an. Als er aber seine religiösen Reformvorstellungen durchsetzen wollte, versuchte man ihn zu vergiften. Enttäuscht kehrte er in seine Einsiedelei zurück. Benedikt erkannte, die Wandermönche dieser Zeit brauchen einen festen Halt, und die unruhige Zeit brauchte Stätten der Stabilität. Und so sah daraufhin sein Programm aus: Feste Bindung an ein Kloster, gemeinsames religiöses Streben, Gehorsam, Arbeit mit Hand und Verstand, geregeltes liturgisches Gebet. Die Felsenhöhlen bei Subiaco waren sein erstes Kloster, in denen, um Benedikt geschart, über einhundert Mönche nach diesen neuen Grundsätzen leben wollten. Wie alle Reformer wurde auch er angefeindet. Man versuchte ihn ein zweites Mal zu vergiften. Daraufhin verließ er die Gegend und baute für seine junge Mönchsgemeinschaft zwischen Rom und Neapel auf dem Mons Cassinus das erste Kloster (Montecassino). Dort schrieb er die Regel, die das gesamte Leben der Mönche im Kloster ordnet. Elemente dieser Regel sind: Der Abt ist der Vater des Klosters; persönliche Armut der Mönche; Gebundenheit an ein Kloster; das

Leben ganz Gott weihen; Chorgebet, Studium, Handwerk; jedes Kloster muß sich selbst versorgen. Der Wahlspruch lautet: „Bete und arbeite." Über Jahrhunderte war der Benediktinerorden der bahnbrechende Kulturträger im gesamten Abendland. Benedikt starb am 21. März 547.
Er ist Schutzpatron Europas und des Abendlandes, Patron der Höhlenforscher, Schulkinder und der Sterbenden.

Ulrich
Bischof von Augsburg

Ulrich ist der erste Heilige, der 993 durch die römische Synode heiliggesprochen wurde. Sein Fest feiert die Kirche am 4. Juli. 890 in Augsburg geboren, wurde er in der Klosterschule der Benediktiner in St. Gallen erzogen. Er trat aber nicht als Mönch ein, sondern wurde Kämmerer des Bischofs von Augsburg, seines Onkels. Ulrich empfing in Augsburg die Priesterweihe und wurde mit 33 Jahren nach dem Tod seines Onkels neuer Bischof von Augsburg. Damals standen die Hunnen vor Augsburg. Er leitete den Widerstand der Bevölkerung beim Angriff der Hunnen auf die Stadt, bis das kaiserliche Ersatzheer eintraf. Kaiser Otto I. besiegte mit seinen Truppen 955 die Hunnen auf dem Lechfeld. So rettete er damals das christliche Abendland. In der nun folgenden ruhigen Zeit war Ulrich der Reichsbischof, zu dem auch Arme und kleine Leute immer Zutritt hatten. Hart gegen sich selbst, streng mit seinen Priestern, war er ein guter Bischof seines Bistums. Er baute Dom und Kanonissenstift. Als greiser Bischof zog er sich in ein Benediktinerkloster zurück. Arm, nackt auf der Erde liegend, starb dieser Fürstbischof am 4. Juli 973. Er ist beigesetzt in St. Ulrich in Augsburg.
Ulrich ist Patron des Bistums, Patron der Winzer, Wasser- und Reisepatron. Angerufen wird er gegen Mäuse und Ratten.

Christophorus,
der Christusträger und Märtyrer

Über den heiligen Christophorus berichtet die Legende: Ursprünglich war sein Name Opherus. Er wanderte durch das Land mit dem Wunsch, nur dem mächtigsten Herrn zu dienen. Seine Gestalt war mächtig und seine Körperkraft imponierend. So trat er eines Tages in den Dienst eines Königs, der von sich behauptete, er sei der Mächtigste hier auf Erden. Als Leibwächter war er Tag und Nacht mit dem König zusammen.

Als eines Tages jemand aus dem Hofstaat vom Teufel sprach, zuckte der König zusammen. Also gab es doch jemand, der mächtiger war als sein König. Auf der Stelle entschloß er sich, dem Teufel zu dienen. Der war auch sogleich zur Stelle, und Opherus trat in den Dienst des Bösen. Auf der Wanderschaft kamen sie beide eines Tages an ein Wegkreuz. Der Heide Opherus betrachtete interessiert die Darstellung des Gekreuzigten. Der Teufel aber floh vor dem Kreuz und machte einen großen Bogen darum. Opherus wollte nun wissen, wer ist der Gekreuzigte, vor dem sich der Teufel fürchtet, er wolle ihm dienen. Ein Einsiedler erzählte ihm von Jesus Christus, dem Herrn über Himmel und Erde, der am Kreuz gestorben ist. Bald fragt Opherus ihn: „Wie kann ich diesem mächtigen Herrn dienen?" Der Einsiedler antwortet ihm: „Diene ihm durch Werke der Nächstenliebe. Siehst du dort den Fluß? Die Brücke wird in jedem Frühjahr vom Hochwasser fortgerissen. Du bist groß und könntest auf deinen Schultern die Leute sicher an das andere Ufer bringen und so die Brücke ersetzen. Durch diesen Liebesdienst würdest du dem höchsten Herrn dienen."

„Ja, auf diese Weise will ich ihm dienen!" sagte Opherus. Er riß einen jungen Eichbaum aus dem Boden und machte ihn zu seinem Stab. Jeden Tag trug er nun Menschen durch den reißenden Fluß an das andere Ufer. Opherus nannten ihn die Leute, d. h. Träger. Eines Tages winkte ein kleines Kind vom anderen Ufer herüber und rief: „Opherus, hol mich hinüber!" Der Riese durchschritt den Fluß, lud sich das Kind auf seine breiten Schultern und dachte: „Den bringe ich schnell hinüber." Doch als er in die Mitte des Flusses kam, wurde das Kind immer schwerer. Er mußte sich sehr auf seinen Eichbaum stützen. Er begann zu schwitzen und zu keuchen. Die Knie zitterten, als er am anderen Ufer ankam. Dort sagte er zu dem Kind: „Du warst so schwer, als hätte ich die ganze Welt auf meinen Schultern getragen." Darauf sagte das Kind: „Du hast mehr getragen als die Welt. Ich bin Christus, dem du hier in den Nächsten dienst. Du sollst ab jetzt nicht mehr Opherus, sondern Christophorus – Christusträger – heißen."

Als Christusträger ging er nun nach Lydien in Kleinasien und verkündete dort Christus, den höchsten Herrn. Damals verlangte der römische Kaiser Decius (um 250 n. Chr.) von seinen Untertanen, daß sie ihn als Gott verehrten. Doch Christophorus weigerte sich, denn er kannte jetzt den wahren Gott. Für sein Bekenntnis und seine Treue zu Christus ließ ihn der Kaiser enthaupten. Christophorus ist einer der Vierzehn Nothelfer. 452 wurde ihm in Chalzedon eine Kirche geweiht. Er ist Patron der Schiffer, Pilger, Reisenden und Autofahrer. Er ist Bergwerkspatron und Schutzheiliger der Gärtner. Im Mittelalter ging die Meinung um, wer sein Bildnis gesehen hat, wird an diesem Tag nicht eines plötzlichen Todes sterben. Darstellung: Riese mit Eichbaum. Sein Fest: 24. Juli.

Das Brauchtum in den Monaten Juni und Juli

Die Fronleichnamsprozession

Heute hat man für die Gestaltung des Fronleichnamsfestes unterschiedliche Formen. Zum Beispiel: Mehrere Gemeinden ziehen in Sternprozession zu einem Platz, um dort gemeinsam die Festmesse zu feiern; andere haben die alte Form der Sakramentsprozession beibehalten, aber die ursprüngliche Zahl der vier Segensaltäre verringert, und manche halten nur eine Festmesse außerhalb des Kirchenraumes und keine Prozession. Dort, wo die Prozession Brauch ist, schmücken die Anwohner den Prozessionsweg mit frischen Birken, Fähnchen, Wimpeln, kleinen Hausaltären und Blumenteppichen. Die einzelnen Prozessionsgruppen singen Sakramentslieder, begleitet durch Blasmusik, und beten den Rosenkranz. Die Festmesse kann sowohl am Anfang wie auch am Schluß der Prozession stehen. Sicherlich ist die Teilnahme an dieser Prozession ein Bekenntnis zu Christus in der Gestalt des Brotes. Vor allem im süddeutschen Raum wird zur Fronleichnamsprozession ein vielgestaltiges Brauchtum gepflegt (z. B. Böllerschüsse während des Segens an den Altären).

Die Flurprozessionen
gegen Unwetter und Hagelschlag

Besonders auf dem Lande finden wir noch den Brauch der Flur- oder Wetterprozessionen. Das sind Bittprozessionen, in denen man den Herrn um Schutz vor Unwetter, um gutes Wachstum und eine gute Ernte bittet. Meist beginnen diese Prozessionen in der Kirche und führen auch dorthin zurück. Unterwegs wird gesungen und gebetet. Wetterprozessionen finden vor allem in den Monaten Juni und Juli statt.

Die Wallfahrten

Im Sommer oder im Herbst nach der Ernte finden die jährlichen Pfarrwallfahrten statt. Wallfahrten sind altes religiöses Brauchtum, auch in anderen Religionen. Christliche Wallfahrten gehen zu einer der rund 350 Wallfahrtsstätten in Deutschland oder zu den Heiligen Stätten, wie ins Heilige Land (Israel), nach Rom, Lourdes oder Fátima. Wallfahrten sind Möglichkeiten des religiösen Gemeinschaftserlebnisses, der religiösen Erneuerung und des Gebetes, des Glaubensbekenntnisses, der Buße. Alle Wallfahrten erinnern uns daran, daß wir „auf dem Wege" sind, solange wir in dieser Welt leben.

Bei Tageswallfahrten zu einem in der Nähe gelegenen Wallfahrtsort ziehen Pfarrer, Kaplan, Sakristan und Ministranten mit. Bei länger dauernden Wallfahrten werden die Wallfahrer in einem Gottesdienst mit dem Pilgersegen von der Gemeinde verabschiedet. Bei der Rückkehr empfängt sie die Gemeinde wieder zu einem Dankgottesdienst, und der Pfarrer segnet alle mit dem eucharistischen Segen.

Das Johannisfeuer

Die Johannisnacht (Johannes der Täufer: 24. Juni) wird erhellt von weithin leuchtenden Johannisfeuern. Diese Nacht ist die kürzeste des Jahres. Die Zeit der Sommersonnenwende ist da. Die Jugendlichen tragen meist auf Hügeln oder Berghöhen Reisig und Holz zusammen, um ein mächtiges Sonnenwendfeuer zu entfachen und bei leuchtenden Flammen zu singen und zu tanzen. Jungen und Mädchen nehmen sich bei der Hand und durchspringen mutig das heruntergebrannte Feuer. Gelegentlich werden auch Johannisräder oder Sonnenwendräder mit Stroh und Reisig zusammengebaut. Man entzündet sie und läßt sie in der Johannisnacht brennend den Berg hinunterlaufen. Johannisnacht und Johannisfeuer gehören zu dem Brauchtum, das schon in vorchristlicher Zeit bei unseren Vorfahren gepflegt wurde.

Die Pfarrfeste

Die meisten Pfarrfeste werden wohl in den Wochen vor oder nach den großen Sommerferien veranstaltet. Die Pfarrfeste sind seit dem letzten Krieg in vielen Pfarreien festes Brauchtum geworden. Rechtzeitig plant der Pfarrgemeinderat zusammen mit den Vereinen und Aktionsgruppen, um ein Fest mit einem bunten Programm aufzuziehen. So sind Würstchenbuden, Bierzelt, Weinstube, Limonaden- und Eisstand, Stände mit Reibepfannkuchen, Waffeln usw. zum festen Bestand geworden. Frauen haben Kuchen gebacken und eine Kaffeestube eröffnet. Für Kinder und Jugendliche sind die verschiedensten Spielstände aufgebaut worden: Büchsenwerfen, Kippköpfe, Bogenschießen, Luftballonwerfen, Elektrospiele, Glücksräder, Torwand, Fadenziehen, Angelspiele usw. Für Kleinkinder gibt es Kasperltheater, Filmvorführungen, Malwände, Sackhüpfen und Eierlaufen und viele andere Spiele. Manchmal wird auch ein Tanzzelt aufgebaut und eine Tanzkapelle besorgt.
Die Vorbereitungen zu den Pfarrfesten sind sehr umfangreich, und selbst Jugendliche und Ministranten können schon wertvolle Hilfe leisten unter Anleitung eines Erwachsenen. So ist es auch beim Abbau, bei dem sie sich ebenfalls zur Verfügung stellen können.

Sommeraktivitäten von Jugend- oder Ministrantengruppen

In den meisten Pfarreien ist im Sommer der jährliche Ministrantenausflug üblich. Solch ein Ausflugtag ist eine Mischung von Busfahrt, Besichtigung, Wanderung, Fußballspiel und anderen Erlebnissen. In diesen Sommermonaten finden auch die Ministrantenwallfahrten per Fahrrad statt. Ist der Wallfahrtsort über 50 km entfernt, muß in Zelten, in einer Jugendherberge oder beim Bauern übernachtet werden. Schon im Mai/Juni beginnen überall die Dekanatsfußballmeisterschaften der Jugendlichen und Ministranten. Vom rechtzeitigen Trainieren und einer guten Mannschaftsaufstellung hängt viel ab.

In den Sommerferien steigen das Sommerlager, die Gruppenfahrt oder die Sommerfreizeit in einer Jugendherberge oder einem Ferienhaus. Diese Freizeiten müssen von langer Hand vorbereitet sein. Sie verlangen viel Organisation und sicherlich auch die Erfahrung von Erwachsenen. Läger und Fahrten gelingen so gut, wie jeder bereit ist, seinen Beitrag zum Gelingen zu leisten.

Der Ministrantendienst in  den Monaten Juni und Juli

Fronleichnamsprozession

Ist eine Prozession am Fronleichnamsfest in der Pfarrei vorgesehen, kann die Prozessionsordnung folgendermaßen aussehen:

- An der Spitze gehen Ministranten mit dem Vortragekreuz und zwei Begleitfahnen oder mit Flambeaus.
- Vor den einzelnen Gruppen ziehen Ministranten mit Prozessions- oder Sakramentsfahnen.
- Vor dem Allerheiligsten in der Monstranz (unter dem Baldachin) gehen 12 oder mehr Ministranten mit Flambeaus;
- 2 oder 4 Ministranten mit Weihrauchfässern und Schiffchen,
- 2 oder 4 Ministranten mit Altarglocken (sie wechseln sich während der Prozession ab).
- Falls keine Erwachsenen den Baldachin tragen, sind noch 4 ältere Ministranten für das Baldachintragen erforderlich; eventuell auch noch 4 Ministranten, um eine Prozessionskollekte einzusammeln.

Der Priester mit dem Allerheiligsten geht in der Mitte der Prozession. Häufig zieht eine Musikkapelle mit oder ein Lautsprecherwagen. Die Aufstellung der Ministranten am Segensaltar oder an der Altarinsel auf dem Platz, auf dem die Messe gefeiert wird, oder in der Kirche erfolgt so, wie es ortsüblich ist oder eingeübt wurde.

Flur- und Wetter- oder Bittprozessionen

Sie beginnen meist in der Kirche und führen auch dorthin wieder zurück. Auch hierbei kann das Allerheiligste mitgetragen werden. Gern helfen die Jugendlichen oder Ministranten vor und nach der Prozession dem Sakristan beim Auf- und Abbau der Fahnen rund um die Kirche.

Die Wallfahrt

Bei der jährlichen Wallfahrt zu einem Marien- oder anderen Wallfahrtsort ziehen auch die Ministranten mit. Solche Wallfahrten können als Fußwallfahrten oder Radwallfahrten, als Wallfahrten per Bahn oder Bus durchgeführt werden. Mitgenommen werden von den Ministranten: ein Vortragekreuz, mehrere Prozessionsfahnen, Wallfahrtsheft oder Gebet- und Gesangbuch und die Ministrantenkleidung. Am Wallfahrtsziel angelangt, sollte man sich am Wallfahrtsbild Zeit nehmen, zur Ruhe kommen, gemeinsam beten und singen und eine Kerze opfern.

Schon auf dem Weg zum Wallfahrtsort hat man gesungen und gebetet.

Im Laufe des Tages wird dann gemeinsam der Kreuzweg gebetet. Dabei ziehen die Ministranten mit dem Vortragekreuz und einigen Fahnen mit. So ist es auch am Abend beim Marienlob, bei dem in einem Fackelzug die Ministranten ebenfalls wieder mit Kreuz, Fahnen und Ministrantenkleidung mitgehen. Beim Gottesdienst in der Wallfahrtskirche haben sich die Ministranten nach den Anweisungen des Sakristans der Wallfahrtskirche zu richten. Bei der Wallfahrtskirche finden die Ministranten meist einen Raum, in dem sie ihre Ministrantenkleidung, Fahnen und das Vortragekreuz sicher ablegen können. Jeder Ministrant sollte auch über die Entstehungsgeschichte des Wallfahrtsortes Bescheid wissen. Wer am Wallfahrtsort ein religiöses Andenken kauft, sollte darauf achten, daß es kein Kitsch ist.

Mit Gott durch die Straßen – oder die Protestprozession

Man schrieb das Jahr 1937. Zeit der Naziherrschaft in Deutschland. Wieder einmal war Fronleichnam gekommen. Wie immer sollte auch in diesem Jahr die Prozession durch die Straßen unserer Stadt ziehen. Die allgewaltigen Nazis waren anderer Meinung, und die von ihr beeinflußte Polizei hatte starke Bedenken. Unser Pastor erwirkte dennoch eine Genehmigung. Wir richteten uns auf allerlei Schwierigkeiten ein.

Von der Ehrengarde der St.-Sebastian-Schützenbruderschaften begleitet, trugen unsere Priester abwechselnd das Allerheiligste durch die Straßen unserer Stadt. Die Meßdiener von St. Remigius waren vollständig erschienen. Sie achteten nicht auf die Störrufe einiger Braunhemden (Nazis), sie gaben ja Gott das Geleit. Sie trugen ihre Fahnen, läuteten die Altarglocken und schwenkten die Weihrauchfässer.

Als wir nach dem letzten Segensaltar zur Kirche zurückziehen wollten, versuchten die Nazis, uns von der Straße zu drängen.

„Jetzt geht's los. Paß auf!" sagte ich zu Helmut, der durch das plötzlich entstandene Gedränge nach vorn an meine Seite geschoben wurde.

„Immer kommen lassen! Denen schlagen wir die Knochen zusammen!"

„Jawohl. Einzeln!" sagte Hannes, und seinem entschlossenen Gesicht nach konnte man es schon glauben.

„Schade, daß wir nur drei Rauchfässer haben", zischte Helmut verbissen. Und Rudi sagte ganz ruhig: „Gezielt einsetzen!"

Ich glaube, unser Kaplan spürte, daß „dicke Luft" war. Er ging ruhig betend durch unsere Reihen. Wir erkannten plötzlich, daß aus der Fronleichnamsprozession unversehens und ohne unser Wollen eine Protestkundgebung geworden war.

Die Glocken läuteten; die unübersehbare Schar der Gläubigen sang mit Bekennermut: „Großer Gott, wir loben dich! – Alles, was dich preisen kann, Herr ... rufen dir stets ohne Ruh ‚Heilig, heilig, heilig' zu!"

Unser Pastor trug jetzt das Allerheiligste. Kein Zögern in seinem Schritt, als der Pöbel versuchte, handgreiflich zu werden. Mit Wut im Gesicht versuchten einige Braunhemden, uns von der Straße zu drängen. Vorwand: Die Straße muß für den Verkehr freigehalten werden. – Aber es gab doch eine Genehmigung, oder?

Die Ministranten hatten ihre „Reihen fest geschlossen". Ich sehe noch die entschlossenen Mienen der Rauchfaßschwenker. Ein besonders fanatischer Kriminalbeamter glaubte, mit den Schwächeren schon mal anfangen zu können. Er versuchte – wie gesagt –, er versuchte, die kleineren Meßdiener mit Puffen und Schubsen auf den Gehsteig zu drängen.

„Der ist reif!" sagte Andreas, und mit lässiger, nichtsdestoweniger gezielter Eleganz schwenkte er dem Kriminalbeamten das Rauchfaß vor die Nase, so daß dieser den Verbrennungsprozeß des Weihrauchs aus nächster Nähe wahrnehmen konnte und anfing zu husten.

Schließlich drückte ihn ein Ehrengardist sehr sanft und sehr bestimmt gegen einen haltenden Straßenbahnwagen. Da stutzten die Rowdies. Sie waren durch unser Verhalten so verblüfft, daß sie es für diesmal vorzogen, uns unbehelligt weiter passieren zu lassen.

Als zum Schlußsegen unser Pfarrer die Monstranz hob, sah ich sein bleiches Gesicht. Er hatte es schwer in jenen Jahren – und auch die Ministranten von St. Remigius.

Wußtest du schon,

daß der Wahlspruch der Benediktiner lautet: „Ora et labora = Bete und arbeite"?

daß die liturgischen Farben symbolisch folgendes zum Ausdruck bringen:
Weiß = Fest, Freude; Rot = Liebe, Blutzeugnis; Grün = Hoffnung; Violett = Buße;
Rosa = Vorfreude; Schwarz = Trauer.

daß das „Te Deum" ein alter christlicher Hymnus ist und vom heiligen Ambrosius stammt?
Das entsprechende deutsche Kirchenlied ist „Großer Gott, wir loben dich, Herr, wir preisen deine Stärke ..."

daß es in der Bundesrepublik zweiundzwanzig Diözesen gibt: München-Freising; Passau;
Augsburg; Regensburg; Eichstätt; Rottenburg-Stuttgart; Freiburg; Bamberg; Würzburg;
Mainz; Speyer; Trier; Limburg; Fulda; Paderborn; Essen; Köln; Aachen; Münster; Hildesheim; Osnabrück; Berlin.

daß in der liturgischen Fachsprache der Weihrauchfaßträger = Thuriferar, der Schiffchenträger = Navikular, der Kerzenträger = Zeroferar heißt?

daß die sieben Gaben des Heiligen Geistes heißen:
Weisheit – Einsicht – Rat – Erkenntnis – Stärke – Frömmigkeit – Gottesfurcht?

daß Monstranzen im heutigen Sinn erst im 14. Jahrhundert aufkamen? Vorher wurden solche
Schaugefäße nur für Reliquien verwendet.

daß man sich über alle Berufe in der Kirche beim Informationszentrum Berufe in der Kirche,
7800 Freiburg, Schoferstr. 1, informieren kann?

daß das Breviergebet das Stundengebet der Kirche ist, das die Weltpriester (Papst, Bischöfe,
Priester, Diakone) täglich beten? Es entstand aus dem umfangreicheren Chorgebet der alten Mönchsorden (brevis = kurz).

daß folgende Ordensabkürzungen bedeuten:
OFM = Franziskaner, OFMCap = Kapuziner, OFMCon = Franziskaner-Minoriten,
OCarm = Karmeliten, OP = Dominikaner, OPraem = Prämonstratenser-Chorherren,
OSA = Augustiner, OSB = Benediktiner, OSCam = Kamillianer, OMI = Oblaten der
Unbefleckten Jungfrau Maria, OSFS = Oblaten des hl. Franz v. Sales, OSM = Serviten,
CSSP = Spiritaner, SAC = Pallottiner, CSSR = Redemptoristen, SDB = Salesianer
Don Boscos, SJ = Jesuiten (Gesellschaft Jesu)?

Quiz *?* fragen

1 **Von wann bis wann** reicht der zweite Teil der „Zeit im Jahreskreis"?

2 **Welchen** Evangelisten sind die Lesejahre A, B, C zugeordnet?

3 Haben wir an Werktagen eine **zwei- oder dreijährige** Leseordnung?

4 An **welchem** Sonntag nach Pfingsten feiern wir das Dreifaltigkeitsfest?

5 **Erkläre** das Wort Fronleichnam!

6 In **welchem** Jahrhundert wurde das Herz-Jesu-Fest als Ideenfest eingeführt?

7 Feiern wir am 24. Juni den Geburts- oder Sterbetag Johannes' des Täufers?

8 Unter **welchem** römischen Kaiser und in welcher Weise starben Petrus und Paulus den Märtyrertod zwischen 64 und 67 n. Chr.?

9 **Was** hat der ehemalige Lordkanzler Thomas Morus verteidigt, bevor er unter dem englischen König Heinrich VIII. enthauptet wurde?

10 **Wo** befindet sich das Petrusgrab?

11 **Wie** nennt man den hl. Bonifatius mit dem Klosternamen und wie mit dem Ehrennamen?

12 In **welchem** Jahrhundert und in welchem Land hat der hl. Benedikt gelebt, und welches Kloster hat er gegründet?

13 **Wie** heißt der Ordensgründer der „Gesellschaft Jesu", der Jesuiten?

14 **Wie** heißt der Schutzpatron der Autofahrer, des Straßenverkehrs, der Pilger und der Schiffer?

15 **Wie** nennt sich der „Himmel", unter dem der Priester bei der Fronleichnamsprozession das heilige Brot in der Monstranz trägt?

16 **Woran** erinnert uns jede Wallfahrt?

17 Wir nennen das Feuer in der Johannisnacht (24. Juni) Johannisfeuer. **Wie** nannten die alten Germanen es?

18 **Worin** besteht das seelsorgliche Anliegen eines Pfarrfestes?

19 **Nenne** einige Sommeraktivitäten der Ministranten.

20 **Wie viele** Diözesen gibt es in der Bundesrepublik Deutschland?

Lösung: 1 Von Pfingstmontag bis zum Samstag vor dem 1. Adventssonntag; **2** A = Matthäus, B = Markus, C = Lukas; **3** Zweijähriger Zyklus; **4** Am ersten Sonntag nach Pfingsten; **5** Fron = Herr, Lichnam = Leib (Herrenleib); **6** Im 19. Jahrhundert; **7** Den Geburtstag; **8** Unter Kaiser Nero (54–68 n. Chr.); **9** Die Freiheit und Unabhängigkeit der Kirche; **10** In der Peterskirche in Rom; **11** „Apostel der Deutschen"; **12** 5./6. Jahrhundert – Kloster Montecassino; **13** Ignatius von Loyola; **14** Christophorus; **15** Baldachin; **16** Daß wir ein „wanderndes Gottesvolk auf dem Wege" sind; **17** Sonnenwendfeuer; **18** Alle Gemeindemitglieder durch das Fest zusammenführen; **19** Zeltlager, Fahrt, Ministrantenausflug, Fußballmeisterschaften usw.; **20** Zweiundzwanzig.

125

Heilige im Monat August

Tag	Name	Kurznamen	Bedeutung des Namens	
1.	Alfons Maria von Liguori		Der Flinke	† 1787
2.	Eusebius von Vercelli		Der Gottesfürchtige	† 371
4.	Johannes Maria Vianney	Hans, Jonny, Jens, John	Gottesgeschenk	† 1859
5.	Weihetag der Basilika Santa Maria Maggiore			
6.	Verklärung des Herrn			
7.	Xystus II. und Gefährten		Der Sechste	† 258
	Kajetan von Tiene		Aus der Stadt Gaeta Stammender	† 1547
8.	Dominikus	Dominik, Minkus	Der dem Herrn Gehörende	† 1221
10.	Laurentius	Lorenz, Lars, Lawrence	Lorbeerträger	† 258
11.	Klara von Assisi	Kläre, Claire, Klärchen	Die Berühmte	† 1253
13.	Pontianus und		Brückenmann	† 235
	Hippolyt		Der vom Roß Gelöste	† 236
14.	Maximilian Kolbe	Max	Der Größte	† 1941
15.	Mariä Aufnahme in den Himmel			
16.	Stephan von Ungarn		Kranz	† 1038
19.	Johannes Eudes	Hans, Jonny, Jens, John	Gottesgeschenk	† 1680
20.	Bernhard von Clairvaux	Bernd	Der Bärenstarke	† 1153
21.	Pius X.		Der Fromme	† 1914
22.	Maria Königin	Regina		
23.	Rosa von Lima	Rosel	Rose	† 1617
24.	Bartholomäus		Sohn des Furchenziehers	
25.	Ludwig IX.	Lutz, Louis	Berühmter Kämpfer	† 1270
	Josef von Calasanza	Sepp, Pepi, Beppo	Hinzufügung	† 1648
27.	Monika	Moni	Die Einsame	† 387
28.	Augustinus von Hippo	August, Gustav, Gustel	Der Erhabene	† 430
29.	Enthauptung Johannes' des Täufers		Gottesgeschenk	
31.	Paulinus von Trier	Paul	Der Geringfügige	† 358

Namenstage

1. Alfons, Petrus Faber
2. Eusebius, Gundekar
3. Benno, Burchard, Lydia
4. Johannes
5. Dominika, Oswald
6. Gilbert, Hermann, Praxedis
7. Afra, Sixtus, Kajetan
8. Cyriakus, Dominikus
9. Altmann, Hathumar
10. Laurentius, Asteria
11. Klara, Nikolaus, Philomena, Susanne
12. Radegund
13. Gerold, Johannes, Ludolf, Wigbert, Pontianus, Hippolyt
14. Eberhard, Maximilian, Meinhard, Werenfrid
15. Mechthild, Tarsitius

126

Patron / Helfer bei / Anrufung		Fest-rang	Liturg. Farbe
Gründer der Redemptoristen, Bischof, Kirchenlehrer	der Beichtväter	G	Weiß
Bischof von Vercelli		g	Weiß
Pfarrer von Ars, Beichtvater	der Seelsorger	G	Weiß
Bedeutendste Marienkirche des Abendlandes		g	Weiß
auf dem Berge Tabor		F	Weiß
Papst und 4 Diakone, Märtyrer in Rom	Hals- und Rückenschmerzen	g	Rot
Gründer des Theatinerordens	des Freistaates Bayern	g	Weiß
Gründer des Dominikanerordens	des Dominikanerordens, Fieber	G	Weiß
Diakon und Märtyrer in Rom	Armen, Köhler, Bäcker, Feuerwehr, Köche	F	Rot
Jungfrau, Gründerin der Klarissen	des Fernsehens	G	Weiß
Papst, Märtyrer		g	Rot
Priester, Märtyrer	Pferde, Gefängniswärter, St. Pölten		
Franziskaner, Märtyrer in Auschwitz		G	Rot
Bedeutendes Marienfest		H	Weiß
König in Ungarn	Ungarns	g	Weiß
Priester, Ordensgründer		g	Weiß
Zisterzienserabt, Kirchenlehrer	Zisterzienser, Bienenzüchter, Kerzen-hersteller	G	Weiß
Papst	des Esperanto	G	Weiß
Von Pius XII. 1954 eingeführt		G	Weiß
Jungfrau	Lateinamerika, Lima, Peru, Indien, Streit	g	Weiß
Apostel, Märtyrer	Nervenleiden, Metzger	F	Rot
König von Frankreich	Wissenschaft, Pilger, Blinde, Friseure	g	Weiß
Gründer des Piaristenordens		g	Weiß
Mutter des hl. Augustinus	Frauen, Mütter von ungeratenen Kindern, Theologen	G	Weiß
Bischof von Hippo, Kirchenlehrer	Theologen, Buchdrucker	G	Weiß
		G	Rot
Bischof von Trier, starb in der Verbannung		g	Weiß

Die Liturgie in den Monaten August und September

Die Sonntage im Sommer

An den Sonntagen im Sommer (Allgemeine Kirchenjahreszeit, 2. Teil) begehen wir in den Eucharistiefeiern das Ostergedächtnis. Dazu hören wir Evangelien, die uns das öffentliche Wirken Jesu erschließen.

Liturgische Farbe: Grün.

Das Fest der Verklärung des Herrn

Am 6. August feiert die Kirche das Fest der Verklärung des Herrn auf dem Berge Tabor. Mit ihm waren auf dem Berg: Petrus, Johannes und Jakobus, die miterlebten, wie der Herr verklärt wurde und mit Mose und Elija redete. Sie hörten eine Stimme aus der Wolke, die sagte: „Das ist mein geliebter Sohn, an dem ich Gefallen gefunden habe; auf ihn sollt ihr hören" (Mt 17, 5). Dieses Fest soll unseren Blick lenken auf die Herrlichkeit, der wir entgegengehen, wenn wir dem Herrn glauben und aus diesem Glauben leben.

Liturgische Farbe: Weiß.

Das Hochfest Mariä Aufnahme in den Himmel

Das Hochfest Mariä Aufnahme in den Himmel am 15. August entwickelt sich immer mehr zum marianischen Hauptfest. Im 5. Jahrhundert war es nur das Hochfest der Mariengrabkirche am Fuße des Ölbergs, um 700 n. Chr. hielt es auch Einzug in die Westkirche. Vom Datum her darf man annehmen, daß dieses Fest von einem alten syrischen Erntedankfest ausgeht. Vielleicht ist das der Anlaß, daß man heute noch in verschiedenen Gegenden an diesem Tag eine Kräuterweihe vornimmt.

Das Hochfest will uns sagen: „Maria ist mit Leib und Seele in den Himmel aufgenommen worden." Papst Pius XII. hat 1950 diese alte Glaubensüberzeugung in einem Dogma verkündet.

Was an Maria, der Ersterlösten, schon geschehen ist, das soll auch an uns einmal Wirklichkeit werden, daß wir mit Leib und Seele ewig bei Gott sein werden.

Liturgische Farbe: Weiß.

Das Fest Mariä Geburt

Am 8. September, dem „Fest Mariä Geburt", heißt es im Breviergebet der Priester: „Deine Geburt, Jungfrau und Gottesgebärerin, hat der ganzen Welt Freude gebracht. Denn aus dir ging hervor die Sonne der Gerechtigkeit, Christus, unser Gott." Hier wird die Geburt der Gottesmutter gepriesen wegen der heilsgeschichtlichen Bedeutung für die ganze Welt.

Liturgische Farbe: Weiß.

Das Fest Kreuzerhöhung

Am 14. September feiern wir das Fest Kreuzerhöhung. Das Datum hat wohl einen geschichtlichen Hintergrund. Am 14. September 320 n. Chr. soll die heilige Helena das Kreuz Jesu aufgefunden haben. Am 13. September 335 n. Chr. erfolgte die Einweihung der „Kreuzeskirche". Am Tage darauf wurde den Gläubigen das aufgefundene Kreuz feierlich zur Verehrung gezeigt (Erhöhung). Diese Begebenheiten liegen dem Jahresgedächtnis zugrunde.

Liturgische Farbe: Rot.

Das Kirchweihfest

Den Jahrestag der Weihe eines Gotteshauses zu feiern ist altes Brauchtum in der Kirche. Wir unterscheiden:

- den Jahrestag der Weihe der Kathedralkirche (Bischofskirche). Er wird als Eigenfest in allen Pfarreien des Bistums feierlich begangen, in der Bischofskirche sogar als Hochfest;
- den Jahrestag der Weihe der eigenen Pfarrkirche als Hochfest;
- den Jahrestag für alle Kirchen, deren Weihetag unbekannt ist, an einem für die jeweilige Diözese festgelegten Tag;
- den Jahrestag der Weihe der *Lateranbasilika* in Rom (Fest), als „Mutter und Haupt aller Kirchen der Hauptstadt und des Erdkreises", am 9. November.

Liturgische Farbe: Weiß.

Heilige im Monat August

Johannes Baptist Vianney
Pfarrer von Ars

Johannes stammte aus ärmlichen Verhältnissen aus dem kleinen Bergdorf Dardilly in der Hochebene nördlich von Lyon. Es war die Zeit der Französischen Revolution, in der Priester nachts heimlich in Feldscheunen die Messe lasen, weil die Jakobiner (kirchenfeindliche Revolutionäre) Jagd auf sie machten.

Das alles hatte Johannes miterlebt. Damals reifte in ihm der Wunsch, Priester zu werden. Jedoch erst verhältnismäßig spät konnte er verwirklicht werden. Er kam ins Priesterseminar. Dort wollte man ihn nach kurzer Zeit wegen Unfähigkeit abschieben. Doch der Pfarrer von Ecully verbürgte sich für ihn, und er durfte bleiben. Das Studieren lag ihm nicht, wohl aber die Praxis, wie sich später zeigte.

Am 13. August 1815 wurde er zum Priester geweiht. Anfangs durfte er aber keine Beichte hören, weil man ihm das nicht zutraute. Als die Stelle im Dorf Ars frei wurde, versetzte man ihn dorthin.

Die Dorfbewohner gingen lieber zur Kneipe, zum Tanz oder zur Sonntagsarbeit als zur Messe. Johannes mußte viel, sehr viel beten, bis die ersten wieder den Fuß über die Türschwelle der Kirche setzten. Dabei nahmen sie in Kauf, daß sie eine Predigt zu hören bekamen, bei der Johannes häufig steckenblieb. Doch, was er sagte, traf ins Herz. Mit der Zeit änderten sich die Leute. Die Gemeinde blühte wieder auf. Pfarrer der Umgebung holten ihn, damit er auch zu ihren Gemeinden spreche.

Das Geheimnis seines seelsorglichen Erfolgs lag sicherlich nicht in seiner Tüchtigkeit, sondern in der Gnade Gottes, die durch ihn spürbar wurde. Bis in die Nacht hinein war die Kirche für Beichtende geöffnet, und sie kamen oft von weit her. Diesem Mann, dem es auf seiner ersten Stelle verwehrt war, Beichte zu hören, wurde zum begehrtesten Beichtvater weit und breit.

Mit der Zeit wurde Johannes Vianney überall bekannt und empfing viele Ehrungen. Trotz seines Zwanzig-Stunden-Tags als unermüdlicher Seelsorger hat er ein Alter von 74 Jahren erreicht. Er starb am 4. August 1859. Sein Fest feiert die Kirche am 4. August. *Er ist der Patron der Seelsorger.*

Maximilian Kolbe
Ordensmann und Märtyrer

17. Februar 1941, Zweiter Weltkrieg. Der Franziskanerpater Maximilian Kolbe wird in seinem Kloster Niepokalanow von deutschen SS-Männern verhaftet und in das Gefängnis Pawiak gebracht. Fünf Monate später ist er auf dem Transport in das Konzentrationslager Auschwitz. Dort bekommt er die Lagernummer 16670, Block 14.

Es ist an einem Tag im Juli 1941. Ein Gefangener ist aus dem Lager ausgebrochen. Es besteht ein grausames Lagergesetz, nach dem für einen Geflüchteten zwanzig Mitgefangene aus dem jeweiligen Lagerblock den Hungertod sterben müssen.

Der SS-Kommandant läßt antreten und schreitet die Reihen der Gefangenen ab. Er wählt „nur" zehn Todeskandidaten aus und verfährt dabei vollkommen willkürlich: „Du und du und du!" Auch zu dem Gefangenen neben Pater Kolbe sagt er: „Und du!"

Dem Gefangenen versagen die Nerven, und er schreit auf: „Ich darf nicht sterben, ich habe doch Frau und Kinder!"

Betroffenheit und Angst in den Gesichtern der Gefangenen. Da tritt Pater Kolbe einen Schritt vor. Der SS-Kommandant schreit ihn an: „Wer bist du?" Antwort: „Ich bin ein katholischer Priester!" Der Kommandant: „Was willst du?" Kolbe: „Ich möchte für ihn die Strafe übernehmen!" Der Kommandant: „Warum?" Kolbe: „Ich bin ledig und schon älter, und dieser Gefangene hat eine Familie." Verständnislos schüttelt er den Kopf. Er kann es nicht fassen.

Die Zehn werden in den Hungerbunker abgeführt. Anstelle der üblichen Schreie, die man sonst von dorther hört, vernimmt man jetzt Gebete und Gesang. Doch von Tag zu Tag wird es stiller. Am 14.8. öffnet man den Bunker. Einer lebt noch: es ist Pater Kolbe. Man gibt ihm die Todesspritze. Ein Märtyrer der Nächstenliebe ist gestorben.

1982 wurde Pater Maximilian Kolbe durch Papst Johannes Paul II. heiliggesprochen. Der gerettete polnische Familienvater wohnte der Heiligsprechung bei. Er sprach einige Sätze des Dankes an seinen Lebensretter. Wir feiern das Fest des Heiligen am 14. August, an seinem Sterbetag.

Dominikus
Gründer des Dominikanerordens

Er wurde um 1170 in Kastilien in Spanien geboren. Nach seinen Studien wurde er Mitglied und 1201 Subprior des Domstiftes zu Osma. Er lernte auf einer Reise nach Rom mit seinem Bischof Didacus in Südfrankreich die Irrlehre der Waldenser und der Albigenser kennen. Zu ihrer Bekehrung gründete Bischof Didacus bei Toulouse eine Missionsstation. Nach dem Tode des Bischofs übernahm Dominikus die Leitung.

1215 sammelte er eine Gemeinschaft von Predigern, die sich ganz der Mission an den Irrlehrern widmete. Die Brüder sollten auf ein festes Einkommen verzichten und vom Betteln leben. 1216 erfolgte die Bestätigung des neuen Ordens. Der Papst verlieh ihm den Namen „Orden der Predigtbrüder". Er erhielt besondere Vorrechte zur Predigt und zum Beichthören. Dominikus verbreitete seinen Orden mit großem Organisationstalent in Frankreich, Spanien, Italien, Ungarn, Deutschland und England. Er verband das beschauliche mit dem aktiven Leben und reformierte die Seelsorge.

Am 6. August 1221 starb er in Bologna einen plötzlichen Tod. Dort ist er auch begraben.

Der Gottesträger Tarcisius, Patron der Ministranten

Die nächtliche Opferfeier in den Katakomben war zu Ende. Der greise Priester wandte sich den Gläubigen zu und sagte: „Ich habe zuverlässige Nachricht, daß viele unserer gefangenen Brüder und Schwestern morgen zum Tode geführt werden sollen. Man will sie den wilden Tieren im kaiserlichen Zirkus vorwerfen. Damit ihnen aber die Kraft zu sterben nicht fehlt, sollen sie noch einmal das heilige Brot empfangen. Da ich aber den Heiden bekannt bin, muß einer von euch es zu den Gefangenen tragen. Wer will das tun?"

Ohne zu zögern, hob eine Anzahl von Christen die Hand. Während der Blick des Priesters noch prüfend über sie hinging, drängte sich ein Zwölfjähriger nach vorn: Tarcisius. „Vater, laß mich das heilige Brot zu den Gefangenen tragen. Bei keinem ist es sicherer als bei mir." Eine Weile überlegte der Priester. Ja, der Junge hatte recht. Bei einem Kind würde man arglos sein. Er legte ihm eine silberne Kapsel, die an einer Schnur hing, um den Hals. Mit der rechten Hand umklammerte Tarcisius fest das Allerheiligste. Dann verließ er die Katakombe.

Es ist schon hell, als Tarcisius durch die Straßen Roms geht. Durch das Salarische Tor betritt er das Stadtinnere. Ganz in Gedanken versunken ist Tarcisius an den neuen Bädern des Diokletian vorübergegangen und zum Platz der Kaiser eingebogen. Da fühlt er sich plötzlich am Arm gepackt. „He, Tarcisius, was ist mit dir?" schreit ihm ein Junge zu. „Ich habe dich schon dreimal gerufen. Du träumst wohl mit offenen Augen?" –

„Was willst du denn von mir?" – „Na, mitspielen sollst du." – „Ich kann jetzt nicht",
erwidert Tarcisius. „Ich habe einen eiligen und wichtigen Gang zu tun." – „So, was hast
du denn?" fragt Claudius ärgerlich. „Was hältst du da eigentlich unter deinem Rock
fest? He? Darf man das vielleicht auch mal sehen?" – „Er scheint gestohlen zu haben",
ruft einer dazwischen. „Quatsch! Tarcisius stiehlt nicht!" brummt Claudius. „Aber jetzt
will ich wissen, was du da hast. Her damit!" – „Ich zeig' es euch nicht!" sagt Tarcisius.
„Und nun laßt mich gehen!"
Da aber fällt die Bande brüllend über ihn her, versucht, ihm die Hand aus dem Gewand
zu zerren. Verzweifelt wehrt sich der kleine Gottesträger. Wütend schlägt die Jungen-
horde auf ihn ein. Sie treten ihn mit Füßen, stoßen ihn zu Boden, mißhandeln ihn mit
Prügeln und Stöcken. Aber Tarcisius läßt nicht los. Erwachsene kommen hinzu, for-
schen nach der Ursache des Streites, werden selber neugierig, was denn der Kleine da
verbirgt. Vielleicht hat er doch etwas gestohlen? Jemand ruft: „Ihr Narren, wißt ihr, was
der bei sich hat? Das ist ein Christ, der seinen Gott bei sich hat." – „Ein Christ! Ein
Christ!" schreien nun zehn, zwanzig Stimmen. Die Umstehenden wollen sehen, was er
bei sich hat. Von allen Seiten prasseln Schläge auf ihn nieder, treffen ihn an Kopf, Leib
und Gliedern. Er stöhnt auf vor Schmerz. Aber seine Hand läßt nicht los.
In diesem Augenblick bricht ein römischer Offizier sich Bahn. Mit wuchtigen Stößen
macht er sich Platz. „Schämt ihr euch nicht, ein wehrloses Kind zu überfallen?" donnert
er sie an. „Wollt ihr Römer sein?" – „Er ist ein Christ, der sein Geheimnis bei sich trägt",
verteidigt sich einer der Umstehenden. „Was geht das euch an?" fährt der Offizier wie-
derum auf. „Wer ihn anrührt, bekommt es mit mir zu tun." Vor dem Zorn des Soldaten
verkriechen sich die erbärmlichen Unmenschen. Einer nach dem anderen zieht verlegen
seines Weges.
Da beugt sich der Offizier zu Tarcisius herab: „Tarcisius!" ruft er. Er ist selbst Christ
und kennt den kleinen Gottesträger aus den Zusammenkünften in den Katakomben. Da
schlägt der Junge noch einmal die Augen auf, schaut den Offizier an und haucht müh-
sam: „Ich habe ihn nicht übergeben." Behutsam trägt der Offizier den Jungen, der immer noch die silberne Kapsel in seiner Hand hält, in das Haus einer Christin. Der
Offizier hat inzwischen dem Jungen die Silberkapsel aus der Hand genommen.
Jetzt beugt er sich über ihn und sagt: „Hörst du mich, Tarcisius?" Der Junge nickt nur:
„Hast du noch einen Wunsch"? fragt der Offizier weiter.
Da richtet sich Tarcisius noch einmal auf. Er möchte etwas sagen und bringt doch kein
Wort mehr heraus. Aber schließlich liest der Offizier von seinen Lippen die Worte: „Gib
mir das heilige Brot." Da öffnet der Offizier die silberne Kapsel. Schwer geht sie auf,
denn die Faust des Jungen hat sie fast zusammengedrückt. Nun aber hält er das Him-
melsbrot in Händen. „Der Leib unseres Herrn Jesus Christus!" „Amen" haucht Tarcisius. Der Offizier reicht ihm das heilige Brot. Kurz darauf nimmt Gott den jungen
Märtyrer auf in sein ewiges Reich.

Heilige im Monat September

Tag	Name	Kurznamen	Bedeutung des Namens	
3.	**Gregor der Große**		Der Wachsame	† 604
8.	**Mariä Geburt**			
12.	**Mariä Namen**	Regina, Meike, Marion, Mirjam	Die Herbe, Meeresstern	
13.	**Johannes Chrysostomus**		Gottesgeschenk – Goldmund	† 407
14.	**Kreuzerhöhung**			
15.	**Gedächtnis der Schmerzen Marias**	Dolores, Lola		
16.	**Kornelius und**		Der Hornige	† 253
	Cyprian		Der von Zypern Stammende	† 258
17.	**Hildegard von Bingen**	Hilde	Die im Kampf Schützende	† 1179
	Robert Bellarmin	Bob	Der Ruhmesglänzende	† 1621
18.	**Lambert**		Der Glänzende	† um 705
19.	**Januarius**		Der dem Sonnengott Janus Geweihte	† um 304
21.	**Matthäus**	Mattes	Der Geschenkte	
22.	**Mauritius und Gefährten**	Moritz	Der Mohr	† 280/305
24.	**Rupert von Salzburg und**		Der Ruhmesglänzende	† 718
	Virgil von Salzburg		Grüner Zweig	† 784
25.	**Niklaus von Flüe**	Nik, Niels, Klaus, Niko	Friedensstifter	† 1487
26.	**Kosmas und Damian**		Schmücker u. Bändiger	† 303
27.	**Vinzenz von Paul**	Zens	Der Siegende	† 1660
28.	**Lioba**			† um 782
	Wenzel		Ruhmgekrönter	† 929
29.	**Michael und**	Michel, Micha, Mike	Wer ist wie Got	
	Gabriel und	Gabi, Jella	Mann Gottes	
	Rafael		Gott heilt	
30.	**Hieronymus**		Der Heiliggenannte	† 420

Namenstage

1. Ägidius, Ruth, Verena
2. Ingrid
3. Gregor, Sophie
4. Ida, Iris, Irmgard, Rosa, Rosalia, Swidbert
5. Roswitha
6. Beate, Gundolf, Magnus
7. Dietrich, Otto, Regina
8. Adrian, Sergius
9. Gorgonius, Otmar
10. Nikolaus, Pulcheria
11. Adelmar, Maternus
12. Maria, Degenhard, Gerfrid, Guido, Felix und Regula
13. Johannes, Amatus, Notburga, Tobias
14. Conan
15. Ludmilla, Melitta, Notburga, Roland

	Patron / Helfer bei / Anrufung	Fest-rang	Liturg. Farbe
Papst und Kirchenlehrer	Gelehrten, Lehrer	G	Weiß
		F	Weiß
	Länder, Städte, Kirchen	g	Weiß
Bischof von Konstantinopel, Kirchenlehrer	gegen die Fallsucht	G	Weiß
		F	Rot
		G	Weiß
Papst, Märtyrer	Krämpfe, Fallsucht	G	Rot
Bischof von Karthago, Märtyrer			
Äbtissin, Mystikerin, Bußpredigerin	Sprachforscher	g	Weiß
Jesuit, Bischof von Capua, Kirchenlehrer		g	Weiß
Bischof von Maastricht, Märtyrer		g	Rot
Bischof von Neapel, Märtyrer	von Neapel, Goldschmiede	g	Rot
Apostel und Evangelist, Märtyrer	Finanz-, Zollbeamte, Buchhalter	F	Rot
Märtyrer der Thebäischen Legion	Soldaten, Waffenschmiede	g	Rot
Glaubensbote	Salzarbeiter	g	Weiß
Glaubensbote, Apostel Kärntens	in Geburtsnöten		
Einsiedler, Ratsherr, Richter	Hauptpatron der Schweiz	g	Weiß
Zwillingsbrüder, Ärzte, Märtyrer	Kranke, Ärzte, Apotheker	g	Rot
Gründer des Lazaristenordens	der Hospitäler	G	Weiß
Äbtissin in Tauberbischofsheim		g	Weiß
Herzog von Böhmen, Märtyrer	der Tschechen und Böhmen	g	Rot
Erzengel	Christl. Volk, Deutschen, Radiofachleute, Sterbende, Friedhofskapellen	F	Weiß
Erzengel	Telefonarbeiter, Briefmarkensammler		
Erzengel	Reisende, Dachdecker, Bergleute		
Priester, Kirchenlehrer	der Bibelgesellschaften, Gelehrte	G	Weiß

16. Cyprian, Kornelius, Edith, Julia
17. Hildegard, Robert, Adriane, Badurad
18. Lambert, Richardis
19. Januarius, Bertold, Igor, Theodor
20. Eustachius, Warin
21. Matthäus, Debora, Jonas
22. Mauritius, Emmeram, Gunthild, Landelin, Liutrud
23. Gerhild, Linus, Rotrud, Thekla
24. Gerhard, Hermann, Mercedes, Rupert, Virgil
25. Nikolaus, Firmin, Wigger
26. Kosmas und Damian, Eugenia
27. Vinzenz, Hiltrud, Dietrich
28. Lioba, Wenzel, Dietmar
29. Gabriel, Michael, Rafael
30. Hieronymus, Leopard, Urs, Viktor

Heilige im Monat September

Vinzenz von Paul
Heiliger der Nächstenliebe (1581–1660)

Vinzenz von Paul war ein Bauernsohn aus Pouy, einer armen Gegend in Frankreich. Als Theologiestudent verdiente er mit Nachhilfestunden sein Studium. Bereits mit zwanzig Jahren stand er als Neupriester am Altar. Ab jetzt lebte er als Weltgeistlicher von den sogenannten Pfründen. Das sind Einkünfte als Entgelt für priesterliche Tätigkeiten. Solche Pfründen sicherten den Priestern manchmal ein gutes, manchmal ein schlechtes Einkommen. Vinzenz lebte gut und reichlich von seinen Pfründen.

Doch ein Ereignis bewirkte in seinem jungen Priesterleben eine Wende. Er reiste mit einem Segelschiff von Marseille nach Toulouse, als das Schiff von tunesischen Seeräubern überfallen wurde. Beim Handgemenge wurde er verwundet und entführt und später von den Tunesiern als Sklave verkauft. Es folgten für ihn Jahre harter Prüfung, bis es ihm gelang, sich der schweren Sklavenarbeit durch Flucht zu entziehen.

Nach Paris zurückgekehrt, fand er Aufnahme bei der Fürstin Margarete von Valois, die ihn mit der Verteilung von Almosen an Arme beauftragte. In dieser Zeit öffnete ihm sein Beichtvater die Augen für die Mißstände unter den Priestern und für die Armut im Volk. Er entschloß sich, als Seelsorger in die verwahrloste Vorstadtpfarrei Clichy zu gehen.

Gleichzeitig wurde er Hauskaplan des Galeerengenerals de Gondi. Dadurch hatte er Zugang zu allen Gefängnissen von Paris, aus denen die Galeerensklaven kamen. Sie mußten auf den Ruderbänken der Galeerenschiffe zur Strafe rudern. König Ludwig XIII. ernannte ihn sogar zum Oberpfarrer über alle Galeerenschiffe. So hatte Vinzenz Gelegenheit, das ganze Elend seiner Zeit (Kranke, Obdachlose, Strafgefangene, Bettler) kennenzulernen.

Er zog aus alledem die Konsequenz, künftig sein Leben den Armen zu weihen. Zunächst organisierte er kirchliche Bruderschaften, z.B. Män-

ner, die sich „Helfer der Armen", und Frauen, die sich „Dienerinnen der Armen" nannten. Diese baten bei den Besitzenden um Hilfe und Verständnis und halfen den Armen durch Unterstützung, so gut sie nur konnten.

Vinzenz hatte bei seinen vielen Besuchen in Pfarreien und Dörfern erkannt, daß der Ausbildungsstand der Priester unzureichend war und unter den Gläubigen eine erschreckende religiöse Unwissenheit herrschte. So bildete er kleine Predigergemeinschaften, die von Pfarrei zu Pfarrei zogen, um die Gläubigen im Glauben zu unterrichten. Wir würden sie heute Volksmissionare nennen. Damit wollte er aber keinen neuen Orden gründen, sondern sammelte lediglich Weltpriester unter seiner Leitung. Sie nannten sich „Lazaristen" nach einem Aussätzigenlazarett, das Saint-Lazare hieß. Vinzenz hatte es vom Staat geschenkt bekommen. Von diesem Haus aus zogen die Priester des Vinzenz von Paul nach Irland, Polen, Tunis, Italien und in andere Länder, um dort als Missionare zu wirken.

Die geistliche Erneuerung der französischen Priester war ihm ein weiteres Anliegen. So gab er selbst den zukünftigen Priestern Exerzitien und war wesentlich beteiligt an der Gründung neuer Priesterseminare in Frankreich.

Vinzenz hatte im Laufe der Zeit so viele caritative Einrichtungen ins Leben gerufen, daß er unbedingt Aufgaben abgeben mußte. So übernahm Louise de Marillac, eine heiligmäßige Frau, die Landmädchen, die sich der Krankenpflege widmeten. Sie nannten sich „Töchter der christlichen Liebe". Sie kleideten sich wie die Bäuerinnen der Pariser Gemüsemärkte und lebten in kleinen Gemeinschaften, die sich über die ganze Stadt verteilten. Was diese Schwestern in den verschiedensten Städten und Dörfern in Kriegszeiten, bei Cholera-, Typhus- und Pestepidemien geleistet haben, ist einmalig.

Noch heute kennen wir diese Schwesterngemeinschaften als „Vinzentinerinnen der Krankenpflege". Und auch heute noch begegnen wir in unseren Pfarreien den „Vinzenzvereinen", caritativen Vereinigungen, die, der Idee Vinzenz' von Paul folgend, sich der Ärmsten der Armen annehmen.

Vinzenz von Paul starb nach einem arbeitsreichen Leben am 27. September 1660 in Paris. 1737 wurde er heiliggesprochen. 1886 ernannte ihn Papst Leo XIII. zum Patron der christlichen Caritas. Seine Gebeine wurden in der Lazaristenkirche in Paris beigesetzt. Sein Herz wird in der Kathedrale von Lyon aufbewahrt. Ein Satz von ihm, der sein ganzes Wesen und seine Haltung kennzeichnete, lautet: „Wenn wir alles für unsern Herrn hergegeben haben und nichts mehr zu schenken übrigbleibt, dann legen wir den Schlüssel unter die Türe und wandern still davon."

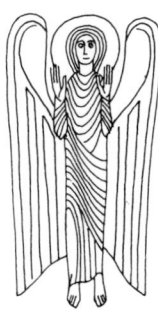

Die Erzengel Michael, Gabriel, Rafael

Es gibt eine Rangfolge unter den Engeln. Wir sprechen von Erzengeln und von Engeln. Das Neue Testament berichtet von **Michael,** der in seinem Kampf über den Teufel und dessen Anhang siegte. Beim Kampf mit dem Engel Luzifer war sein Name sein Schlachtruf: „Wer ist wie Gott?"

Er gilt als Engel des christlichen Volkes, der den Sterbenden beisteht und ihre Seelen zum Himmel geleitet. So wurde Michael Patron der Friedhofskapellen. Dargestellt mit der Seelenwaage, mit Schwert und Lanze als Bekämpfer des höllischen Drachen. Seine Verehrung breitete sich seit dem 5. Jahrhundert im Abendland aus. Er gilt als Patron der Deutschen. *Dargestellt wird er als ritterlicher Engel mit dem Schild.*

Gabriel wurde dreimal zu den Menschen gesandt. Im Alten Bund zu dem Propheten Daniel: „Ich bringe eine Frohbotschaft: Wenn die Zeit erfüllt ist, wird der Messias geboren"; zu Zacharias, dem Vater Johannes' des Täufers: „Deine Frau wird einen Sohn zur Welt bringen, den sollst du Johannes nennen. Er wird dem Herrn vorangehen"; und zu Maria: „Siehe, du wirst empfangen und einen Sohn gebären, dem sollst du den Namen Jesus geben. Er wird Sohn des Höchsten heißen." Gabriel wird dargestellt als Engel mit der Lilie bei der Verkündigung an Maria. Weil er immer gute Botschaft brachte, *ist er der Patron der Postboten, der Briefmarkensammler, des Rundfunks und des Fernsehens.*

Rafael wird in dem „Buch Tobit" des Alten Testaments als Reisebegleiter des Tobias erwähnt. Er ist der Patron der Reisenden, der Kranken. Nach ihm benennt sich der „St.-Raphaels-Verein" der deutschen Auswanderer, der christlichen Auswanderer und Reisenden.

Vinzenz von Paul bei den Gefangenen auf den Galeerenschiffen

Vinzenz von Paul mußte bei seinen Besuchen als Pfarrer auf den Galeerenschiffen immer wieder mit ansehen, wie die Gefangenen an den Ruderbänken angekettet waren. Sie mußten bis zur Erschöpfung rudern. Es kam sogar vor, daß Gefangene zusammenbrachen, weil man sie totgepeitscht hatte. Danach wurden sie kurzerhand ins Meer geworfen.

Vinzenz fragte sich, wie man zu diesen geschundenen Menschen von der göttlichen Barmherzigkeit eines Vaters im Himmel sprechen könnte.

Eines Tages sah er einen noch sehr jungen Mann auf der Ruderbank weinen. Er fragte ihn: „Freund, was ist mit dir?"

Der antwortete: „Ich habe im Hafen Nachricht erhalten, daß mein Vater tot ist. Meine Mutter steht nun allein, und niemand ist mehr da, der sich um sie kümmert."

Vinzenz fragte: „Wie lange mußt du noch Galeerendienst tun?"

„Noch drei Jahre", antwortete der junge Mann.

„Ich werde sehen, was ich für dich tun kann."

Mit diesen Worten wandte sich Vinzenz anderen Gefangenen zu. Der junge Mann versank in tiefes Grübeln. Er dachte, daß er seine Mutter wohl nicht mehr wiedersehen würde.

Plötzlich stieß ihn ein Aufseher mit der Peitsche zwischen die Rippen: „Aufstehen, du bist frei. Du kannst im nächsten Hafen von Bord gehen."

Der junge Mann traute seinen Ohren nicht. Er dachte an einen üblen Scherz. Doch der Aufseher wurde ungeduldig: „Wie lange soll ich noch warten?"

Dann half er ihm aus den Ketten, und der junge Gefangene stürzte zur Reling. Ja, es mußte wohl stimmen: er war frei. Und als er sich noch einmal zu seiner Ruderbank umsah, da sah er bereits einen anderen Sträfling dort sitzen. Sah er richtig: da saß für ihn der Priester Vinzenz von Paul, ließ sich die Galeerenketten anlegen und stemmte sich im Takt mit den anderen Gefangenen in die Ruder.

Kräutersegnung am 15. August (Mariä Aufnahme in den Himmel)

Am Hochfest „Mariä Aufnahme in den Himmel" bringen die Gläubigen Kräutersträuße zur Kirche, um sie segnen zu lassen. Schon immer wußten die Menschen um die Heilkraft von Pflanzen und Kräutern. Die Kirche hat hier heidnischen Zauber und Magie verchristlicht. Der Monat August bietet sich für diese Kräuterweihe besonders an, weil in dieser Zeit viele Pflanzen reif sind.

Der Priester spricht über die mitgebrachten Kräutersträuße (Würzwisch) folgendes Segensgebet:

> *Herr, unser Gott,*
> *du hast Maria über alle Geschöpfe erhoben*
> *und sie in den Himmel aufgenommen.*
> *An ihrem Fest danken wir dir*
> *für alle Wunder deiner Schöpfung.*
> *Durch die Heilkräuter und Blumen*
> *schenkst du uns Gesundheit und Freude.*
> *Segne + diese Kräuter und Blumen.*
> *Sie erinnern uns an deine Herrlichkeit*
> *und an den Reichtum deines Lebens.*
> *Schenke uns auf die Fürsprache Mariens*
> *dein Heil.*
> *Laß uns zur ewigen Gemeinschaft mit dir gelangen*
> *und dereinst einstimmen in das Lob*
> *der ganzen Schöpfung,*
> *die dich preist*
> *durch deinen Sohn Jesus Christus*
> *in alle Ewigkeit. Amen.*

Fahrzeugsegnungen

In den Sommermonaten werden mancherorts, meist in Verbindung mit einem Gottesdienst, Fahrzeugsegnungen vorgenommen. So wie die Kirche Personen segnet, so segnet sie auch Gegenstände, die uns im Leben dienen. Gerade Fahrzeuge, die uns sehr nützlich sind, mit denen wir aber auch großen Schaden anrichten kön-

nen, schließt sie von ihrem Segen nicht aus. Man verbindet die Segnung mit einem kurzen Wortgottesdienst, in dem der Priester auf die Verantwortung der Fahrzeughalter im heutigen Straßenverkehr hinweist und sie in Fürbitten und Gebeten zum Ausdruck bringt. Danach spricht er das Segensgebet und geht zu jedem Fahrzeug und besprengt es mit Weihwasser.

> Segensgebet
> *Segne + diese Fahrzeuge*
> *und beschütze alle*
> *vor Unglück und Schaden,*
> *die sie in Beruf und Freizeit benützen.*
> *Gib, daß wir im Straßenverkehr*
> *allzeit verantwortungsbewußt bleiben;*
> *mach uns rücksichtsvoll und hilfsbereit.*
> *Laß uns in allem, was wir tun,*
> *deine Zeugen sein.*
> *Das gewähre uns durch Christus, unseren*
> *Herrn. Amen.*

Kirchweihfest (Kirmes)

Das Kirchweihfest der eigenen Pfarrkirche wird in den Gemeinden festlich begangen. Die Kirche ist geschmückt wie an einem Hochfest. Die Apostelleuchter brennen. Eine feierliche Festmesse bildet den Mittelpunkt des Tages. Vielerorts findet das Kirchweihfest nachmittags eine weltliche Fortsetzung mit Musik, Tanz, Festzelt, Buden, Karussells und Kinderbelustigung. Auf den Dörfern feiert man Kirmes oft mehrere Tage. Das Wort Kirmes ist eine Wortverkürzung von Kirchmeß (Messe zum Kirchweihfest).

Der Ministrantendienst in den Monaten August und September

Fahrzeugsegnung – Kräutersegnung

Bei der Fahrzeugsegnung wie auch bei der Kräutersegnung legt der Priester meist den Chormantel an. Zwei Ministranten mit Weihwasser und Aspergill werden dazu benötigt. Nach dem Segensgebet werden die Kräutersträuße oder die Fahrzeuge mit Weihwasser besprengt. Dabei begleiten ihn die Ministranten. Der eine trägt den Weihwasserkessel, der andere reicht ihm das Aspergill an.

Die Taufe

Die Taufe ist eines der drei Aufnahmesakramente (Taufe, Eucharistie, Firmung). Durch sie wird der Täufling in die Kirche aufgenommen und Kind Gottes. Der Taufende eröffnet die Tauffeier in der Taufkapelle oder beim Taufbrunnen mit einem Wort an die Eltern und Paten und erfragt den Namen des Täuflings. Es folgt der Wortgottesdienst mit Lesung, Ansprache, Bezeichnung des Täuflings mit dem Kreuz durch Priester, Eltern und Paten. Er schließt mit den Fürbitten. Wenn die Salbung mit Katechumenenöl vorgenommen wird, muß ein Ministrant dem Priester das Taufölgefäß und Watte anreichen. Nach der nun folgenden Taufwasserweihe gibt ein Ministrant dem Priester ein Lavabotuch, damit er sich die Hände trocknen kann. Es schließen sich Absage an das Böse und das Glaubensbekenntnis an. Zur jetzt folgenden Taufe reicht ein Ministrant ein Lavabotuch an, der andere bringt das Gefäß mit Chrisam und Watte zum Priester. Der erste Ministrant entzündet die Taufkerze an der Osterkerze und reicht sie dem Taufenden.
Zum Schlußteil der Taufe ziehen alle vor die Stufen des Altares. Die Ministranten gehen der Prozession voran. Dort sind noch Vaterunser, Segensgebet über Mutter, Vater, Paten, alle Anwesenden, Segen des Taufenden, Schlußlied.

Die Trauung

Bei der Trauung werden die Brautleute am Kirchenportal vom Priester und den Ministranten in Empfang genommen. Ein Ministrant trägt Weihwasserkessel und Aspergill, der andere ein leeres Tablett. Der Priester besprengt alle mit Weihwasser. Die Brautleute legen ihre Ringe auf das Tablett.
Jetzt beginnt der feierliche Einzug unter Orgelmusik. Nachdem alle Platz genommen haben, beginnt die Feier mit Eröffnungswort und Gebet. Es folgt die Wortverkündigung durch Lesung und Ansprache.
Zur Trauungszeremonie treten die beiden Ministranten neben den Priester. Nach der Befragung der Brautleute ist die Ringsegnung durch den Priester mit Weihwasser. Es folgen Vermählung und Bestätigung der Vermählung. Zum anschließenden Segensgebet kann ein Ministrant dem Priester das liturgische Buch halten, damit er beide Hände über die Neuvermählten ausbreiten kann. Die Feier schließt mit Fürbitten und Vaterunser.
Es folgt der feierliche Auszug. Die Ministranten voran, begleiten alle die Neuvermählten zum Kirchenportal. Erfolgt die Trauung innerhalb einer Messe, so wird sie nach dem Evangelium bzw. der Predigt vorgenommen.

Die Beerdigung

Bei einer Beerdigung gehen die Ministranten in violetten oder schwarzen Talaren und weißem Chorrock mit. Ein Ministrant trägt das Vortragekreuz. Ein weiterer Ministrant hält Weihwasserkessel und Aspergill. Liegt der Friedhof in der Nähe der Kirche, kann auch Weihrauch mitgenommen werden. In der Friedhofskapelle und am Grab stellt sich der Ministrant so, daß das Vortragekreuz von allen gut gesehen werden kann. Auf dem Weg zum Grab führt er die Beerdigung mit dem Vortragekreuz an.
Der Ministrant mit Weihwasser (evtl. ein dritter Ministrant mit Weihrauch) begleitet den Beerdigenden und steht am Grab neben ihm.

Wir lassen Willi nicht fallen!

Willi, einer aus der Gruppe „St. Michael", war ein eifriger und guter Meßdiener gewesen. Von einer Kinderlähmung hatte er eine starke Gehbehinderung zurückbehalten. Von da an konnte er den Altardienst nicht mehr verrichten. Trotz seiner Körperbehinderung gehörte er aber weiterhin zur Ministrantengruppe „St. Michael". Willi war bei allen beliebt.

Nun wollte die Gruppe zum Ferienbeginn mit Fahrrädern ins Zeltlager fahren, und der Gruppenleiter besprach in der Gruppenstunde alle Einzelheiten. Willi war nicht anwesend, er mußte zum Arzt. Das war in diesem Falle gut, denn die schwierigste Frage war: Was machen wir mit Willi? Er konnte ja nicht mit dem Fahrrad fahren.

Zwei meinten: „Willi kann nicht mitfahren. Er kann im Lager keine Geländespiele und Wanderungen mitmachen. Er wird sich langweilen, und für uns ist er doch nur ein Klotz am Bein."

Dagegen wehrten sich alle anderen. Willi gehöre von Anfang an zur Gruppe. Für seine Behinderung könne er nichts. Er sei doch ein feiner Kerl. „Denkt doch daran, wie er uns in der vergangenen Woche zu seiner Geburtstagsparty eingeladen hat. Nein, wir lassen Willi nicht fallen!"

Dieser Teil der Gruppe setzte sich durch. Nun überlegten alle, wie man Willis Teilnahme ermöglichen könnte.

Der Gruppenleiter sagte: „Wie wäre es, wenn zwei von euch mit dem Willi per Bundesbahn von Duisburg nach Veen fahren würden. Dort kenne ich den Pfarrer. Der wird uns über die letzten sieben Kilometer bis zum Zeltplatz auf dem Fürstenberg bei Xanten schon weiterhelfen." Thomas und Heinz erklärten sich bereit, Willi zu begleiten.

Als Willi später hörte, daß er mitfahren könnte, leuchteten seine Augen. Aus ihnen sprachen Freude und Dankbarkeit.

Der erste Ferientag war gekommen. Man sah die Ministranten auf Fahrrädern bei Walsum die Fähre betreten und zur anderen Rheinseite übersetzen und später in Richtung Xanten weiterradeln. Willi und seine Begleiter aber fuhren mit der Bundesbahn nach Veen. Ihre beiden Räder hatten Heinz und Thomas im Gepäckwagen des Zuges verstaut.

Die Fahrradgruppe war schon früher in Veen als Willi und seine Begleitung. Der Gruppenleiter hatte beim Pfarrer schon einen Leiterwagen besorgt. Als der Zug einlief, nahmen sie Willi in Empfang und setzten ihn auf den Wagen. Sie luden noch Zeltmaterial und Gepäck hinein. Und nun zog man den Handwagen mit Willi und Gepäck die restlichen Kilometer bis zum Fürstenberg. Bei diesem seltsamen Transport haben alle viel gelacht.

So kameradschaftlich wie die Fahrt begonnen hatte, so verlief auch das ganze Zeltlager auf dem Fürstenberg. Denn Gemeinschaft entsteht immer nur in dem Maße, wie jeder bereit ist, nach Kräften dazu beizusteuern und sich für die Schwächsten einzusetzen.

Wußtest du schon,

daß die Schutzpatronin des Fernsehens die heilige Klara von Assisi ist?

daß der Wahlspruch der Jesuiten lautet: „Omnia ad maiorem Dei gloriam – Alles zur größeren Ehre Gottes"?

daß zu den abzulehnenden Jugendsekten folgende neuere Weltanschauungsgemeinschaften zählen:
Children of God (Kinder Gottes) – Vereinigungskirche (Mun-Sekte) – Internationale Gesellschaft für Krisna-Bewußtsein – Scientology Church – Divine Light Mission – Transzendentale Meditation – Ambassador-College – die „Aktionsanalytische Organisation"?

daß die geistigen Werke der Barmherzigkeit heißen:
Die Sünder zurechtweisen – die Unwissenden lehren – den Zweifelnden recht raten – die Betrübten trösten – die Lästigen geduldig ertragen – denen, die uns beleidigen, verzeihen – für die Lebenden und die Toten beten.

daß als Schutzpatrone der Ministranten folgende Heilige gelten:
Tarcisius – Aloisius – Franziskus – Hermann Josef – Charles de Foucauld – Konrad von Parzham – Petrus Canisius.

daß als bedeutendste Sekten die Adventisten, Mormonen, die Zeugen Jehovas, die Neuapostolische Kirche anzusehen sind?

daß der Vatikan in Rom einen eigenen Rundfunksender (Radio Vatikan), eine eigene Zeitung (Osservatore Romano), eine eigene Post (mit eigenen Briefmarken) und eine eigene Polizei (die Schweizer Garde) besitzt?

daß die ältesten Geschichtsschreiber, die über Jesus oder die ersten Christen berichten, der Jude Flavius Josephus (37–97), der Römer Tacitus (55–120), der Römer Plinius († nach 113), der Römer Suetonius († um 130) sind?

daß die Hellenisten im Sprachgebrauch der Bibel die Heidenchristen aus dem griechisch-sprechenden Raum, und die Judaisten die Christen aus Palästina waren?

Rückfragequiz: August und September

Quiz ? fragen

1 An welchem Tag im August feiert die Kirche das Fest der Verklärung des Herrn?

2 Wie heißt das Marienhochfest am 15. August?

3 Was feiern wir am Fest der „Kreuzerhöhung" am 14. September?

4 Welche vier Arten von Kirchweihfesten feiert die Kirche in der Liturgie?

5 Wie heißt der Pfarrer, der am 4. August 1859 starb und der Patron aller Seelsorger ist?

6 Wodurch ist Pater Maximilian Kolbe zum Märtyrer der Kirche unserer Zeit geworden?

7 Gegen welche Irrlehren hat der heilige Dominikus seinen Predigerorden gegründet?

8 Wie heißt der bedeutendste Schutzpatron der Ministranten?

9 Welcher Heilige der Nächstenliebe starb am 27. September 1660 in Paris?

10 Welches Volk hat sich den heiligen Erzengel Michael zum Schutzheiligen erwählt?

11 Welchen drei Personen brachte der Erzengel Gabriel eine Botschaft von Gott?

12 In welchem Buch des Alten Testaments ist vom Erzengel Rafael die Rede?

13 An welchem Fest nimmt die Kirche die Kräuterweihe vor?

14 Woher kommt das Wort Kirmes?

15 Wie heißt der Schutzpatron der Autofahrer?

16 Wann wird ein Zeltlager zu einem großen Gemeinschaftserlebnis?

17 Wann feiern wir den Namenstag Mariens?

18 Feiern wir das Fest Mariä Geburt im August oder September?

19 War die heilige Monika die Mutter vom hl. Augustinus oder vom hl. Bernard von Clairvaux?

Lösung: 1 Am 6. August; **2** Hochfest der Aufnahme Marias in den Himmel; **3** Die Auffindung des Kreuzes Jesu durch die hl. Helena; **4** a) Bischofskirche, b) Pfarrkirche, c) Kirchen, deren Weihetag unbekannt ist, d) der Lateranbasilika in Rom; **5** Johannes Baptist Vianney, Pfarrer von Ars; **6** Durch seinen Stellvertretertod für einen Familienvater im KZ Auschwitz; **7** Gegen die Irrlehren der Waldenser und Albigenser; **8** Der heilige Tarcisius; **9** Vinzenz von Paul; **10** Das deutsche Volk; **11** Daniel, Zacharias, Gottesmutter Maria; **12** Buch Tobit; **13** „Mariä Himmelfahrt"; **14** Von Kirchmeß (Kirchweihfest); **15** Christophorus; **16** Wenn alle zur Gemeinschaft nach Kräften beitragen; **17** Am 12. September; **18** Im September; **19** Vom heiligen Augustinus.

Die Liturgie in den Monaten Oktober und November

Das Erntedankfest

Das Erntedankfest ist immer am ersten Sonntag im Oktober. An diesem Tag wollen wir danken für das, was uns an Nahrung und Lebensnotwendigem das Jahr hindurch geschenkt wurde. Wir sollen an die hungernden Menschen denken und für sie mitsorgen. In vielen Gemeinden binden die Kinder, unter Anleitung von Erwachsenen, einen Erntekranz aus Stroh. Sie behängen ihn mit Feldfrüchten, Obst und Getreide. Die Kinder- oder Familienmesse an diesem Tag ist ganz auf den Dank für eine gute Ernte ausgerichtet.

Der Sonntag der Weltmission

Am letzten Sonntag im Oktober feiert die Kirche den „Sonntag der Weltmission". Dieser Weltmissionssonntag lenkt unseren Blick auf den Sendungsauftrag, den Christus nicht nur den Aposteln, sondern uns allen gegeben hat: „Geht zu allen Völkern, und macht alle Menschen zu meinen Jüngern und tauft sie …" (Mt 28, 19). Zwar können wir nicht alle als Missionare zu den Heiden gehen, aber durch unser Gebet und Opfer sollen wir die Missionsarbeit unterstützen und zu unserer eigenen Sache machen.

Das Allerheiligenfest

Das Allerheiligenfest am 1. November ist ein Hochfest, bei dem wir nicht nur der Heiligen, die im Kalender aufgeführt sind, gedenken, sondern *aller,* die bereits zur Anschauung Gottes gelangt sind. Zur rechten Verehrung der Heiligen schreibt unser „Gotteslob" unter der Nummer 604: „Das Leben der Heiligen spiegelt auf verschiedene Weise den Lebensweg Christi. Sie haben mit ihm gelebt und gelitten und sind mit ihm verherrlicht … Wir vertrauen der Fürbitte der Heiligen bei Gott und nehmen uns ihr Leben und ihren Dienst zum Vorbild."
Liturgische Farbe: Weiß.

Der Allerseelentag

Der 2. November ist in der katholischen Kirche der Allerseelentag. An diesem Tag gedenken wir der Verstorbenen. Wir bitten Gott mit dem alten Gebetsruf: „Herr, gib den Verstorbenen ewige Ruhe und das ewige Licht leuchte ihnen. Herr, laß sie ruhen in Frieden!"
Liturgische Farbe: Violett oder Schwarz.

Der Christkönigssonntag

„Hochfest unseres Herrn Jesus Christus, des Königs des Weltalls" heißt das von Papst Pius XI. 1925 eingeführte „Christkönigsfest" im genauen Wortlaut. Wir feiern an diesem letzten Sonntag im Kirchenjahr die Glaubenstatsache, daß Christus der wahre und einzige Herr und König dieser Welt ist. Am Ende dieser Welt wird seine Herrschaft allen sichtbar werden.
Liturgische Farbe: Weiß.

Der Rosenkranzmonat

Der Monat Oktober ist der Rosenkranzmonat (Rosenkranzfest am 7. Oktober). An den Sonn- und Wochentagen dieses Monats treffen sich die Gläubigen in den Kirchen zum gemeinsamen Rosenkranzgebet oder beten ihn daheim. „Das Rosenkranzgebet bringt uns in enge Verbindung mit dem Leben, dem Leiden und der Herrlichkeit Jesu, und es zeigt uns die Stellung, die Maria im Heilswerk hat. Indem der Rosenkranz uns anhält, dies zu betrachten, deutet er unser Leben", so heißt es im „Gotteslob" unter der Nr. 33.

In viermal fünf Gesätzen (der 4. ist weniger bekannt) können wir Jesu Leben betrachten:

1. Der freudenreiche Rosenkranz (fünf Geheimnisse aus dem Weihnachtsfestkreis),
2. der schmerzreiche Rosenkranz (fünf Geheimnisse aus der Passionszeit),
3. der glorreiche Rosenkranz (fünf Geheimnisse aus dem Osterfestkreis),
4. der trostreiche Rosenkranz (fünf Geheimnisse von der Wiederkunft Christi).

Heilige im Monat Oktober

Tag	Name	Kurznamen	Bedeutung des Namens	
1.	**Theresia vom Kinde Jesus**	Therese, Resi	Jägerin	† 1897
2.	**Schutzengelfest**			
4.	**Franz von Assisi**	Frank	Der Freie	† 1226
6.	**Bruno der Kartäuser**		Der Gepanzerte	† 1101
7.	**Gedenktag Unserer Lieben Frau vom Rosenkranz**			
9.	**Dionysius und Gefährten**	Denis	Himmelserguß	† 3. Jh.
	Johannes Leonardi			† 1609
14.	**Kallistus I.**		Der Schönste	† 222
15.	**Theresia von Ávila**	Therese, Resi	Jägerin	† 1582
16.	**Hedwig von Andechs**	Hedi, Hedda, Wigge	Schlachtenkämpferin	† 1243
	Gallus		Hahn	† um 640
	Margareta Maria Alacoque	Margret, Margot	Perle	† 1690
17.	**Ignatius von Antiochien**	Ignaz	Der Feurige	† um 115
18.	**Lukas**		Der Erleuchtete	
19.	**Johannes de Brébeuf und**		Gottesgeschenk	† 1649
	Isaak Joques und Gefährten		Der Heitere	† 1646
	Paul vom Kreuz		Der Geringe	† 1775
20.	**Wendelin**		Pilger	† um 570
21.	**Ursula und Gefährtinnen**	Ursel, Ulla, Uschi	Kleine Bärin	† um 304
23.	**Johannes von Capestrano**	John, Jonny, Iwan	Gottesgeschenk	† 1456
24.	**Antonius Maria Claret**	Toni, Tünnes	Der Preiswürdige	† 1870
28.	**Simon der Eiferer und**		Der Erhörte	
	Judas Thaddäus			
31.	**Wolfgang**	Wolf, Wulf	Schnell wie ein Wolf	† 994

Namenstage

1. Theresia, Emanuel, Remigius, Werner
2. Hermann
3. Ewald, Udo
4. Franziskus, Aurea
5. Meinolf, Placidus
6. Bruno, Renatus
7. Gerold, Justina
8. Simeon, Demetrius
9. Dionysius, Johannes, Arnold, Sibylle
10. Gereon, Viktor
11. Bruno, Edelburg, Maria
12. Maximilian, Edwin, Gottfried, Herlind
13. Aurelia, Eduard, Kolomann
14. Kallistus I., Alan, Burkhard, Hildegunde
15. Theresia v. Ávila, Aurelia
16. Hedwig, Gallus, Margareta

	Patron / Helfer bei / Anrufung	Fest-rang	Liturg. Farbe
Karmelitin, „kleine Therese"	zweite Patronin Frankreichs	G	Weiß
		G	Weiß
Gründer des Franziskanerordens	Franziskaner, Kaufleute, Armut	G	Weiß
Ordensgründer, Einsiedler	gegen die Pest	g	Weiß
Zur Erinnerung an den Seesieg über die Türken bei Lepanto		G	Weiß
1. Bischof von Paris, Märtyrer	Nothelfer, Patron Frankreichs, Schützen	g	Rot
Priester, Ordensgründer		g	Weiß
Papst, Märtyrer		g	Rot
Karmelitin, große Kirchenlehrerin	Patronin Spaniens	G	Weiß
Herzogin	Schlesiens, Polens, von Krakau	g	Weiß
Mönch, Einsiedler, Glaubensbote	von St. Gallen/Schweiz	g	Weiß
Ordensfrau		g	Weiß
Bischof, Märtyrer	Halsschmerzen, Ausschlag	G	Rot
Evangelist, Reisebegleiter des hl. Paulus	Ärzte, Maler, Metzger, Spaniens	F	Rot
Märtyrer ⎱ französ. Jesuiten Märtyrer ⎰ in der Indianermission		g	Rot
Gründer des Passionistenordens		g	Weiß
Einsiedler in den Vogesen	Viehpatron, Felder, Schäfer	g	Weiß
Märtyrin in Köln, engl. Königstochter	Ursulinen, Universitäten, Lehrer	g	Rot
Franziskaner, Wanderprediger		g	Weiß
Bischof von Santiago de Cuba, Gründer der Claretiner		g	Weiß
Apostel, Märtyrer	Holzarbeiter	F	Rot
Apostel, Märtyrer	in verzweifelten Anliegen		
Bischof von Regensburg	Holzfäller, Zimmerleute, Hirten, Schiffer, Augenleiden, Fußleiden, Ruhr	g	Weiß

17. Ignatius, Anselm
18. Lukas
19. Johannes, Paul
20. Wendelin, Vitalis
21. Ursula
22. Kordula, Ingbert, Salome
23. Johannes, Severin, Oda
24. Antonius
25. Chrysanth, Daria, Ludwig
26. Albuin, Josephine
27. Wolfhard
28. Simon, Judas Thaddäus, Alfred
29. Ermelind
30. Dietger
31. Wolfgang, Jutta, Notburga

Heilige im Monat Oktober

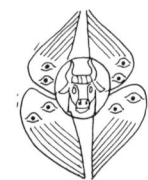

Lukas
Evangelist

Lukas, wahrscheinlich von Beruf Arzt, ist einer der vier Evangelisten. Er hat Jesus selbst nicht gekannt. So schrieb er auf, was ihm überliefert wurde. Lukas verfaßte die „Frohe Botschaft" von Jesus Christus vor allem für die griechischsprechenden Christen, denn er sprach selber Griechisch. Dazu verwendete er das ihm bereits vorliegende Markusevangelium und eine Redesammlung von Jesus, die Markus wohl noch nicht gekannt hatte. Lukas schrieb sein Evangelium in den Jahren zwischen 70 und 80 n.Chr. Bei ihm finden wir, im Gegensatz zu Markus, auch die Kindheits- und die nachösterlichen Erscheinungsgeschichten Jesu. Sein sogenanntes Sondergut ist sehr groß. Er beschreibt sehr genau einige Ereignisse aus dem Leben Mariens. Lukas schildert Jesus immer wieder als den Helfer der Armen und Verachteten (Berichte vom barmherzigen Samariter, vom reichen Prasser, vom verlorenen Sohn, vom Pharisäer und Zöllner usw.). Der Evangelist schrieb im Anschluß an das Evangelium noch ein weiteres Buch: die Apostelgeschichte. Darin berichtet er über das Leben der Urgemeinde in Jerusalem und vor allem über das Wirken des heiligen Paulus und dessen Gemeindegründungen außerhalb Palästinas.
Das Symbolzeichen für den Evangelisten Lukas ist der Stierkopf. Er ist der Patron der Ärzte, Maler, Spaniens und der Städte Bologna und Reutlingen.

Hedwig
Herzogin in Schlesien

Hedwig, aus der alten bayerischen Adelsfamilie der Andechs-Meranien, 1174 geboren, wurde schon mit 18 Jahren mit dem Prinzen Heinrich von Schlesien verheiratet. Dieses Land war kaum kultiviert, und die Bewohner waren noch sehr rückständig. Hedwig holte Siedler und Mönche in das Land. Sie machten es urbar, legten Sümpfe trocken und rodeten die Wälder. Klöster wurden gebaut, und neue Dörfer entstanden. Die Mönche lehrten die Bewohner die

Landwirtschaft. Überall versuchte Hedwig die große Armut der Landbevölkerung zu lindern. Sie kümmerte sich besonders um die Ärmsten im Volk, die von den Gutsherren ausgebeutet wurden. Vom eigenen Gutshof verteilte sie immer wieder Lebensmittel und Saatgut. Sie ließ Krankenhäuser bauen und verbesserte das Los der Strafgefangenen in den Gefängnissen. Hedwig erschien selbst vor Gericht, wenn man den Armen ihr Recht streitig machen wollte. Ständig war sie unterwegs, um irgendwo zu helfen. Da-

bei hat sie mit ihren sieben Kindern viel Leid erlebt. Die ersten drei Kinder starben, der älteste Sohn verunglückte auf der Jagd, der Sohn Heinrich fiel bei Wahlstatt im Kampf gegen die Tataren, und ihr Ehemann wurde gefangengenommen und starb. Nach dem Tode ihres Gatten trat sie in das Kloster Trebnitz als Ordensfrau ein. Dieses Kloster hatte ihr Mann bauen lassen. Sie starb am 15. Oktober 1243. Die heilige Hedwig ist die Schutzpatronin Schlesiens. Sie ist außerdem Patronin Polens, der Städte Krakau und Trebnitz.
Die Schutzheilige wird dargestellt im Ordenskleid mit der Herzogskrone.

Franz von Assisi
Ordensgründer

Pietro Bernardone, der Vater des späteren hl. Franziskus, war ein reicher Tuchhändler in dem Städtchen Assisi in Italien. Sein Sohn wurde 1181 geboren. Seine Mutter ließ ihn auf den Namen Giovanni (Johannes) taufen. Der Vater war währenddessen auf Geschäftsreisen in Frankreich. Als er zurückkam, nannte er ihn kurzerhand Francesco (Französlein).
Francesco entwickelte sich bereits als Jugendlicher zum Lebemann. Mit vollen Händen gab er

Heilige im Monat Oktober

das Geld seines reichen Vaters aus. Er liebte große Feste, träumte von schönen Frauen, von Heldentaten und Ritterehre. So zog er zu Pferde in einen Städtekrieg und kam in Perugia in Gefangenschaft. Dort mußte er eine schwere Krankheit durchstehen. Schon hier bahnte sich bei ihm eine Sinnesänderung an. Zwar begab er sich noch auf den Weg nach Apulien, um dort Ritter zu werden, doch kehrte er vorzeitig in seine Heimatstadt zurück. Er erkannte, daß er sein Leben auf lauter Nebensächlichkeiten aufgebaut hatte. Francesco machte sich nun Gedanken, wie es mit ihm weitergehen sollte. Er zog sich öfter in die Einsamkeit zurück und fragte sich immer wieder, ob er nicht so leben müßte wie Jesus: arm, gütig, gehorsam.

Bei einer zerfallenen kleinen Kirche hört er eines Tages, wie der Herr vom Kreuz herab ihm sagt: „Mein Haus zerfällt, richte es wieder auf." Francesco nimmt das wörtlich und geht daran, das Kirchlein San Damiano instandzusetzen.

Aus dem reichhaltigen Tuchlager seines Vaters holt er einen Ballen Tuch, verkauft ihn auf dem Markt der nächsten Stadt und bezahlt mit dem Geld das Baumaterial. Der Vater ist außer sich. Er sperrt ihn zu Hause ein. Dann klagt er ihn wegen Diebstahls bei der Stadtbehörde an. Franziskus verteidigt sich gegenüber seinem Vater immer wieder mit den Worten vom Kreuz: „Richte sie (die Kirche) wieder auf!" Weil das Geld aber für eine Kirchenreparatur gebraucht wurde, muß der Bischof den Prozeß leiten.

Auf den Stufen vor der Bischofskirche in Assisi wird die Anklageschrift verlesen. Anwesend sind Francesco, sein Vater, der Bischof und viel Volk. Der Bischof verlangt von Franziskus die Nennung der Beweggründe und die Zurückerstattung des Geldes. Jetzt geschieht etwas Außergewöhnliches: Franziskus antwortet: „Mein Vater bekommt alles zurück. Hier ist meine Kleidung, und auf mein Erbteil verzichte ich."

Jetzt hatte Franziskus endgültig mit der alten Lebensweise gebrochen und lebte nun das Ideal der Armut um Christi willen.

Die ersten, die seinem Ideal folgten, waren Bernardone von Quintavale und Pietro von Cattanea. Sie nannten sich „Minderbrüder". Bald war die Zahl der „Narren Gottes", die viel Spott über sich ergehen lassen mußten, auf zwölf „Minderbrüder" angewachsen. Sie trugen das armselige Gewand der Landarbeiter und lebten vom Betteln. Wo sie hinkamen, verkündeten sie das Wort des Evangeliums. Das Wesentliche ihrer Lebensweise bestand in einer unverkürzten Armut und im restlosen Vertrauen auf Gottes Güte und Liebe.

Die zwölf „Minderbrüder" wanderten zum Papst Innozenz III. nach Rom, um die kirchliche Anerkennung für ihre neue Gemeinschaft zu erbitten. Der Papst umarmte sie und sagte ja zu ihrem Leben der Armut. Er beauftragte sie mit der Predigt des Evangeliums.

Die Gemeinschaft der „Minderbrüder" breitete sich schnell aus. Auch Frauen unter der Führung der heiligen Klara nahmen die Regel der „Minderbrüder" an.

Als er aus dem Orient nach Assisi zurückkam, war sein Orden zerstritten. Zweimal bat man ihn, die strenge Armut in eine gemäßigte Regel umzuwandeln. Er aber beharrte auf seinem Grundsatz, völlig auf jeden Besitz zu verzichten. Jedoch konnte er seine Vorstellung nicht durchsetzen. So zog er sich enttäuscht in die Einsamkeit zurück. Gegen Ende seines Lebens erhielt er an seinem Leibe die Wundmale des Gekreuzigten (Stigmatisation). Obwohl er fast erblindet war, sang er täglich das Lob auf Gottes herrliche Schöpfung. Aus dieser Zeit stammt der bekannte „Sonnengesang des heiligen Franziskus". Nackt auf dem Boden des Klösterchens Portiuncula starb er, um zu zeigen, daß ihm nichts gehören sollte. Er war erst vierundvierzig Jahre alt, als er am 3. Oktober 1226 sein Leben in Gottes Hände zurückgab.

Zwei Jahre nach seinem Tode wurde er bereits heiliggesprochen. Dieser bedeutende Heilige hat nicht nur seiner Zeit den Weg der Nachfolge Jesu gewiesen. Er kann auch uns lehren, in dem großen Reichtum unserer Tage materielle Güter gering zu achten. Der Verfasser des „Sonnengesangs", der die Natur besungen hat, will uns mahnen, Gottes Schöpfung zu lieben und nicht zu zerstören.

Franziskus ist der Patron seines Ordens, der Katholischen Aktion, der Kaufleute, der Armut und der Umweltschützer. Er ist der Hauptpatron Italiens. Sein Fest feiert die Kirche am 4. Oktober.

Heilige im Monat November

Tag	Name	Kurznamen	Bedeutung des Namens	
1.	**Allerheiligen**			
2.	**Allerseelen**			
3.	**Hubert von Tongern**		Tüchtiger Denker	† 727
	Pirmin		Der Ruhmreiche	† 753
	Martin von Porres		Kriegsmann	† 1639
4.	**Karl Borromäus**	Carlos, Charles, Karoline	Held	† 1584
6.	**Leonhard von Noblac**		Der Löwenstarke	† 6. Jh.
7.	**Willibrord**		Schild des Willens	† 739
9.	**Weihetag der Lateranbasilika in Rom**			
10.	**Leo I., der Große**		Löwe	† 461
11.	**Martin von Tours**	Tina	Kriegsmann	† 397
12.	**Josaphat**		Gott richtet	† 1623
15.	**Albert der Große**		Der Edelglänzende	† 1280
	Leopold	Poldi	Der Volkskühne	† 1136
16.	**Margareta von Schottland**	Marga, Margot	Perle	† 1093
17.	**Gertrud von Helfta**	Gerda, Trude, Traudel	Große Speerkämpferin	† 1302
18.	**Weihetag der Basiliken St. Peter und Paul, Rom**			
19.	**Elisabeth von Thüringen**	Betti, Alice, Bettina, Elli, Elsa, Lieschen, Luise	Gott ist vollkommen	† 1231
21.	**Gedenktag Unserer Lieben Frau von Jerusalem**			
22.	**Cäcilia**	Cilly	Die Blinde	† um 250
23.	**Kolumban**		Täuberich	† 615
	Klemens I.		Der Milde	† 101
25.	**Katharina von Alexandrien**	Käthe, Karin	Die allzeit Reine	† 4. Jh.
26.	**Konrad und**	Konni, Curd, Kurt, Kunz	Ratkundiger	† 975
	Gebhard		Der Gebefreudige	† 995
30.	**Andreas**	André, Andy	Der Männliche	† 60

Namenstage

1. Arthur, Harald, Luitpold, Rupert
2. Angela, Willibold
3. Hubert, Bertold, Pirmin
4. Karl, Gregor, Reinhard
5. Emmerich, Berthild
6. Leonhard, Modesta, Rudolf
7. Engelbert I., Willibrord, Ernst, Gisbert, Karin
8. Gregor, Gottfried, Johannes
9. Theodor, Roland
10. Leo, Justus
11. Martin
12. Josaphat, Diego, Kunibert, Lebuin
13. Wilhelm, Stanislaus, Siard
14. Alberich
15. Albert, Leopold III., Marianus
16. Margarete, Otmar, Walter

	Patron / Helfer bei / Anrufung	Fest-rang	Liturg. Farbe
Gedenktag **aller** Heiligen		H	Weiß
Gedenktag **aller** Verstorbenen			Schwarz/ Violett
Bischof von Lüttich	Jäger, Förster, Lüttich, Tollwut	g	Weiß
Abtbischof, Glaubensbote am Oberrhein	Rheuma	g	Weiß
Ordensbruder in Peru		g	Weiß
Kardinalerzbischof von Mailand	Kathol. Büchereien	G	Weiß
Einsiedler	Gefangene, Kranke, Bauern, Vieh	g	Weiß
Erzbischof, Glaubensbote bei den Friesen	Kirchenprovinz Utrecht, Epilepsie	g	Weiß
Mutter und Haupt aller Kirchen des Erdkreises		F	Weiß
Großer Papst, Kirchenlehrer	Musiker, Sänger	G	Weiß
Bischof, Reichsheiliger der Franken	Burgenland/Österreich, Nichttrinker	G	Weiß
Bischof, Märtyrer der Ökumene		G	Rot
Bischof von Regensburg, Kirchenlehrer	Patron der Naturwissenschaften	g	Weiß
Markgraf von Österreich		g	Weiß
Königin von Schottland		g	Weiß
Zisterzienserin, große Mystikerin		g	Weiß
		g	Weiß
Landgräfin, Heilige der Nächstenliebe	Caritas, Bettler, Bäcker	G	Weiß
		G	Weiß
Jungfrau, Märtyrin in Rom	Kirchenmusik, Orgelbau, Chöre	G	Rot
Abt, Glaubensbote im Frankenreich	Irland, Geisteskranke, Überschwemmung	g	Weiß
Papst, Märtyrer	Steinmetze, Marmorarbeiter	g	Rot
Nothelfer, Jungfrau, Märtyrin	Universität Paris, Philosophen	g	Rot
Bischof von Konstanz		g	Weiß
Bischof von Konstanz			
Apostel, Märtyrer	Bergleute	F	Rot

17. Gertrud, Hildtrud, Hilda, Viktoria
18. Odo
19. Elisabeth, Mechthild, Swidger
20. Bernward, Edmund, Korbinian
21. Johannes, Amalberg
22. Cäcilia
23. Kolumban, Felizitas, Klemens I., Detlev
24. Flora, Hitto, Johannes
25. Katharina, Egbert
26. Konrad, Ida
27. Modestus, Oda
28. Günther
29. Jutta, Christine, Radbod
30. Andreas

Heilige im Monat November

Martin
Offizier, Bischof

Martin wurde 316 in Ungarn geboren. Sein Vater, Offizier in der römischen Armee, tat dort Dienst. Auch Martin ging mit zwölf Jahren zur Armee und wurde ebenfalls Offizier. In Pavia war er erstmalig mit dem Christentum bekannt geworden. Die Armeeleitung versetzte den jungen Offizier nach Gallien. Aus dieser Zeit wissen wir, daß Martin schon früh ein offenes Herz für Arme hatte. Eine Erzählung berichtet: Vor den Toren von Amiens gibt er einem armen, frierenden Bettler seinen halben Soldatenmantel. Nachts erscheint ihm Christus und sagt: „Martin, du hast mich mit diesem Mantel bekleidet." Schon bald darauf tritt er aus der römischen Armee aus und will nur noch im Dienste des Herrn stehen. Er läßt sich mit achtzehn Jahren taufen. Der Bischof Hilarius von Poitiers unterweist ihn im Glauben und erteilt ihm die niederen Weihen. Mit dem Segen des Bischofs reitet er nach Ungarn zu seinen Eltern, um auch ihnen Christus zu bringen. Die Mutter nimmt schon bald den christlichen Glauben an. Nicht so der Vater.

Über Italien, wo Martin gegen den Arianismus eintritt, kehrt er vertrieben und verfolgt nach Gallien zurück. Er baut in der Nähe der Stadt Poitiers ein Kloster. Mit einigen Gefährten lebt er hier ein Leben des Gebetes und der Buße. Der Ruf seiner Heiligkeit dringt bis nach Tours. Das Volk dieser Stadt wählt ihn dort einstimmig zum Bischof. Auch hier baut er ein Kloster als Stützpunkt für seine Bekehrungsreisen in seinem Bistum. Er läßt die von den Druidenpriestern geleiteten Götzentempel abreißen und predigt kraftvoll das Evangelium. Vor allem aber beschützt er die Armen von der willkürlichen Gewalt der Fronvögte und stellt sich schützend vor solche, die für nur geringes Vergehen schwerste Strafen erhalten sollen. Seine Barmherzigkeit und sein Gerechtigkeitssinn können nicht Leid sehen, ohne zu helfen.

Von ihm wird berichtet, er habe viele Krankenheilungen bewirkt und sogar Tote erweckt. Im hohen Alter starb er 397 in Candes bei einer Visitationsreise. Das Christentum in seinem Bistum war gefestigt, und andere setzten sein Werk fort. Bis dahin hatte man nur Märtyrer im Volk verehrt. Martin wurde als erster Heiliger verehrt, der nicht Märtyrer war.

Andreas
Apostel und Märtyrer

Aus der Heiligen Schrift erfahren wir, daß Andreas zum engsten Kreis der Jünger Jesu gehörte. Andreas und Johannes waren die ersten, an die Jesu Ruf der Nachfolge erging. Beide waren vorher Jünger Johannes' des Täufers gewesen. Andreas ist der Bruder des Simon Petrus und wie er, gebürtig von Betsaida am See Gennesaret. Er war es, der als erster seinem Bruder Simon begeistert zurief: „Wir haben den Messias gefunden" (Joh 1,41). Nach Pfingsten ist dann auch Andreas hinausgezogen und hat das Evangelium verkündet, gemäß Jesu Prophezeiung: „Ich werde euch zu Menschenfischern machen." So hat auch Andreas seinen Fischerberuf aufgegeben und ist Verkünder der „Frohen Botschaft" in den Ländern südlich des Schwarzen Meeres, auf dem Balkan und in Griechenland geworden. Im Jahre 60 n. Chr. soll er in Patras den Märtyrertod erlitten haben. Er wurde an ein Schrägkreuz geschlagen (Andreaskreuz).

Elisabeth von Thüringen
Landgräfin, Heilige der Nächstenliebe

Am Hofe des Thüringer Landgrafen Hermann auf der Wartburg zechte der Fürst mal wieder mit seinen Rittern und Freunden. Der Landgraf war weit und breit bekannt wegen seiner vielen Festgelage und seinem üppigen Lebensstil. Auch wollten die vielen Gelage bezahlt sein. So mußten die armen Bauern im Land immer mehr Steuern entrichten und Naturalien an den Grafen abliefern. Deshalb lebten sie in bitterer Armut.

Der Landgraf stirbt im Kirchenbann. Sechs Jahre später, 1221, heiratet Elisabeth von Ungarn einen Sohn des Grafen, den zwanzigjährigen Ludwig. Als Landgräfin von Thüringen will sie die Ausbeutung der Bauern wiedergutmachen. Beherzt faßt sie ihre neue Aufgabe an. In aller Frühe schon packt sie die Körbe voll mit Lebensmitteln aus der gräflichen Speisekammer und zieht zu den Armen in die Dörfer, um die ärgste Not zu lindern. Sie pflegt die Kranken und verbindet sie und kümmert sich um verwahrloste Kinder und alte Leute. Immer stehen Bettler am Burgtor, die um eine Gabe bitten. Während einer Hungersnot gibt sie über sechzigtausend Goldtaler an die Armen aus und verpflegt täglich bis zu tausend Hungernde. Ludwig liebt seine Frau und läßt sie gewähren. Er seinerseits sorgt dafür, daß wieder Ordnung in die Grafschaft einkehrt. Doch seinen Freunden paßt die Gebefreudigkeit Elisabeths nicht. Alle schimpfen auf das Bauernpack, das mehr arbeiten soll. Sie sehen kommen, daß sie unter der neuen Landgräfin schon bald ihren üppigen Lebensstil ändern müssen. Elisabeth ist ihnen ein Dorn im Auge. Oft rührt sie beim Essen die Speisen nicht an, weil ihr waches Gewissen ihr sagt, selbst das ist von den Steuergroschen der Armen bezahlt.

Wieder einmal haben die Ritter ihrem Grafen Ludwig in den Ohren gelegen: Elisabeth schleppe zuviel Lebensmittel und Geld zu den Armen. Ludwig sah sich gezwungen, ihr nachzugehen und sie zu fragen, was sie da alles in ihrem Korb eingepackt habe. Die Legende berichtet: Als Elisabeth das Tuch zurückschlägt, sieht der Graf einen Korb voll frischer Rosen. Er ist überrascht und entschuldigt sich. Auch Elisabeth ist dankbar, daß Gott mit einem Wunder geholfen hat.

Einmal hatte Elisabeth sogar einen Aussätzigen in die Burg aufgenommen und in Ludwigs Bett gelegt. Als dieser vom Ausritt zurückkehrt, ist er darüber erbost. Doch sie verweist auf unsern Herrn Jesus. Beide sprechen sich aus, und sie kann ihren Mann überzeugen.

Von der Kreuzzugsbegeisterung der damaligen Zeit angesteckt, meldet sich auch ihr Gatte zum Feldzug. Elisabeth rät dringend ab, denn sie ahnt nichts Gutes. Ludwig hat das Heilige Land gar nicht erreicht, sondern stirbt in einem italienischen Hafen an Fieber.

Nach Bekanntwerden des Todes rotteten sich die Ritter um Raspe, den Bruder des Verstorbenen, zu einer Verschwörung zusammen. Sie konnten Raspe dazu bewegen, Elisabeth mit den Kindern von der Burg zu jagen und sich selbst zum Landgrafen von Thüringen auszurufen. Mitten im Winter mußte sie mit ihren drei Kindern die Wartburg verlassen und irrte in der Umgebung umher, bis Bischof Egbert von Bamberg davon hörte. Er sorgte dafür, daß sie mit ihren Kindern im Kloster der Äbtissin Mathilde von Kitzingen Unterkunft fand.

An der Leiche ihres Mannes gelobte Elisabeth Armut, Keuschheit und Gehorsam und trat dem Dritten Orden des heiligen Franziskus bei. Ihr Schwager Raspe zahlte ihr später eine Abfindung. Aber mit diesem Geld baute sie ein Spital, in dem sie selbst den harten Dienst der Krankenpflege übernahm. Bereits mit 24 Jahren, am 17. November 1231, starb Elisabeth einen frühen Tod. Ihr kurzes Leben war voller Hingabe für den Herrn.

Brauchtum in den Monaten Oktober und November

Erntekranz und Erntegaben

Für den Erntedanktag am ersten Sonntag im Oktober bindet man aus Stroh der Getreideernte einen Erntedankkranz und behängt ihn mit Obst, Feldfrüchten, Trauben und ein paar bunten Bändern. Zum Gottesdienst stellt oder hängt man ihn in den Altarraum. Andere bringen *Erntegaben* mit zur Kirche. Kranz und Gaben werden vom Priester gesegnet.

Vielfach werden auch in Kindergärten und Schulen Erntegaben gesammelt. Man verpackt sie in Beutel in Einheiten im Wert von 2,– bis 5,– DM und verkauft sie an den Kirchtüren. Der Erlös ist für Kinder in der Dritten Welt bestimmt.

Allerseelen – Gang zum Friedhof

Bereits am Nachmittag des Allerheiligentages (1. 11.) und am Allerseelentag (2. 11.) besuchen die Katholiken die Gräber der Toten auf den Friedhöfen, um dort für die Verstorbenen zu beten. Es ist altes Brauchtum, die Gräber zu diesem Tag besonders schön mit Blumen zu schmücken und Lichter zu entzünden. So gedenkt man der verstorbenen Verwandten und Bekannten. Die evangelischen Christen machen diesen Gang zum Friedhof am Totensonntag im November.

St.-Martins-Tag (11. 11.)

Der St.-Martins-Tag wird mit vielerlei Brauchtum begangen. So werden mancherorts am Vorabend Martinsfeuer abgebrannt. Am bekanntesten sind die St.-Martins-Umzüge der Kinder mit ihren Eltern. Die Kinder tragen dabei erleuchtete Laternen in ihren Händen. Vornweg reitet St. Martin als Offizier auf einem Pferd. Die Kinder singen, begleitet von einer Musikapelle, die bekannten St.-Martins-Lieder. Unterwegs begegnet St. Martin einem Bettler. Im Spiel teilt er seinen Mantel und bewahrt so den Bettler vor dem Erfrieren.

Die Erwachsenen kommen am Abend zum Erwachsenenschmaus zusammen. Sie verzehren die Martinsgans und essen Martinsgebäck. Die Adventszeit als Bußzeit war früher länger und begann bereits am Tag nach St. Martin. Deshalb kam man am Tag vorher zu einem Mahl zusammen, um noch einmal gut vor der beginnenden Bußzeit zu essen. Das St.-Martins-Brauchtum ist im ganzen Rheingebiet und in unseren westlichen Nachbarländern sehr bekannt.

Der Legende nach wird die Martinsgans anders begründet. Das Volk wollte St. Martin zum Bischof erheben. Er aber fühlte sich nicht dazu berufen. So versteckte er sich in einem Gänsestall. Doch das laute Geschnatter der Gänse verriet ihn, und so wurde er doch Bischof von Tours. Für diesen „Verrat" müssen die Gänse seitdem büßen und am Martinstag in die Pfanne.

Der Ministrantendienst in den Monaten Oktober und November

Erntedankfest

Beim Gottesdienst am Erntedanktag werden Erntekranz und Erntegaben feierlich gesegnet. Der Priester spricht über die Gaben:

> *Allmächtiger Gott,*
> *du hast Himmel und Erde erschaffen.*
> *Du hast dem Weltall eine Ordnung gegeben,*
> *die wir erkennen und bewundern.*
> *Du hast den Menschen dazu bestimmt,*
> *sich die Erde untertan zu machen,*
> *sie zu bebauen*
> *und ihren Reichtum recht zu nutzen.*
> *Wir freuen uns heute über die Ernte dieses Jahres.*
> *Segne + diese Feldfrüchte,*
> *die wir dankbar aus deiner Hand empfangen haben.*
> *Laß auch die Armen und Hungernden*
> *den Reichtum deiner Güte erfahren*
> *und teilhaben an der Fülle deiner Gaben.*
> *Darum bitten wir durch Christus, unseren Herrn. Amen.*

Danach segnet der Priester Kranz und Gaben mit Weihwasser. Zwei Ministranten mit Weihwasserkessel und Aspergill assistieren ihm.

Weltmissionssonntag

Am Sonntag vor dem Weltmissionssonntag verteilen die Ministranten an den Kirchtüren die Kollektentütchen und Informationsmaterial für die Missionskollekte am folgenden Sonntag. Vielleicht können Ministranten auch dem Sakristan helfen, wenn er für diesen Tag eine Plakatwand von Missio aufbauen will.

Rosenkranzmonat

Sind die Rosenkranzandachten im Oktober mit dem sakramentalen Segen verbunden, werden vier Ministranten benötigt: zwei für die Altarschellen, zwei für Weihrauch und Schiffchen

(sakramentaler Segen siehe Maiandachten). Beim Rosenkranzgebet beten wir beim Kreuz das „Apostolische Glaubensbekenntnis"; bei der ersten großen Perle ein „Ehre sei dem Vater" und ein „Vaterunser"; bei den nächsten drei Perlen: „Der in uns den Glauben vermehre"; „der in uns die Hoffnung stärke"; „der in uns die Liebe entzünde". Danach wieder ein „Ehre sei dem Vater" und ein „Vaterunser". Zwischen den einzelnen Geheimnissen bei den dicken Perlen jeweils ein „Ehre sei dem Vater" und ein „Vaterunser". An das jeweilige „Gegrüßet seist du, Maria" werden dann die Geheimnisse angehängt. (Die einzelnen Rosenkranzgesätze siehe Seite 108, 143, 154.)

Allerheiligen

An diesem Hochfest zündet der Sakristan alle Apostelleuchter an. *Die liturgische Farbe ist Weiß.* Am Nachmittag des Allerheiligentages besuchen die Katholiken bereits die Gräber ihrer Verwandten und Bekannten auf den Friedhöfen. Weil der Allerseelentag kein arbeitsfreier Feiertag ist, findet der Gottesdienst auf dem Friedhof schon am Nachmittag des Allerheiligentages statt. Liegt im Pfarrbezirk ein Friedhof, ziehen Priester und Ministranten dorthin, um einen Wortgottesdienst zu halten. Dabei wird vom Priester untenstehendes Gebet gesprochen, und anschließend werden die Gräber gesegnet. Ministranten mit Weihwasserkessel und Aspergill begleiten den Priester.

> *Gütiger Vater, in deine Hände*
> *empfehlen wir*
> *unsere verstorbenen Angehörigen,*
> *Verwandten und Freunde und alle,*
> *die auf diesem Friedhof ruhen.*
> *Wir hoffen zuversichtlich, daß sie mit allen,*
> *die in Christus entschlafen sind, auferstehen.*
> *Wir danken dir für das Gute,*
> *das sie in ihrem Leben von dir empfangen,*
> *und für das Gute,*
> *das sie uns getan haben.*
> *Nimm unsere Toten auf*
> *in die ewige Gemeinschaft mit dir.*
> *Stärke uns in der Hoffnung auf ein Wiedersehen.*
> *Laß uns einst mit ihnen in Freude bei dir leben.*
> *Darum bitten wir durch Christus, unseren Herrn. Amen.*

Wußtest du schon,

daß die freudenreichen Geheimnisse des Rosenkranzes heißen:
Den du, o Jungfrau, vom Heiligen Geist empfangen hast – Den du, o Jungfrau, zu Elisabet getragen hast – Den du, o Jungfrau, geboren hast – Den du, o Jungfrau, im Tempel aufgeopfert hast – Den du, o Jungfrau, im Tempel wiedergefunden hast.

daß im Januar der kirchliche Weltfriedenstag, der ökumenische Bibeltag, der Afrikatag, im Februar der Caritas-Opfertag, im Mai der Welttag der geistlichen Berufe und der Sonntag der Kommunikationsmittel, im Oktober der Weltmissionssonntag und im November der Buchsonntag veranstaltet werden?

daß die Umweltschützer sich den heiligen Franziskus als Schutzpatron erwählt haben?

daß die sieben Sakramente heißen:
1. Taufe, 2. Firmung, 3. heilige Eucharistie, 4. Bußsakrament, 5. Krankensalbung, 6. Priesterweihe, 7. Ehesakrament.

daß der Totengedenktag der katholischen Christen der Allerseelentag (2. 11.), der evangelischen Christen der Totensonntag (3. Sonntag im November) ist? Der Tag, an dem das deutsche Volk der Gefallenen der Kriege gedenkt, heißt Volkstrauertag (2. Sonntag im November).

daß die trostreichen Geheimnisse des Rosenkranzes lauten: Der vom Himmel aus als König herrscht – Der in seiner Kirche lebt und herrscht – Der einst richten wird die Lebenden und die Toten – Der alles neu machen und vollenden wird – Der unser ewiger Lohn sein wird.

Quiz *?* fragen

1 Auf **welchen** Sonntag fällt in jedem Jahr das Erntedankfest?

2 **Wie** können wir die Weltmission unterstützen?

3 **Was** bedeuten uns die Heiligen?

4 Auf **welche** Daten fallen Allerheiligen und Allerseelen?

5 **Welches** Fest feiern wir am letzten Sonntag im Kirchenjahr?

6 **Wie** bezeichnet man die vier verschiedenen Rosenkranzgebete?

7 **Welche** zwei Bücher hat der Evangelist Lukas geschrieben?

8 **Wer** ist die Schutzpatronin Schlesiens?

9 **Welches** christliche Ideal verwirklichte der heilige Franziskus?

10 In **welcher** französischen Stadt war St. Martin Bischof?

11 **Wie** hieß der Bruder des Simon Petrus und wie der Bruder des Apostels Johannes?

12 **Wann** feiern wir das Fest der heiligen Elisabeth?

13 **Was** zeichnete die heilige Elisabeth besonders aus?

14 **Worin** besteht das christliche Brauchtum am Allerseelentag und am Nachmittag des Allerheiligentages?

15 In **welchen** Ländern sind hauptsächlich die St.-Martins-Umzüge bekannt?

16 **Wie viele** Perlen hat ein Rosenkranz?

17 In **welchen** Monat fällt der kirchliche Buchsonntag (Sonntag des guten Buches)?

18 **Wohin** versteckte sich St. Martin, als man ihn zum Bischof wählte?

19 **Was** verstehst du unter Andreaskreuz?

Lösung: 1 Erster Sonntag im Oktober; **2** Durch Gebet und Opfer; **3** Sie sind unsere Vorbilder und Fürsprecher bei Gott; **4** Allerheiligen: 1. 11., Allerseelen: 2. 11.; **5** Das Christkönigsfest; **6** Der freudenreiche, schmerzreiche, glorreiche, trostreiche Rosenkranz; **7** Ein Evangelium und die Apostelgeschichte; **8** Die heilige Hedwig; **9** Die Armut; **10** In Tours; **11** Des Petrus = Andreas, des Johannes = Jakobus; **12** Am 19. November; **13** Ihre Liebe und Gebetfreudigkeit zu den Armen; **14** In einem Besuch der Gräber auf dem Friedhof; **15** Rheinland, Holland, Belgien, Spanien, Luxemburg; **16** 59 Perlen; **17** In den Monat November; **18** In einem Gänsestall; **19** Ein spitzwinkliges Kreuz mit gleichlangen Balken.

155

Worterklärungen

Ablaß stellvertretende Wiedergutmachung, bei der die Kirche dem Christen in seiner Buße fürbittend zu Hilfe kommt. Um einen Ablaß zu gewinnen, muß man im Stand der Gnade sein und die vorgeschriebenen Gebete oder guten Werke verrichten.

Ablutionsgefäß beim Tabernakel aufgestelltes Gefäß mit Tuch, in dem der Kommunionsausteilende seine Finger von Hostienpartikeln reinigen kann.

Antependium schmückender Vorhang vor Altar oder Ambo.

Arianismus Irrlehre, die behauptete, Jesus sei nur ein Mensch gewesen.

Base Kusine.

Communelesungen Auswahllesungen für bestimmte Gruppen von Heiligen.

Dämon Bezeichnung für den bösen Geist.

Doxologie feierlicher Lobpreis der Dreifaltigkeit.

Dritter Orden Laien, die nach der Regel des hl. Franziskus in der Welt leben.

Exerzitien geistliche Übungen in Zurückgezogenheit.

Exsultet Loblied auf die Osterkerze (Symbol für den auferstandenen Christus).

Fast- und Abstinenztage Zum Fasten (nur einmalige Sättigung am Tage) verpflichtet sind alle, die das 21. Lebensjahr vollendet und das 60. noch nicht begonnen haben. Zur Abstinenz (Enthaltung von Fleischspeisen) sind Katholiken nach der Vollendung des 14. Lebensjahres verpflichtet.

Homilie Auslegung der Heiligen Schrift in der Predigt.

Konzelebration gemeinsame Feier der Eucharistie durch mehrere Priester mit einem Hauptzelebranten.

Klappern Klanghölzer, die die Altarglocken in der Zeit zwischen Gloria der Abendmahlsmesse am Gründonnerstag und dem Gloria der Osternachtfeier ersetzen.

Kleine Horen Stundengebet um 9.00 Uhr, 12.00 Uhr und 15.00 Uhr.

Legende eine Heiligengeschichte mit tieferem Wahrheitskern.

Minnetrinken Brauch, zu Ehren des hl. Johannes Wein zu trinken.

Mosaisches Gesetz alttestamentliches Gesetz des Mose (siehe fünf Bücher Mose).

Muselman Angehöriger des Islam.

Mysterium Geheimnis.

Mystiker jemand, der besondere Erfahrungen des Göttlichen macht.

Niedere Weihen erhielten in der frühen Kirche: Ostiarier, Exorzisten, Lektoren, Akolythen.

Oratorium Hauskapelle, Betsaal.

Pascha Vorübergang.

Passionssonntag 5. Fastensonntag.

Philosophie Weisheitslehre.

Reliquien Gebeine von Heiligen.

Sondergut einmalige Berichte, die sonst kein anderer Evangelist bringt.

Stigmatisation die Wundmale des gekreuzigten Christus an einem Menschen.

Superior Klostervorsteher.

Symbol Sinnbild, Kennzeichen.

Triduum dreitägige religiöse Festfolge.

Vierzehn Nothelfer Gruppe von 14 Heiligen, die das gläubige Volk in Not und Gefahr anruft.

Zelebrant der Priester, der die heilige Messe feiert.

Zelebrationsaltar im Gegensatz zum Hochaltar der Altar, an dem der Priester zum Volk hin die heilige Messe feiert.

Zyklus regelmäßige Wiederkehr.

Literaturverzeichnis

Pastoralliturgisches Handlexikon von Adolf Adam – Rupert Berger, 570 Seiten. Verlag Herder, Freiburg – Basel – Wien ³1983

Das Kirchenjahr mitfeiern von Adolf Adam, 272 Seiten. Verlag Herder, Freiburg – Basel – Wien ³1983

Der Sakristan. Das Handbuch für die Praxis von Anton Hellmann, 352 Seiten. Verlag Herder, Freiburg – Basel – Wien 1983

Quiz- und Spielbuch für Ministrantengruppen von Anton Hellmann, 216 Seiten. Lahn-Verlag, Limburg ³1980

In Spiel und Quiz gelernt von Anton Hellmann, 250 Seiten. Patmos-Verlag, Düsseldorf 1981

Der große Namenstagskalender von Jakob Torsy, 384 Seiten. Verlag Herder, Freiburg – Basel – Wien ⁹1982

Von heiligen Menschen von H. J. Schmitz, 254 Seiten. Matthias-Grünewald-Verlag, Mainz 1979

Merkbüchlein: Große Namenspatrone, Herderbücherei, 126 Seiten. Verlag Herder, Freiburg – Basel – Wien 1982

Das große Buch von den heiligen Namenspatronen von Josef Quadflieg, 239 Seiten. Patmos-Verlag, Düsseldorf 1962

Dem Gewissen treu von Paolo Brenni, 105 Seiten. Rex-Verlag, Luzern – Stuttgart 1980

Das Abenteuer mit dem Nächsten von Paolo Brenni, 103 Seiten. Rex-Verlag, Luzern – Stuttgart 1977

Zuerst gelacht, dann aber ... von Paolo Brenni, 103 Seiten. Rex-Verlag, Luzern – Stuttgart 1978

Mit Kindern durch das Kirchenjahr von Thomas Klocke und Johannes Thiele, 167 Seiten. J.-Pfeiffer-Verlag, München 1982

Mit den Kindern durch das ganze Jahr von Peter Gogen, 430 Seiten. Godrom-Verlag, Bayreuth 1976

Der Ministrant von Werner Pohl, 144 Seiten, Verlag Herder, Freiburg – Basel – Wien ²1984

Königlicher Dienst von Rudolf Bernhardt, 187 Seiten. J.-Pfeiffer-Verlag, München 1958

Jungen wie du von Kurt Wurthmann, 116 Seiten. Verlag Heinrich Borgmann, Dortmund 1958

In deinem Auftrag. Ein Buch für Ministranten von Beate Thielemann und Klemens Ullmann, 104 Seiten. Verlag Herder, Freiburg – Basel – Wien ²1984

Helden und Heilige von Hans Hümmeler, 604 Seiten. Verlag der Buchgemeinde Bonn

Der endlose Chor von Wilhelm Hünermann, 768 Seiten. Verlag Herder, Freiburg – Basel – Wien 1949

Lexikon für Theologie und Kirche (LThK), Bd. I–X, Registerband, Ergänzungsbände I–III: Das 2. Vatikanische Konzil. Verlag Herder, Freiburg – Basel – Wien

---

Meine Anschrift: Anton Hellmann, Dahlstraße 3, 4100 Duisburg-Hamborn.

Quellenverzeichnis

Abbildungen:

Die Abbildungen auf den Seiten 14, 16, 17, 18, 19, 20 sind entnommen aus: Werner Pohl, Der Ministrant (Herder, Freiburg i. Br. ^{8}1984);
auf den Seiten 27, 30, 36, 43, 50, 55, 64, 68, 71, 76, 84, 92, 96, 104, 110, 111, 118, 120, 128, 135, 137, 142, 146, 150 aus: Josef Seuffert, Lebendige Zeichen (Herder, Freiburg i. Br. ^{2}1984).

Alle übrigen Zeichnungen aus: Pfarrbrief-Materialdienst „Image", mit freundlicher Genehmigung des Verlags Bergmoser & Höller, GmbH., Karl-Friedrich-Str. 76, 5100 Aachen.

Texte:

S. 38ff. und S. 58f.: Hansjürgen Weidlich, Hörspiele zur Bibel (Patmos-Verlag, Düsseldorf);
S. 123: Kurth Würthmann, Jungen wie du (Verlag Heinrich Borgmann, Dortmund).

Bücher für Ministranten

Werner Pohl

Der Ministrant

Was er ist und was alles zu seinem Dienst gehört

„Aufbau und Ausstattung, Inhalt und Form des Buches sind so aus-gefallen, daß man nur wünschen kann, viele Ministranten möchten es als Geschenk erhalten". *Christ in der Gegenwart*

8. Auflage.
144 Seiten mit zahlreichen Illustrationen, gebunden.
ISBN 3-451-18508-3

Beate Thielemann/Klemens Ullmann

In deinem Auftrag

Ein Buch für Ministranten

„Ein praktisches Buch, das jeder Ministrant gelesen haben sollte! Er wird dann seine Dienste in der *Messe* besser verstehen". *Pfarrer Wolfgang Gaber*

Ein wertvolles Geschenk zur Erstkommunion, zur Aufnahmefeier von Ministranten und zu vielen Gelegenheiten.

2. Auflage.
108 Seiten mit vielen Skizzen und Abbildungen, gebunden.
ISBN 3-451-19837-1

Josef Seuffert

Lebendige Zeichen

Kleine Fibel christlicher Symbole

„Ein Geschenkbuch für Ministranten und ein Buch für junge Leute, die auf der Suche sind nach ,sinn-vollen' Riten, Zeichen, Symbolen und Gesten". *Die Anregung, St. Augustin*

„180 Kurzbeiträge zu christlichen Symbolen, mit 150 Graphiken. Das kleine Buch vermittelt gediegene Grundkenntnisse nicht nur Kindern und Jugendlichen, sondern auch Erwachsenen. Es sollte be-achtet werden!" *Deutsche Tagespost*

2. Auflage.
96 Seiten, durchgehend illustriert, Paperback.
ISBN 3-451-19850-9

Bücher für Ministranten

Gerhard Debbrecht

Messe – für mich?

Antworten auf Fragen junger Menschen

„Originell, offen und ehrlich! Kommentar eines Jugendlichen: Da steht ja so viel drin, das wußte ich alles noch gar nicht. Und vor allem: keine hohe Theologie, ich verstehe alles auf Anhieb. Ein tolles preiswertes Buch!"

Kirche und Leben

6. Auflage.
96 Seiten mit Zeichnungen von Claus Scheifele, kartoniert.
ISBN 3-451-19601-8

Gerhard Debbrecht

Bibel – für mich?

Antworten auf Fragen junger Menschen

„Der Autor verzichtet bewußt auf den üblichen ‚Theologenjargon'. So kann das kleine Buch Jugendlichen (aber nicht nur!) helfen, Barrieren und Vorurteile gegenüber der Bibel abzubauen und sie als ein Stück Lebenshilfe zu erfahren".

Professor Dr. Hildegard Gollinger

112 Seiten mit Zeichnungen von Claus Scheifele, Paperback.
ISBN 3-451-20053-8

SCHOTT – Meßbuch für die Sonn- und Festtage

je ein handlicher Band für die Lesejahre A, B, C, Bestell-Nummer 19231 (A), 19801 (B), 19151 (C), mit allen Meßtexten und Lesungen für die Sonn- und Festtage und für die großen Herren- und Heiligenfeste, jeweils durch gründliche Einführungen für das Verständnis heute erschlossen. Dazu viele Meditations-Texte und eine Sammlung bibelnaher, aktueller Fürbitten.

Über weitere SCHOTT-Ausgaben informiert dich gern dein Buchhändler!

Verlag Herder Freiburg · Basel · Wien